墨香满楼

——编著

影响
中国古代历史的

军事家

中国铁道出版社有限公司
CHINA RAILWAY PUBLISHING HOUSE CO., LTD.

图书在版编目(CIP)数据

影响中国古代历史的军事家 / 墨香满楼编著.

北京 : 中国铁道出版社有限公司，2025. 7. -- ISBN
978-7-113-32347-9

Ⅰ. K825.2

中国国家版本馆 CIP 数据核字第 20251UE212 号

书　名：**影响中国古代历史的军事家**
　　　　YINGXIANG ZHONGGUO GUDAI LISHI DE JUNSHIJIA

作　者：墨香满楼

责任编辑：冯彩茹　　　　　　　　电　话：(010) 51873005
封面设计：郭瑾萱
责任校对：刘　畅
责任印制：赵星辰

出版发行：中国铁道出版社有限公司（100054，北京市西城区右安门西街 8 号）
网　址：https://www.tdpress.com
印　刷：河北宝昌佳彩印刷有限公司
版　次：2025 年 7 月第 1 版　　2025 年 7 月第 1 次印刷
开　本：710 mm×1 000 mm 1/16　印张：15.75　字数：220 千
书　号：ISBN 978-7-113-32347-9
定　价：88.00 元

前言

综观中国古代史，朝代的更迭，历史的进展，终归要诉诸铁和血。

在打破中建立新事物，在纷乱中寻找和平，战争成为一种必然！这时，有一群人逐渐成长，开始主导未来的走向，他们有一个统一的名字：军事家。

他们或许是帝王，或许是将军，或许是手无缚鸡之力的文人；他们或许是战略家，或许是战术家，或许是军事理论家；他们是军队的最高统帅、杰出将领，正确指引或负责实施军事行动；他们是历朝历代不可或缺的人！

成为一名出色的军事家，并非一朝一夕之事，历代的军事家几乎都是自幼就开始培养军事能力，他们积累了大量的军事知识，长期研究战略、战术和兵法。而且，作为伟大的军事家，他们或具备坚毅勇敢、沉着冷静的性格特征，或随机应变、出奇制胜，或目光长远、纵观全局，等等。总之，他们身上具有不同寻常的智慧与力量，从而深刻地影响着历史的走向和进程。

中国有着上下五千年的历史，朝代更替频繁，大小战争无数，军事家也因此层出不穷。这些乱世英雄们，有名留青史的孙膑、韩信、卫青、霍去病、周瑜、戚继光等。

春秋战国时期，齐威王之所以能战胜魏惠王，是由于孙膑的存在。"田忌赛马""围魏救赵"等有关孙膑的故事皆闻名中外。

楚汉争霸时期，刘邦之所以能战胜项羽，赢得天下，是由于韩信的协助。韩信可谓历史上最善于灵活用兵的将领，"明修栈道，暗度陈仓""四面楚歌""十面埋伏"等军事典故都出自他之手。

三国时期，孙权、刘备之所以取得赤壁之战的胜利，是由于周瑜的谋划。周瑜在赤壁之战中充分展示了他的军事才能,一举击溃曹军,奠定了三国鼎立的局面。

西汉时期,匈奴之所以被驱逐至大漠深处,是由于李广、卫青、霍去病等大将的强悍。

明朝时期,倭寇之所以被歼灭,是由于戚继光、俞大猷等将领的抗击。

············

一代又一代军事家,为国家、为百姓、为和平而战。在矛盾与冲突中,理清头绪,最终鼎定乾坤。假如时光回溯,假如这些人中的某一个并未存在于那个时代,或是做出不同的选择,历史也许就不会是我们现在所看到的模样!

作　者

目录

第一章

巍巍先秦

文能附众，武能威敌——司马穰苴

司马穰苴，本姓田，名穰苴，是齐景公时期齐国著名的军事将领。

田穰苴其实与孙武同宗，都是陈完的后代，但因为是庶出，不是嫡传，所以身份卑微，即使才能出众，战功颇丰，也一直没有被提拔重用，直到有一个人向齐景公举荐他。

齐景公继位之初，晋国入侵齐国的阿城和甄城，燕国侵略齐国的黄河南岸一带。齐军初战不利，连丢数城，齐国都城岌岌可危。就在齐景公独自发愁、无计可施之际，大夫晏婴向他推荐了田穰苴，说："田穰苴虽是田氏庶出，但是他文能令人信服，武能威慑敌人，希望大王能试用他。"

齐景公听后大喜，立即召见了田穰苴，同他讨论军事。几番对话下来，齐景公对田穰苴的才能十分欣赏，任命他做大将，率军抗击晋国和燕国的侵略。

田穰苴并没有被突如其来的晋升冲昏头脑，在冷静分析形势后，他向齐景公提出了一个请求。

他说："为臣出身低贱，大王从平民中将我选拔出来，让我位居大夫之上，士兵恐怕不会归附，百姓也不能信任。为人卑微，也就没有权威。希望能由大王的宠臣、国家要人担任监军，这样才能压得住阵脚。"

齐景公觉得有理，便答应了他的要求，派宠臣庄贾做他的监军。田穰苴辞别齐景公，便到庄府拜会庄贾。当时，田、庄在会见后，相约次日正午在营门集合出发。庄贾漫不经心地答应了。

第二天，田穰苴提前来到军营，集合好军士后，又布置了木表和漏壶计算时辰，以等候庄贾。而此时，庄贾的家中正是热闹——他的亲友听说他要出征,纷纷上门为他饯行。

庄贾一向骄横显贵,此次出征,他认为自己是监军,是军队的老大,所以压根没把与田穰苴约好的时间放在心上。于是,庄贾就将为他送行的朋友留下来喝酒,并不急于赴约。手下人提醒他,他也不理。

到了正午,庄贾仍没能按时赴约。田穰苴推倒标杆,放掉漏壶之水,站在高台上向军营外眺望,不见庄贾的人影,于是派人去请庄贾,自己则回到军营内指挥操练,检阅军队。

庄府之中,众人酒喝得正酣。忽然,门丁来报,说正午已过,有士兵来请大人去军营监军。庄贾闻言,不屑一顾道:"时间到了又怎样?"

下午,齐军操练完毕,整装待发,仍不见庄贾的踪影。田穰苴看着将要落山的太阳,无奈地叹了口气,便命副将前往庄府请庄贾。

此时,庄府里一帮人已经喝得七倒八歪,不堪入目。庄贾见到来人,厉声问道:"大胆!为何擅自闯进?"

副将禀报道,是奉田穰苴之命前来请大人前去监军。庄贾扯着嗓子说:"你告诉他,我马上就去!"

到了傍晚,庄贾终于到了军营。田穰苴指责道:"为何不按约好的时间来军营?"庄贾散漫地说:"几位朋友来为我饯行,大家一起吃酒,所以来晚了。"说完还摆出一副你能拿我怎样的嘴脸。

田穰苴见此,也不再忍了,说道:"将帅受命之日,就应该忘掉自己的家,忘掉自己的亲友,到了军中就应受纪律的约束;擂鼓进军的危急时刻,就应该忘记自己的性命。现在敌军已经深入我国境内,前方的士兵正浴血奋战,国君在宫里寝食难安,国家和百姓的命运都系在您的手上,这个时候,您还顾得上吃送行宴?"

说完,田穰苴招来军法官问道:"按照军法,将领不按规定时间到军营,应该怎么处置?"军法官回答:"应当斩首。"这个时候,庄贾才惊慌起来,赶紧派人飞马去给齐景公报信求救。

然而,庄贾派去的人还没回来,田穰苴已将庄贾斩首,并在全军示众。全军将士都吓得发抖。

过了许久,齐景公派来的使者到了。他手持符节,鞭马闯入军中,宣布国君对庄贾的赦免。

田穰苴见状,说:"将在外,君命有所不受。"然后又问军法官:"骑马闯入军中,应该怎么处置?"军法官答道:"应当斩首。"

使者一听吓得连话都说不出来了。田穰苴说:"国君的使者不能杀。"于是斩了使者的随从,并砍断使者所乘马车的左车杆,杀了左边驾车的马,向全军示众。全军皆震服。

示众完毕,田穰苴让使者回去向齐景公报告,然后才领兵出发。

三军将士见田穰苴铁面无私,有法必依,对他十分信任,个个都精神抖擞,斗志盎然。

田穰苴虽然治军严明,但同时也是一位仁慈的将军。对于士兵们安营、打井、立灶、饮食、求医问药等琐事,他都亲自过问,并予以妥善的安排。他还把自己作为将军的俸禄都与部下分享,对伤弱的士兵也给予特别的照顾,让他们能够充分地休养。

田穰苴英明的领导,大大鼓舞了士气。出战之日,齐军士气高涨,晋军见状,不战而退;燕军闻讯也主动撤退。田穰苴率兵追击,收复失地,平定了黄河两岸后凯旋。

齐景公亲自到齐都郊外迎接他,并尊封他为大司马,还专门为他建造了司马府。此后,大家都尊称田穰苴为司马穰苴。

然而,吉凶相救,福祸相依。田氏家族的崛起,最终引起了齐国鲍氏、国氏、高氏三大家族的不满和嫉妒。

一天,齐景公在宫中饮酒作乐,一直喝到晚上也不尽兴,便带着随从去找相国晏婴,准备与他畅饮一番,结果被晏婴婉拒。

齐景公不作罢,接着又去找司马穰苴。司马穰苴一听齐景公深夜来访,觉得可能有大事发生,连忙穿上戎装,出门迎接,急问:"是有诸侯入侵了,还是有人反叛了?"

齐景公笑说:"没有。"

司马穰苴又问:"那大王为何深夜来访?"

齐景公说:"想到将军军务劳苦,想和将军共饮。"

司马穰苴回答说:"陪国君饮酒享乐,大王身边有这样的人。这不是臣该做的事，臣不敢从命。"

齐景公也算是执着，最后又去了大夫梁丘的家里喝酒。次日，晏婴与司马穰苴同时上朝进谏，劝齐景公不该深夜到臣子家饮酒。这下，鲍氏、高氏、国氏三大家族终于抓住了机会，纷纷向齐景公进谗言，打压司马穰苴以削弱田氏势力。

齐景公作为君王吃了闭门羹本就不高兴，而且他也预感到田氏势力太盛，所以听取了三大家族的意见，突然就把司马穰苴给辞退了。

昨日备受宠信，今日却被贬回家。君臣之间的关系竟如此不堪一击，可悲可叹！

司马穰苴莫名被免职，一时有些想不开。他根本不懂朝中各族势力之间的明争暗斗，他能够成为大司马，靠的是自己的本事，并非田氏家族的势力，可最后他却成了四大家族之间争斗的牺牲品。由于性格刚烈，受不了如此屈辱，司马穰苴终日郁郁寡欢，不久病故。

司马穰苴死后，田氏的势力并未因此被削弱。而且，司马穰苴之死反而激化了田氏与其他三大家族的矛盾，加速了田氏争夺齐国政权的步伐。公元前391年，田和废黜齐康公。五年后（公元前386年），田和将齐康公放逐于海上，自立为国君。同年，周王朝承认田氏为诸侯，姜齐变为田齐。

后来，齐威王命大臣整理兵书，编撰人员把司马穰苴的兵法也收录其中，合称为《司马穰苴兵法》（又称《司马法》）。如今，也有学者认为《司马法》乃后人伪作，与司马穰苴无关。至于真相究竟如何，我们不得而知，但可以确定的是，司马穰苴是一名出色的军事家，对后世的军事思想影响巨大。

百世兵家之师——孙武

　　孙武,字长卿,春秋时期著名军事家,被后世尊称为孙子,亦有"兵圣"之美称,享誉世界的《孙子兵法》正是他的军事思想的结晶。

　　《孙子兵法》是中国军事文化中的瑰宝,它同儒家思想一样已经深入后世人的思想之中,成为中国传统文化的重要组成部分,其核心思想反映在政治、经济、管理以及日常生活中的方方面面。孙武也因此成为与老子、孔子并重的伟大思想家。

　　那么,这样一个伟大的军事思想家到底是如何炼成的呢?

　　在春秋战国时期,教育仍是贵族的专权,孙武能撰写出《孙子兵法》如此伟大的作品,正是得益于他从小就受到的"六艺"(礼、乐、射、御、书、数)教育。

　　由此,我们可以推断孙武出身不凡。没错,孙武出身贵族家庭,本姓妫,是春秋时期陈国公子陈完的后代。

　　陈国是春秋初期一个小诸侯国,位于今河南的东部和安徽的北部,始封之君为周武王的女婿妫满。周王朝建立之后,周武王封了数百个诸侯国,妫满被封到了陈,建立陈国。

　　孙武的祖先陈完是陈国国君陈厉公的儿子,本应是君位的继承人,谁料,陈厉公被侄子陈林谋杀。陈完的命运也因此发生了巨大的转变。

　　陈林自立为陈庄公,死后其弟继位为陈宣公。陈完仍不得势,预感到灾难即将到来,于公元前 672 年逃离陈国,投奔当时已经是霸主的齐国。到齐国后，为了掩人耳目，陈完改姓氏为田。后来，孙武的祖父田书在齐景公时立功，受封于乐安，被赐姓为孙氏。因此，到了孙武这一代，孙氏就从田氏中分离了出来。

孙武是将门之后，他的祖父、父亲都是齐国名将。正是基于这样的成长环境，孙武从小就喜欢钻研兵法，这为他后来编撰《孙子兵法》打下了扎实的基础。

孙武长大后，齐景公昏庸腐败，内部争权夺利不休，孙家被卷入其中。孙武痛恨权力争斗，也深感在齐国没有用武之地，于是果断带着家人逃奔到吴国。

当时，吴国是个正在崛起的诸侯国。孙武到了吴国之后，先为自己找了一处合适的栖身之地——穹窿山（今苏州市藏书镇）。穹窿山历来是高人隐居之地，相传黄帝曾孙帝喾的老师、神农时期的雨师赤松子就隐居在此。后来，张良等人也曾在此隐居。

安顿下来之后，孙武一边研究兵学，潜心著述；一边留心观察吴国的政治。

上天绝对不会辜负努力的人！

之后，孙武遇到了他人生中很重要的人——伍子胥。

伍子胥来自楚国，怀着对楚王杀父杀兄的深仇大恨逃到吴国。两人惺惺相惜，成了知己挚友。

公元前514年，伍子胥帮助吴国公子光（阖闾）夺得了君王宝座，理所当然地成为吴王阖闾的左膀右臂，全面负责吴国的军政事务。如此，孙武施展抱负的机遇便来了！

伍子胥了解孙武的军事才能，于是向阖闾大力举荐他，称他有经天纬地之才，只要得到他，世间便再无敌手，更别提小小的楚国了！

最终，吴王被伍子胥的说辞打动，便请孙武出山，使其为吴国效力。

其实，孙武在出山之前，和孔子一样，曾周游列国，宣传自己的军事思想，但无奈，世上千里马常有，而伯乐不常有，孙武未能获得各诸侯国君的赏识。不过，正是因为如此，吴国才有机会收获了他这个奇才，为自身的强大奠定了契机！

孙武见到阖闾后，呈上了当时已经完成的兵法十三篇。阖闾看后，赞不绝口。不过，他仍心存疑虑，因为当时雄辩善谈的说客很多，但多是纸上谈兵。为了考验孙武，他故意组织一群对军法无知无畏的宫女让孙武操练。

孙武将她们分为两队，并指定两名宠妃为队长。他严肃地发令，可娇滴滴的宫女根本无视军纪，嬉笑打闹，队形一片混乱。接着，孙武再次申明演练要求、军法纪律，结果演练还是混乱一片。最终，孙武为严肃军纪，不顾阖闾百般求情，斩杀两名宠妃队长，另选两名队长。再次演练时，宫女们所有动作都完全符合要求（"三令五申"这个成语便由此而来）。

爱妃被斩，阖闾虽然心痛，但也为得到一个军事奇才而欣喜。

演练之后，孙武被阖闾拜为大将军。从此，阖闾在伍子胥和孙武的辅助下，安邦定国，发展军力，实力越来越强。

当老虎长大，露出獠牙，发起攻击的时刻就到了！

公元前 512 年，孙武、伍子胥率领大军攻打楚国属国钟吾国、舒国，大胜！

随后，吴王阖闾想要乘胜攻打楚国，却被孙武劝阻了。

孙武劝吴王说："楚国不是钟吾、舒两个小国可比，拥有天下间少有的精锐军队；再加上我们刚刚经过大战，人困马疲，还是先行收兵，调整之后，再择时攻伐。"

伍子胥也赞同孙武的想法，并提出建议："虽然我们现在不宜进攻楚国，但可以采取'疲楚'的战略。我们可以组织三支精锐军队，轮番袭击楚国。"

吴王采纳了"疲楚"的建议，持续实施了六年。

楚军出战，吴军就撤退；楚军回营，吴军就进攻。吴军三支军队轮番"骚扰"楚国,日复一日,从无间断。六年下来,楚国的精神、物质都受到极大的摧残。相反,六年内,吴国军队主动权在握,过得十分"自在":吃得好,穿得好,想打就打,想撤就撤。

吴国这招的确是太阴了!

终于,机会来了!

公元前506年,已经依附吴国的蔡国,被楚国攻伐,这成为吴国伐楚的理由。柏举之战因此而爆发。

同年年底,吴王阖闾、孙武、伍子胥率领三万精锐水、陆部队,乘坐战船,挥师而上,直逼蔡国、楚国交战之地。当吴军气势汹汹来临时,疲惫的楚军果断选择退兵,以汉水为界,加紧布防。

谁料,孙武竟指挥吴军放弃舟船,在陆地登陆,扑向楚军。

对于孙武的战术,伍子胥曾提出过心中的疑惑。

伍子胥说:"吴军的长处在于水战,短处在于陆战,现在为何要舍弃长处,而用短处呢?"

孙武答道:"用兵贵在神速,若我们逆流而上,速度缓慢,到时楚军已经排好队列,做好防御了。兵者,诡道也。他们认为我们擅长水战,根本不会想到我们会走陆地,我们这样做才能收到出奇制胜的效果。"

孙武舍船登陆后,挑选出三千五百名精锐之士担任先锋,连败楚军。柏举之战中,三万吴军攻击二十万楚军,上演了以少胜多的经典战役。

公元前496年,阖闾死去,其子夫差即位。

后来,吴国和越国最终发生大战。越王勾践在战败的情况下,向夫差屈辱求和。伍子胥认为越国终究是大患,应将其剿灭。但夫差不听劝阻,同意了夫差的求和要求。

后来,吴国的势力日益强大,成为诸侯国的霸主。在这样的成绩面前,夫差变得骄傲,不可一世,甚至自以为是。

在很长一段时间里,伍子胥常常劝告夫差,说让勾践存活就是一大隐患。然而,夫差始终不听劝告,并在奸臣的蛊惑下,赐伍子胥自尽。

　　也就是这个时候,孙武的经历就突然没了记载,他之后的人生也一直是个谜。一种说法是,伍子胥的死,让他体会到"飞鸟尽,良弓藏,狡兔死,走狗烹"的道理,于是退隐山林,完善兵书;另一种说法是,他返回齐国,在家乡隐居授徒。无论是哪种说法,都体现了孙武急流勇退的智慧。

出将入相第一人——吴起

吴起，卫国左氏人，史上有名的"四家"，即政治家、改革家、军事家、法家，甚至是史上兵家代表人物，和孙武齐名，后世将二人并称为"孙吴"。吴起著有《吴子》，与孙武所著《孙子》合称为《孙吴兵法》。

在中国古代史中，历数名将序列，战国时期的吴起便是出将入相的第一人。

何为出将入相？出征可为将帅，入朝可为宰相，这就叫作出将入相。

现如今，很多人认为，将军是武职，宰相是文职，相差很大，怎么可能会由同一个人执掌？其实，这是社会分工细致化后人们的认知。

春秋战国时期，社会分工还没有如此细致，所以"将相一体"也是多见的。比如赵国大将李牧就曾担任相国。正因有此先例，才有了廉颇与蔺相如争位的故事。

出将入相，兵法超群，那吴起的一生必定是卓越而光辉的吧？实则不然。

在战场上，他是优秀的将领，优秀的军事家；在朝野上，他是优秀的相国，优秀的政治家；但在家庭中，他却是不义、不孝之人。为何这么说？

吴起年少时家境殷实，有一定的资产，但他一心想要当官，于是到处游说君主。

游说需要丰厚的物资，因为"衣食住行"要全部自费，而且接触的都是君主、国家权贵，自然花费不菲。然而，直到败光了家产，他依然没有求得一官半职。更让吴起悲愤的是，乡邻们不仅不同情他，还处处挖苦、讥笑他。后来，吴起一气之下将讥笑他的人全都杀死了，然后逃离卫国，并发誓不做卿相，绝不回家。

后来，吴起到鲁国拜儒学大师曾参为师，学习儒术。后来，母亲去世，他也没有回家奔丧。儒家最讲究孝道，作为古往今来十大孝子之一的曾参更是如此。吴起的不孝行为，令曾参十分厌恶，于是他被逐出师门。

后来，烽烟再起，齐国发动大军攻打鲁国。对百姓来说，这绝不是什么好事。但对吴起来说，却是一个天赐的机会。他又干起了自己的"老本行"——游说，在鲁国国君（鲁穆公）面前毛遂自荐，请求挂帅。

这一次，吴起终于成功了，鲁穆公被打动了。毕竟吴起是一个有真才实学的人。

但摆在吴起面前的还有一个障碍：吴起的妻子是齐国人。也就是说，吴起是齐国的女婿。

这种情况让鲁穆公有点拿不定主意，因为毕竟是齐、鲁两国间的战争，吴起的立场是否坚定？关键时刻是否会退缩？鲁穆公心乱如麻。

而对于一心想要成名的吴起来说，鲁穆公游离的态度，对他来说实在是一种折磨。不过，像他如此偏执、决绝的人，只要抓住了机会，就会迫不及待地主动出击！为了坚定鲁穆公的决心，也为了自己的仕途，吴起最终选择了一种令人发指的方式：杀妻求将。

没错，吴起杀死了自己的妻子，以此来表示不会亲附齐国。虽然，他的目的最终达到了，但是，无论他的军事才能有多高，政治能力有多强，一生的功绩有多大，这都是他一生的污点，无法抹去。

当然，吴起的方式虽为人所不齿，但却因此登上了历史舞台。最终，他帮助鲁国打败了强大的齐国。一战成名！然而，等待他的不是功名利禄，出乎意料的是，不久他就被鲁穆公罢免了。

原来，这都是政治斗争惹的祸。

吴起立下大功，鲁国官员分外眼红！于是，鲁穆公的耳边就时常响起这样的声音：吴起斩杀乡邻，是为不仁；杀妻求将，是为不义；母丧不归,是为不孝。

春秋战国时期,有句话说:"周礼尽在鲁。"鲁国人非常重视礼仪人伦。鲁国出身的孔圣人就是明证。

于是,刚刚为鲁国立下大功的吴起,就这样被撤职了,理由是:一个不仁、不义、不孝之人,何以忠于鲁国?

吴起就这样失败了,但一颗追求功名的心,并未因此而减少半分。他听说魏文侯是一位贤明的君主,于是再次踏上了游说之旅。

此时的吴起与之前大为不同,他已经拥有傲人的战绩,虽然背负污点,但这似乎对他的仕途并没有造成多大影响。

魏文侯是一位贤能的君主,出于对人才的重视,便特地询问了自己的亲信大臣李悝。李悝曾是吴起的同门师兄弟(曾参门下),对他还是很了解的。

李悝评价,吴起此人,虽然贪名好色,但是让他带兵,绝对是一把好手,司马穰苴在世估计都敌不过他。李悝的这个评价,决定了吴起的命运,于是魏文侯拜他为将。

当然,吴起也没有辜负李悝的赏识,在与秦国的战争中,他率兵连下五城,取得了傲人的战绩。

吴起带兵最大的特点就是亲兵。他虽然是将,但却和士兵同吃同住,睡觉不铺床,行军不坐车,干粮自己扛。曾经有位士兵身上长了毒疮,吴起亲自为他吸出脓液。总之,吴起用实际行动,与士兵同甘共苦,赢得了他们的忠诚。

除亲兵之外,吴起还认为兵不在多,而在精。春秋战国时期,吴起在魏国组建的武卒,就是精锐、彪悍的代名词。

史料记载,当时吴起率领武卒,与诸侯国间对战七十六场,全胜六十四场,剩下的还是平局。这就算是攻无不克,战无不胜了!

有人可能会产生疑问:武卒为何如此厉害?这当然和吴起有效的训练是分不开的。同时,这也与士兵们的身体素质有关。

吴起当初选拔武卒时,曾定下一个标准:

其一,能拉开十二石(六百六十斤)的弓。

其二,身穿三属之甲(上身、髀部、胫部部分相连以掩蔽全身的铠甲),背五十支箭,头戴盔帽,腰挂重剑,手提大弓,带三天干粮,半天时间,急行军一百里(相当于现在的八十二里)。

武卒的选拔对士兵的身体素质要求虽然很高,但是待遇却很优厚,一个人只要通过选拔,那么他将享受战国时期著名的武卒待遇:全家的徭役、租税全免。

值得一提的是,战国时,铁器已有了长足的发展。作为冶金中心的魏国,更是逐步用铁制兵器代替青铜兵器。作为魏国的精锐部队,武卒的装备更是精良中的精良,而且拥有重铠、佩剑、弓弩(选拔时的装备就是如此)等全副配备。可以说,武卒的装备已经非常精良。

精兵有了,吴起是怎样治军的呢?大致可分为三大原则:其一,军纪严明;其二,言而有信;其三,善用精神鼓励,这也是最重要的一点。正是因为这一点,吴起的军事功绩达到了最高峰。

春秋战国时期,秦、魏两国之间的战争从未停止。为了鼓舞士气,吴起请魏武侯(文侯已经去世)亲自出面,为将士们筹办庆功宴。

庆功宴上,将士们的座次共分为三排。第一排用的是金、银、铜等重要餐具,吃的是猪、牛、羊三牲;第二排所用餐具及食物适量减少;第三排则使用普通餐具。

为何要分得这样细?其实,吴起治军的奥妙就在这里。

吴起让立有头功的将士坐在第一排,稍次的坐在第二排,没有战功的坐在第三排。宴会结束后,吴起还会对立有战功将士的家属予以慰问和赏赐。对死难的家属,每年都要慰问。此法一经施行,就是三年。

这种方法,无疑刺激了没有战功的将士。每个人都有虚荣心,每个人都有荣誉感,当有机会得到这些东西的时候,他们定会在战场上一往无前。这就是吴起想要的效果!

周安王十三年(公元前389年),秦国调集大军五十万,攻击阴晋。当敌情传到魏军军营,不等吴起下令,将士们竟自发穿甲披挂,准备出战。

而吴起竟然做了一个出人意料的决定:率五万未立过战功的士兵,

反击秦军。

战前,吴起发布军令:"若车不得车,骑不得骑,徒不得徒,虽破军皆无功!"意思是,如果车兵不能俘获敌军的战车,骑兵不能俘获敌军的骑兵,步兵不能俘获敌军的步兵,即使打了胜仗,也不算有功劳。

就这样,当渴望建立功勋的魏军对上秦军,就如同饿狼一样,疯狂地扑杀上去。虽然二者兵力悬殊,但疯狂的魏军还是取得了最终的胜利。

阴晋之战,以五万对五十万,魏国胜。

此战,魏军虽然面对的是强大的秦军,但是吴起用激励的方法极大地提高了军队的士气,以少胜多,保卫了河西战略要地。这一仗也成为历史上的著名战役。

后来,吴起遭小人陷害,被迫离开魏国,但之后又得到了楚悼王的赏识,为楚国相。任相期间,吴起针对楚国的弊端,进行了大刀阔斧的改革。虽政绩显著,却触及楚国贵族的利益。楚悼王死后,吴起于楚悼王停尸处被楚国贵族杀死。作为一代文武全才的军事家,吴起的人生竟如此尴尬落幕,令人唏嘘不已。

围魏救赵——孙膑

战国时期,齐国的一个偏远山村里,一个两鬓斑白的老人,深居简出,整日埋头于堆满简牍的几案中,不知道在写什么。

他偶然抬起双眼,看见窗外寒风中飘落的枯叶时,触景生情般,便会将目光随即转向自己那残废的双腿上。这时,多年前的艰难困苦,意气风发,似乎又浮现在他眼前。

此人,就是孙膑。

孙膑,齐国人,孙武的后代,兵家的代表人物。

战国年代,烽烟四起,齐、魏、燕、赵、韩、楚、秦七雄并立。在如此纷争的时代,各国间征战频繁,军事家的诞生就有了天时。孙膑,就是其中的佼佼者。

据说,孙膑青年时曾师承鬼谷子。这可是一个神话般的人物,既具备政治家的韬略,又擅长外交家的纵横之术,还精通兵法、武术、奇门八卦,实乃不世奇才。世人皆称,习得鬼谷子一门,可以纵横天下。孙膑跟随鬼谷子学的就是兵法。

学艺时,孙膑有个同门师兄弟,名叫庞涓。

世上有一种人,嫉妒心极强,见不得别人比自己有才华。一旦看到有人比自己有才华,他们就会不择手段地将对方"踩"下去。庞涓就是这种人!

孙膑算是倒霉了,他的军事才华偏偏高于庞涓。

于是,庞涓在成为魏王手下将军后,便将孙膑"请"到了魏国,然后捏造罪名,用刑罚挖去了孙膑的膝盖骨。

他以为,这样就能消除孙膑对自己的威胁。但他不知道,在历史的长河中,有很多人虽身有残疾,但还是会散发出耀人的光彩,为世人所膜拜,孙膑就是其中之一。

孙膑虽然残废了,但并没有放弃希望,他渴望建功立业,渴望报仇雪恨。为了逃离虎口,孙膑想了一个法子:装疯卖傻。他一会儿哭,一会儿笑,有人给他送吃的,他也将饭全部撒掉。庞涓见孙膑这样,不太相信,便派人将他扔到猪圈中,暗中监视。孙膑披头散发地躺在猪圈中,全身沾满了猪粪,甚至将猪粪塞进嘴里吃起来。至此,庞涓相信孙膑是真的疯了,就不怎么管他了。孙膑开始默默地等待时机,逃出牢笼。

机会来了! 齐国的使者来到了魏国。

春秋战国时期,两国之间进行外交活动是很正常的事情,但这对孙膑来说却意义重大,因为这是他逃走的绝佳时机。庞涓远在宋国,而齐使此时来到大梁,真乃天赐良机。他相信,只要自己能和齐使见上一面,就一定可以说服他带自己到齐国。

孙膑身有残疾,无法走路,而且还受人监视,在这种情况下,如何与齐使相见? 要实现这个目的,实在太难了! 然而,智者总有本事让不可能的事情变成可能!

孙膑最终见到了齐国使者,述说了自己的遭遇。孙膑名声在外,齐国使者对其早有耳闻,交谈之后更觉得孙膑是个人才,于是在回国时,秘密地将他带到了齐国,并将他推荐给齐国大将田忌。

作为一个常年漂流在外的学子,孙膑逃离生命危险重回故里,会有怎样的感触? 潸然泪下,抑或仰天大笑? 无论如何,孙膑终于有机会施展自己的抱负了!

在那个时代,孙膑并不那么容易出头,因为按照当时的惯例,受过刑的残疾人是无法进入官场的,所以他只能先在田忌府中做个门客。

不过,金子总会发光,孙膑无疑是一块真金,缺乏的只是一个机遇。当机遇来临,他将会一飞冲天。

机会很快降临了!

当时,有一个风靡齐国贵族圈的游戏,名为"赛马",也被称为"赌马"。田忌笃爱"赛马",齐威王也是,二人经常对赌。悲剧的是,田忌永远是输方。这是因为田忌的马和齐威王的马相比,总是低一个档次。

作为田忌的门客,孙膑认为这是一个展示自己才能的好机会。

他对田忌说:"您只管下重的赌注,我有办法能让您赢。"

田忌很惊讶,狐疑地看着孙膑:"可能吗?没有开玩笑吧?"但当他看到孙膑严肃的样子时,他相信了,因为他深知这个人的品性。他绝不是无的放矢!

当田忌掷下千金赛马时,齐威王一下子愣了,心里未免不会有压力,但君主的面子不能丢。他默默地想:田忌敢下战书,我齐威王当然要应战!

于是,历史上最著名的一场赛马"隆重"开始了,这就是众所周知的"田忌赛马"。双方比赛的最终结果是:田忌赢二输一,获胜。

这场比赛虽小,却深含军事之道:从全局着眼,统筹安排,为了胜利,可牺牲局部利益,以达到以弱胜强的目的。孙膑牺牲下等马,以换取上等马、中等马的胜利,最终取得了整体上的胜利。

小小的调换,竟然让结果发生了一百八十度的大转变,齐威王很困惑,同时,也为孙膑的才能所震撼。于是,田忌成功地将孙膑推荐给了齐威王。

孙膑的才能毋庸置疑,当他与齐威王相见时,尽吐平生之所学。

如果把孙膑比作一匹出色的千里马,那齐威王便是一名极具慧眼的伯乐。很快,孙膑被封为军师。

此后,赛马仍在继续,只是自"田忌赛马"之后,齐威王修改了赛马的规则,规定以后只赛一场,再也没有"三场两胜"的规则了。

就这样,孙膑以庞涓想不到的方式,成为齐国举足轻重的人物。

然而,当黑夜降临,孙膑是否会忘掉自己当年曾遭受的耻辱?当年那个曾与自己交心的人,为何会这样对待他?

一切都会得到清算,时间会给出最终的答案!

周显王十六年(公元前353年),庞涓奉魏王命令攻打赵国都城邯郸。

客观地说,庞涓虽然心胸狭窄、卑鄙无耻,但他的军事才能还是值得肯定的。虽然和孙膑相比有些许差距，但除孙膑之外，当时天下鲜有敌手。再加上当时魏国的国力要强于赵国，所以，赵国必定不是魏国的对手。

赵国该怎么办呢？最好的办法就是搬救兵。于是，赵国派遣使者来到齐国，请求支援。当时，齐威王想要拜孙膑为将，但被孙膑推辞了："刑余之人不可用。"齐威王只好命田忌为将，孙膑为军师，起兵救赵。

一般情况下，为将者遇到这种情况，就会迅速前往赵国，帮助他们打败魏国军队。田忌就是这么想的。

但孙膑觉得不可，他认为，想要解开"乱丝"，紧握双拳生拉硬扯是不可取的，想要解救斗殴之人，不能参与进去胡乱搏击，只要抓住争斗者的要害，"乱丝"就会自行解开。魏国现在进攻赵国，精锐部队在外，国内必定空虚。假如现在率兵进攻大梁（魏国都城），冲击它空虚的地方，庞涓必会回兵救援。这样，我们不仅可以解赵国之围，还可以以逸待劳，大败魏军。

田忌接受了孙膑的意见，埋伏兵于桂陵，等待魏军的前来。

果不其然，当庞涓率领军队星夜回援来到桂陵时，被以逸待劳的齐军"包了饺子"。齐军大胜，庞涓自尽。

齐军胜利的原因主要有以下三种：

其一，魏军是从邯郸星夜回援，长途跋涉、疲惫不堪，而齐军则是养精蓄锐、以逸待劳，体力对比显而易见。

其二，魏国中了齐军的埋伏，毫无心理准备，慌乱间，必定军心大乱。

其三，孙膑在此战中使用了自己的撒手锏，即"八阵"。

据《孙膑兵法》记载，所谓八阵，即方阵、圆阵、数阵、锥形之阵、雁形之阵、玄襄之阵等。不同阵法有不同的作用和长处，所以应根据具体情况灵活变阵。能够这样熟练使用阵法，并提出系统的阵法理论，孙膑可为古今第一人。

之后，历代军事家又对八阵法进行了继承和发展。"功盖三分国，名成八阵图"，杜甫《八阵图》一诗中说的是诸葛亮，他行兵作战的常用之法就是八阵法。诸葛亮的八阵法就是对孙武"八阵"的创造性的发展。

桂陵之战是孙膑与庞涓的第一次交锋,以孙膑胜利、庞涓被俘为结局(庞涓后被魏王赎回)。

十三年后,孙膑与庞涓再次交锋,这次的结局是庞涓如何也料想不到的!

桂陵之战后,魏国元气大伤,休整数年后又开始对外扩张。公元前341年,魏国发兵进攻韩国,韩国向齐国求援。孙膑主张"深结韩之亲,而晚承魏之弊",欲待魏国实力大损时再发兵救韩。

当时,韩国得到齐国同意救援的允诺后,士气大振,竭尽全力抵抗魏军的进攻,无奈实力悬殊,结果五战连败。就在此时,齐国抓住魏军战疲的时机,任命田忌为主将,直趋魏国都城大梁。孙膑则在军中担任军师,居中调度。

魏军胜利在望之际,又遇齐军"从中作梗",其愤怒可想而知!这种情况下,魏军也顾不上韩国了,气急败坏地将兵锋转向齐军,准备好好修理一下齐国,让它日后再也不敢来捣乱。

庞涓听说死对头孙膑也来了,更是火冒三丈,从韩国撤兵回国后,下令紧急追赶齐军。

此时,齐军已经深入魏国,前后都有魏军,形势对齐军不利。

孙膑对田忌说:"魏军一向轻敌,认为我们齐军贪生怕死,如果我们能够利用他们这种心理,就一定能取胜。军队需要劳逸结合,长途奔波,乃是兵家之大忌。我们可以装作胆小的样子,诱敌深入,第一天可以造十万口灶,第二天则减为五万口,第三天再减少为三万。这样一来敌军一定拼命追赶,而速度太快只会事倍功半,劳将伤兵。"

田忌采纳了孙膑的这一策略。魏军日夜兼程回到魏国后,想要与齐军一决雌雄,齐军却不肯交战,迅速后退。庞涓率领军队紧追不放。他看到齐军的灶火日益减少,十分高兴地说:"我就知道齐军是一群胆小鬼!"于是,他留下步兵与笨重粮草,率领骑兵加紧追赶。

孙膑得知庞涓率轻骑追击的消息后,对众将领说:"庞涓的末日到了!"

当时,齐军到达了一个叫马陵道的地方。此道位于两座高山之间,地势险要,中间的路又窄又陡,是一个伏击魏军的好战场。

孙膑下令,将小路堵住,并挑了路旁的一棵大树,刮去一段树皮,在上面写道:"庞涓死于此树之下!"同时,孙膑命令一万弓箭手埋伏在道路两旁的树林中,吩咐他们一见到火光,就万箭齐发。

到了夜里,庞涓率领骑兵到了马陵道。他发现前方道路上堆了很多树木,将路堵死了。庞涓高兴地说:"齐军是怕我们追上,所以才这样做,下马挪树!"

树搬完了,魏军们累得半死,刚要通过,隐约发现前方有一棵大树上有字,庞涓让士兵点火来看。当他看清树上那几个大字时,大呼一声:"不好!中计!"待他转身要逃时,两边山上,齐军万箭齐发,魏军人喊马嘶,死伤惨重,全军覆灭。庞涓知道战局已定,自己逃不走了,骂了一句"遂成竖子之名",便抽出剑来自刎了。

尘归尘,土归土,庞涓身死之时,是否对当初的行径有后悔之意?后人不得而知。

孙膑经过这一战,一举成名,同样,也是在此战后归隐山林,不知所终。不过,他将其作战经验总结成书,流传后世,对历代的军事战争起到了深远的影响。

20世纪70年代,时隔两千多年以后,山东银雀山出土《孙膑兵法》残简,成为中华文明的瑰宝。

为燕破齐——乐毅

乐毅,子姓,乐氏,名毅,字永霸,中山灵寿(今河北灵寿)人,是战国后期杰出的军事家。

众人皆知,诸葛亮经常把两个人的名字挂在嘴边,一个是管仲,另一个就是乐毅。这两个人是他的榜样,管仲激励着他向政治家的方向努力,乐毅则激励着他向军事家的方向靠拢。

战国后期,在诸葛亮还未出生的年代,乐毅在干什么呢?他正在为燕国呕心沥血,训练士兵。

燕国,一个具有悠久历史的诸侯国,由周天子分封,领地为如今的北京、河北北部、辽宁西部一带。当时的燕国虽然有历史,有底蕴,但并不强盛,可能是由于地域的问题,燕国的农业、牧业都不发达,所以在群雄并起的春秋战国时期,在乐毅还未到燕国之前,这个国家很不起眼。

春秋战国,是一个讲究军事实力的年代。一个国家若没有强大的军事基础,那只能被别国欺侮。燕国就是被别国欺负的对象。

冷兵器时代,接壤之国是最容易发生摩擦和战争的。

查看一下战国七雄的地图,人们就会发现,和燕国接壤的有两个诸侯国:一个是赵国,一个是齐国。其中,赵国作为邻居,与燕国礼尚往来。

但齐国的表现就令燕国很"苦恼"。两个国家作为独立的政权,齐国却常常干涉燕国的内政,比如说燕简公出逃和复国,齐国作为一个"外人","坚持不懈"地干涉了九年;再比如燕王哙想要向三皇五帝学习,搞禅让制度,齐国又不乐意了,全军压境,差点把燕国灭掉。这种行为，就如同一个人对别人的家事指手画脚，一不满意就对对方拳脚相加。燕国很愤怒，但却无力反击。弱小的燕国只能选择"忍"，直到燕昭王时代的来临才有所改变。

综观燕国历史，在很长一段时期内，它都属于默默无闻型。逐鹿中原、争霸天下，都和它没多大关系。这种情况下，燕王哙却想如尧舜般青史留名，最终听信谗言搞禅让制，将王位禅让给了相国子之。燕王哙搞禅让没有错，关键是他所禅让的人能否担起国家重任？

事实是：子之当政后，燕国大乱。这时，齐国就趁机起兵伐燕，差点将燕国覆灭，但是因为齐国军队在燕国太过残暴，被燕国百姓所不容，才心不甘、情不愿地退回齐国。

燕昭王（燕王哙之子）就是在这样的情况下登上王位的。在他的心目中，齐国的破国之仇，自己永生难忘。但是，他深知"君子报仇，十年不晚"的道理。

登上王位后，燕昭王便迅速找到了国力衰弱的根源：人才稀缺。但是作为诸侯国中实力垫底的国家，想吸引人才有点难度。应该采用什么方法吸引人才呢？

当时，燕昭王身边有一个叫郭隗的人，他以古人千金买骨为例，建筑"黄金台"，使燕昭王先把他当贤人来尊重，然后吸引比他更贤的人来。此举一出，天下为之震动。

就这样，燕昭王吸引了大量人才的到来，乐毅就是其中之一。

乐毅出身名将之门，他的祖先是战国初期魏国名将乐羊。乐羊曾率领魏国大军吞并中山国（战国时期的一个由狄人建立的诸侯国），因此受封于灵寿。之后，灵寿被纳入赵国，所以乐家就成了赵国的子民。

乐毅文武双全，赵武灵王时，被赵国任用为官。后来，赵国发生内斗，赵武灵王去世，局势动荡，乐毅认为继续留在赵国也难以施展自己的抱负，于是投奔魏国。

命运是非常奇特的，当一个人真正拥有能力的时候，不管走过多少弯路，他总能登上那个令自己生命绽放光彩的舞台。

乐毅命运的转折点就是出使燕国。

乐毅到燕国后,备受青睐,燕昭王十分欣赏乐毅的才华,同时,乐毅也被燕昭王礼贤下士的风度所吸引,两人一见如故。最终,乐毅果断放弃了魏国的丰厚待遇,留在了燕国,主持军国大事,辅助燕昭王实现振兴燕国的愿望。

在乐毅等人的辅助下,经过多年的努力和发展,燕国的实力有了长足的发展,虽然仍旧弱小,但总算跻身于战国七雄的行列。但是,齐国在当时非常强大,不仅仅是燕国,其他国家也都不是对手。乐毅也知道,即使再训练军队,单凭燕国一国之力,一时仍无法和齐国抗衡,除非天赐良机。

很快,时机就到了:齐宣王之子田地称王,为齐湣王。

齐湣王的出现,让乐毅看到了打败齐国的曙光。为何这么说呢?

因为齐湣王是一个急功近利,好大喜功,又自以为是的人。他一继位,便依仗齐国的强大实力,插手他国内政,当政没几年,就把楚、秦、韩、赵、魏等国都得罪遍了。

在此情况下,乐毅建议燕昭王联系那些被齐湣王欺侮过的国家,共同发兵讨伐齐国。燕昭王采纳了乐毅的建议。他派几位使者前去各国,商谈"复仇"事宜。

事情却出乎意料地顺利!一听说要发起群攻,对象是齐国,各国都迫不及待地回应道:"打!"赵惠文王更是表示了充分的支持,激动之下将相国的大印交给了乐毅。就这样,反齐的统一战线就以迅雷不及掩耳之势形成了。

公元前284年,济西之战爆发。乐毅统率燕、秦、韩、赵、魏五国军队攻齐。

此战中,乐毅的军事才能得到了淋漓尽致的发挥。他统领全局,综合分析敌我情况,制定作战方针,并根据战争变化,随时调整战术。他深知夺取初战胜利的意义,于是先发制人,在济西之战中给敌人以出其不意的攻击,一举击溃齐军主力。

五国联军把齐国打得屁滚尿流之后,就撤军了。但是,乐毅并没有罢休,他针对齐军打败仗后的恐惧心理,指挥燕军长驱直入。由于他抓住了战争的有利时机,六个月内,连下七十座城池,最后将齐军围困在莒城和即墨两座城池中。

乐毅用了六个月时间连下七十座城池,按照此速度,剩下两城,五六天便可攻克。可接下来的事情有点令人费解,乐毅持续打了一年仍未攻破,这到底是为什么呢?

当时,莒城集聚了齐国溃逃的爱国之士,民愤极大,要活剐暴君齐湣王;同时,即墨是齐国商业与士族的汇聚地,守城人数十万有余,兵器甚多,城高池深。而且,齐国已经陷入绝境,所谓置之死地而后生,军民们都抱着死战的决心,所以燕军久攻不下。

在这种情况下,乐毅意识到,人心向背对战争起着决定性的作用。齐国虽然已经陷入巨大的困境,但它毕竟是一个强国,齐国子民内心仍然是向着齐国的。一旦大举进攻城池,齐国军民必定死拼,这将是一场血战,最后落得个两败俱伤的下场。更糟糕的是,齐国各地民众若愤然起义,燕国将会引来更大的灾祸,其他国家也会趁机出兵,燕国随时都有可能被反噬。

所以,就在燕国高奏凯歌的时候,乐毅却改变了策略,对二城围而不攻。他下令军队到城池九里开外扎营,并下令说:"城中的百姓如果出来,不准抓捕,如果生活穷困就给予救济,帮助他们就业。"

同时,乐毅对已经占领的齐国地区实行减税政策,废苛政,尊重当地风俗,保护齐国的原有文化。

无疑,乐毅的眼光是十分长远的,他知道灭国之战,要以收服人心为先,攻城为次。围攻二城而不伤百姓,天下人就知道了燕国的仁义,也就能从内心里对燕国归顺。

就这样,乐毅留在齐国对莒城和即墨二城只围不攻,他想通过这种方式,来达到收服齐国的目的。当然,乐毅的付出也得到了回报,数年之内齐国境内没有叛乱的事情发生。

千里马常有,而伯乐不常有。燕昭王在世时,非常理解乐毅的做法,即使有小人进谗言,说乐毅想要自立为王,燕昭王也不置可否。

但随着燕昭王去世,燕惠王上任,情况就有了新的变化。

燕惠王原本就对乐毅长时间不将莒、即墨二城攻下颇有微词，再加上小人的谗言，更使他对乐毅充满怀疑。于是，他派骑劫前去齐国替代乐毅的统帅之位，并召回乐毅。

乐毅马上就嗅出了危险的信号，利索地将军权交出，但没有回燕国，而是直接逃回到了自己的故国——赵国。

孙子曰："上兵伐谋，其次伐交，其次伐兵，其下攻城。"现代学者认为，乐毅的做法已经超越了以上的兵法，是在"化心"。等收服齐国百姓民心的时候，乐毅就可以完胜了。

他几乎就要做到了。可惜人的命运却不能任由自己掌握！乐毅走后，骑劫一改乐毅的策略，发动强攻，最终激起了齐国军民的强烈反抗，结果战局马上就逆转了：即墨城守田单运用火牛阵大败燕军，燕军士气大衰，齐军乘胜追击，将失去的七十余城池全部收复。

之前的努力付之东流，兜兜转转，燕国又回到了原来的处境。这时，燕惠王才追悔莫及，写信劝乐毅返回燕国。信中，燕惠王虽然承认自己听信谗言，却又斥责乐毅对不起先王的知遇之恩。乐毅回信驳斥了燕惠王对自己的责难，并表达了自己对燕昭王的一片忠心，这就是历史上著名的《报燕惠王书》。

乐毅在《报燕惠王书》中所透露出的他与燕昭王之间的君臣友谊，为后世贤人所向往，这或许也是诸葛亮自比乐毅的一个原因吧。诸葛亮所写的《出师表》，从某个角度来说，就是在向乐毅致敬。

乐毅虽然在此事上遭受不公，但并没有以公报私，说赵伐燕，而且还常来往于燕赵之间，维持着两国的和平关系。

力挽狂澜的英雄——田单

战国末期,乐毅在短短半年之内,连下齐国七十余座城池。齐国灭亡在即。这时出现了一位英雄,他力挽狂澜,光复失地,避免了齐国灭亡的命运。

这位齐国的大英雄,就是田单。

田单,临淄(今山东淄博)人,战国时期田齐宗室远房的亲属。

齐国战乱之际,田单不是身穿紫袍,背负军国大任的贵族,而是齐国都城临淄一名十分不起眼的小官。他凭什么能够号令军民解齐国之围呢?

乱世出英雄,田单能在国家危难之际挺身而出也在情理之中。但除此之外,田单能被民众拥立为将军,还有一个很关键的因素,那就是个人魅力。在田单还是小吏时,他的经历虽然没有被记载,但是从他后来的作为中可以窥其魅力一角。

一次,田单忙完朝中的政务之后,乘马车回府。当时,大雪纷飞,寒风刺骨,天气异常恶劣。在回家的途中,田单注意到前方不远处的雪地里躺着一个人。他急忙喊停车子,下车察看,原来是一位老人。老人蜷缩着,身体就快要僵住了。田单俯下身子,用手探到老人的胸口处还有一丝余温,气息还未断绝。他没有多想,当即解开自己的上衣,又将老人的上衣解开,然后以胸对胸的方式去温暖老人冰冻的身体。然后,田单抱着老人上了车子,命车夫全速往家里赶去。回到家后,老人的身体已经起了暖意,脸上也有了血色。田单让家人细心照料,老人最终醒了过来。很快,这件事一传十,十传百,传遍了齐国。田单因此更受齐国百姓的拥护与爱戴。

了解了田单的个人魅力之后，回头再看他是如何发挥自己的才能逼退燕军而解齐国之围的。

在乐毅攻破临淄城时，田单率领族人逃到了安平。很快，乐毅的军队又攻到了安平。为了尽快摆脱敌军的追击，田单教导族人将车轴多余的部分截短，并用铁皮将车轴包起来。这样一来，车子走起来非常轻便，大家很快就逃到了即墨城。

即墨的城守战死之后，田单由于心思缜密、多才多艺，便被群众推举为将军，担起守城之重任。

田单清楚地知道要击败乐毅率领的燕军绝非易事。因为燕军除自己的国土之外，还包括新占据的七十多座齐国城市，军队士气高昂；而齐军方面只剩下莒和即墨两个地方，且军民士气低落，双方实力相差过于悬殊。此时，田单如果贸然与燕军硬拼，必将失败，所以他只能耐心等待有利战机。在时机尚未成熟前，绝不轻举妄动。

不久，机会来了。一向宠信乐毅的燕昭王病逝，而继位的燕惠王则与乐毅不和。这对田单来说，真是一个天大的好消息——这是除去乐毅的大好机会。于是，田单决定使用反间计除掉乐毅——他派人潜入燕国，到处散播谣言，说乐毅早就想做齐王，只因为先王对他恩重如山，他实在不忍心背叛，所以故意慢慢攻打莒城和即墨；现在先王去世了，他将不再听从新王的指挥，若不迅速撤换乐毅，等到他自立为齐王，就大事不妙了！

燕惠王早就怀疑乐毅，便听信了谣言，于是派骑劫代替乐毅。乐毅闻讯，知道回国以后不会什么好结果，就逃亡到赵国。

此时，田单的反间计已然奏效——乐毅一去，光复齐国的障碍就减掉了一半。接下来要做的，就是振奋民心，鼓舞士气了。

之后，田单先向即墨城的百姓宣布："梦中，有神明告诉我，齐国即将复兴，燕国就要败亡，很快就有神人降临做我们的军师，协助我们击退燕军。"接着，田单又下了一道命令，规定即墨城的居民，每次吃饭前，都要先将食物摆在庭院中祭祀祖先。结果，这引来了许多鸟儿飞入城里觅食。燕军看到这种情形,大感奇异。田单趁机扬言说,这是有神人来教导他了,并告诉城里的百姓说,马上就有神人来做他的老师了。有位小兵开玩笑道:"我可以做军师吗?"说完,他转身就走。田单立即追上他,很恭敬地请他上坐,要拜他为军师。小兵惶恐地说:"我只是开玩笑,真的没有能力。"田单却说:"没关系,你不要说出来,我自有妙用。"之后,他公开向百姓宣布,"神人"已降临即墨,并拜为军师了。

从此以后,田单每次发号施令,都说是神人的指示,城中的军民也信以为真,因此对复国的信心更加坚定,士气大为提振。

为了使齐国军民痛恨燕军,并抱定死战的决心,田单又散布谣言说:"我最担心燕军将齐国俘虏割掉鼻子,并挖掘我们城外祖先的坟墓,这样一来,即墨城中的军民就会开城投降了!"燕军得知这个消息,马上下令将投降的齐人,全部割掉鼻子,推到最前线,并挖开城外齐人的祖坟,将尸体骨骸焚烧或暴露在天日之下。

结果,燕军的暴行不仅没有产生震慑作用,反而激起即墨军民同仇敌忾的心理。他们个个咬牙切齿,都想出去和燕军决一死战,杀敌的激情沸腾到了顶点。

到了此时,田单知道齐国军民都已怀有死战的决心,可以发动进攻了。于是他作出安排:一方面故意将穿盔甲的勇士埋伏在城中,只派老弱妇孺上城防守,以松懈燕军的戒心;另一方面,收集即墨城中的金银珠宝,派人送给燕军,表示即将献城投降。

燕军误以为胜利在即,得意忘形,于是大摆筵席,狂欢痛饮,持续了很多天。军心逐渐松懈下来。

而在燕军忘乎所以之际,田单暗中收集了一千多头牛。他命人将牛角上绑上利刃,牛身上披挂彩布,尾巴绑上稻草,还淋了许多油脂。同时选了五千名壮士,身上也画满了油彩,形如鬼怪。

在一个月黑风高的夜晚,田单下达攻击令,一千多头武装壮牛,因尾巴上的稻草被点燃,疼痛受惊,拼命地向燕军的阵营中奔去,五千名壮士紧随于后。此时,燕军士兵都在睡梦中,被这些突然而来的怪物所惊醒,吓得魂飞魄散,纷纷抱头鼠窜。火牛横冲直撞,被撞倒的燕兵,非死即伤,牛尾上的火,又烧到帐篷,烧出一片火海,跟在牛群后面的五千壮士更是乘胜追击,势不可挡。

转眼间,燕军全线溃败,骑劫在混乱中被杀。紧接着,田单率军乘胜追击,齐国各地民众也纷纷助战,很快将燕军逐出国境,被燕军攻占的七十几座城池全部被收复。

田单光复了齐国,胜利地回到临淄,并恭迎齐太子田法章(即位为齐襄王)返回齐都。田单因拯救齐国,功劳巨大,受封为安平君。

田单在国家灭亡之际,临危不乱,智勇双全,几乎以一己之力扭转乾坤,光复了国家,可谓英雄。他的壮举避免了齐国灭亡的命运,是战国历史上浓墨重彩的一笔,千百年来一直被后人所赞叹。

儒家代表人物荀子赞曰:"善用兵者。"

西汉历史学家刘向赞曰:"贤佐俊士。"

北宋文学家、改革家王安石赞曰:"田单一即墨,扫敌如风旋。"

··············

唐朝建中三年(782年),礼仪使颜真卿向唐德宗建议,追封古代名将六十四人,并为他们设庙祭奠,其中就包括"安平君田单"。而同时代被列入庙享名单的只有孙膑、赵奢、廉颇、李牧、王翦而已。

远交近攻——范雎

范雎,字叔,战国时期魏国人,是我国历史上著名的军事家、政治家。他曾长期担任秦国的丞相,深谋远虑,很有战略眼光,对秦国的强大与统一起到了重要的作用。至于他的发迹,则要从他早年做门客的时候说起。

范雎出身寒门,饱读诗书,满腹经纶,早年曾周游列国希望能有机会施展自己的才能,结果并没有成功,最后迫于生计只好投靠到魏国中大夫须贾的门下做事。

当时,由于魏国曾参加"五国伐齐"的战争,且逼死了齐湣王,所以魏王担心齐国报复,就派须贾出使齐国,缓和两国的关系。范雎有幸作为须贾的随从一同出使。他们在齐国待了几个月,也没有什么收获。当时,齐襄王听说范雎口才很好,于是就特意给范雎送去黄金、美酒等礼物。须贾知道此事后,十分恼火,认为范雎定是将魏国的机密告诉了齐国,所以才得到齐王的礼物。于是,他让范雎将黄金退回,只收下美酒之类的礼品,似乎要留些物证状告范雎。

果然,回到魏国后,须贾便向丞相魏齐诬告范雎,说他向齐国出卖了情报。魏齐不分青红皂白就把范雎毒打了一顿,还把他扔在茅厕里,"使宾客便溺其上",即让宾客在他身上排便。范雎受尽侮辱,生命垂危,眼看就要死去。但是,他宏图未展,不想就这样轻易死去,于是装死挺到了半夜后买通了守卫,逃了出去,然后在魏国人郑安平的帮助下,潜藏了起来,改名为张禄。

不久,在郑安平的帮助下,范雎又随来魏的秦国使者逃往秦国。在去秦国的途中,发生了一个有惊无险的插曲,充分展示了范雎卓越的才能。

当时,范雎一行行至秦国湖县,正遇到秦国丞相魏冉的车马。魏冉是秦昭王的舅舅,倚仗姐姐的身份把持朝政长达数十年,此人厌恶招纳贤才,生怕威胁到他的权势。范雎虽然出身不高,但平素关心各国政治,对魏冉也有几分了解,因此远远望见魏冉的车马后,就藏于箱中避祸。

不久,两队人马相遇,寒暄过后,魏冉巡视王稽一行,对王稽说:"你这次出使魏国,没有带外国的宾客来吧?这些人依靠口舌扰乱视听,只是为了自己的功名富贵,看似有些才智,实际上全是些没用的废物!"王稽闻言,连忙回答:"臣下不敢。"魏冉并未发现异常,便离开了。

王稽十分佩服范雎的先见之明,正要继续赶路,范雎从车中出来说:"魏冉这个人生性多疑而反应迟钝,刚才分明已经起疑。虽未立即搜索,不久之后必然反悔,一定还要再来搜查,我还是再回避一下吧。"说着,范雎下车从小路前行。

王稽将信将疑。不久之后,果然有二十余骑飞驰而来,声称奉丞相之命搜查。他们查遍王稽的车马,在确定没有外国人之后,才作罢离去。王稽对范雎佩服得五体投地,不由感叹道:"张先生真智士,吾不及也!"

范雎顺利来到了秦国。但在最初的一年多里,一直没有机会觐见秦昭王。当时,秦昭王看不上那些能辩之士,范雎也因此被冷落了。但是这一年里,范雎并没有闲着,而是将秦国的政局摸得清清楚楚。自秦昭王继位后,太后的弟弟穰侯魏冉和华阳君芈戎,以及秦昭王的同胞弟弟泾阳君和高陵君形成一股强大的势力,号称"四贵"。他们在太后的庇护下,都有开阔的封地,实力与威望已经对秦昭王造成威胁。

公元前 270 年,范雎的机会来了!当时,秦国在魏冉的坚持下,跨过韩、魏两国攻打齐国。而此次攻齐,也并非昭王的意愿。范雎慧眼识君心,他抓住这一时机,精确分析昭王的内心世界,果断向昭王上书,直击宗室专权的问题,在抓住昭王最大心病的同时,又信誓旦旦地保证自己有治国的良策。这样一来,昭王不可能不见他。

果然,秦昭王看了他的书信后,马上就派人去接他进宫。到了宫门口,范雎假装不知道是内宫的通道,就往里闯。正好,秦王也出来了,宦官怒声斥责:"大王到!"范雎假装没看到,大声嚷嚷说:"秦国哪有王?只有太后和穰侯罢了!"范雎这样说是想故意激怒秦王,刺痛他的心病。谁料,秦王不仅没有生气,反而向范雎致歉行礼,请他进内宫交谈。这一幕让在场的官员们大吃一惊,没有一个不对范雎肃然起敬的。

秦王让左右近臣退下之后,诚心诚意地向范雎请求赐教。

范雎考虑到自己羽翼未丰,不敢说太后专政,于是就从穰侯攻齐说起,投石问路。他说:"我听说穰侯要借道韩国、魏国攻打齐国,我认为这是不合适的。齐国路途遥远,出兵少无法保证取胜,如果派大部队,则有后院起火的危险。攻打齐国如果不能取胜,秦国就是自取其辱,即使胜了,因为战争成本过高,获利也很少,而且所夺得的城池也难以管理,韩、魏、赵便可得渔翁之利。劳师远征百害无一利,不如远交近攻。"为了增强说服力,范雎还举出齐湣王远征楚国,致使内部空虚,因而被韩、魏袭击的往事。

接着,范雎进一步阐述"远交近攻"的具体实施方法。他说,韩、魏两国处在中原地区的枢纽位置,秦国若想成就霸业,一定要先控制这一地区,然后使赵、楚两国归附,这样齐国就会惧怕,一时不敢与秦国对抗。这样,秦国在国力具有压倒性优势的情况下,便可逐步吞并韩、魏等国,最后再灭掉齐国,统一天下的伟业就大功告成了。

范雎滔滔不绝地讲着,秦昭王在一旁听得如痴如醉。他对范雎的战略思想十分赞赏,当即拜他为客卿,让他参与军事决策。

在范雎的辅佐下,秦国的版图果然有所扩张。

在秦国咄咄逼人的攻势下,六国惊恐不已,企图结成联盟,共同抗秦。当时,天下的谋士都聚集在赵国讨论合纵盟约,目的是将六国联合起来对抗强秦。范雎深知,六国结盟将对秦国极为不利,但是他并不慌张,因为他很清楚,六国间的战争已久,积怨很深,且各怀私心,这暂时的结盟,不过是为了一己私利的权宜之计。于是,在一次六国谋臣于赵国都城邯郸聚议的时候,范雎派名士唐雎携带大量黄金前往,对各国谋臣进行贿赂,并离间他们的关系,最终参加合纵之约的谋士为黄金而大起内讧,联盟之约也随即瓦解。

随着"远交近攻"策略的成功,范雎日益受到秦王的重视,在秦国的地位也是水涨船高。

公元前 260 年,秦、赵两国大战于长平。秦军虽然勇武善战,但对行军持重、坚筑营垒、等待时机、按兵不动的赵国老将廉颇,没有什么可行的办法对付。此时,范雎提议道,只有除掉廉颇,才有获胜的把握。于是,他使出了一招"反间计"。

范雎暗中派秦国"间谍"来到赵国都城邯郸,以丰厚的财物贿赂赵国的重臣,并散布谣言说:"廉颇年老且胆怯,屡战屡败,现已不敢出战,又为秦军所迫,很快就将出降。秦军最惧怕的是赵国大将赵奢的儿子赵括,他年轻有为且精通兵法,如果为将,秦军将难以抵挡。"赵王听了,竟信以为真,匆忙让赵括前往长平代替廉颇。

赵括虽是名将之子,亦熟读兵书,但只是纸上谈兵罢了,呆板拘泥不善灵活应变。赵奢在去世前曾上书赵王,告诫他不要任赵括为主将,可惜赵王并未听进去。

结果,赵军在赵括的指挥下惨败,秦军大获全胜,坑杀四十万赵兵。从此,赵国一蹶不振,逐渐走向衰亡,而秦国则更加强大,成为战国七雄中最强大的国家。

秦昭王之后,秦国一直坚持"远交近攻"的政策。最终,秦始皇在征战了十年之后实现了一统天下的霸业。

范雎无疑是秦朝统一天下的大功臣,然而正所谓"金无足赤,人无完人",范雎作为一代杰出的军事家,也因为一己私利而犯下诸多罪行。比如,他在位极人臣后曾对须贾和魏齐进行报复,体现出睚眦必报的性格,这显然与他早年遭受的冤屈、迫害有一定的关系。他还谋害了白起,这恐怕就是嫉贤妒能所致了。而这些缺陷,最终成为范雎执政后期秦军连连失败的重要原因。

范雎以权谋私,一方面对须贾和魏齐报复,另一方面对帮助自己的王稽与郑安平十分照顾。诬陷白起后，他举荐郑安平代替白起率兵攻赵，结果郑安平不仅大败还带兵投降了赵国。按照秦律，范雎用人失察理应受到株连，但是秦王念其功劳，并未牵连于他。王稽也不是个省油的灯，"里通外国"，秦王依旧没有追究范雎的责任。

就在范雎的政治生涯开始走下坡路时，燕国人蔡泽来到了秦国。蔡泽相貌丑陋，囊空如洗，但却才华横溢，口才极佳。他利用激将法成功见到范雎，又引秦之商鞅、楚之吴起、越之文种三位名相的遭遇为例，劝说范雎见好就收，急流勇退，以免重蹈他们"尽力竭忠，功高盖世，却惨遭杀戮"的覆辙。蔡泽这一席话狠狠地戳中了范雎的要害，使他战战兢兢，如坐针毡。

范雎终究是个明白人，在深思熟虑之后，决定功成身退。于是他求见秦王，盛赞蔡泽之能，强力推荐其代替自己做秦国的丞相，秦王应允。范雎退位后，不久病死于封地，得以善终。

千古第一战神——白起

白起，战国时期秦国名将，我国历史上著名的军事家，与李牧、廉颇、王翦并称为"战国四大名将"。

白起出生的年代，秦国的实力已经十分雄厚。公元前295年，秦国已经制定了统一天下的大战略，强将成为当时秦国最急需的人才。秦昭王贯彻商鞅变法，奖励军功，不论出身，白起便顺势出现在历史的舞台上。

古语有曰：关东出相，关西出将。这句话或许正是源于白起。白起出生于秦国郿县（今陕西省眉县），当年这里是秦国关西故地，民风好武，精于骑射。

白起的经历在公元前294年前，历史上没有任何记载。他在历史舞台上第一次亮相，是以左庶长（中级将领）的身份领兵攻打韩国新城（今河南伊川县）。他初战告捷，第一次展示了自己的军事才能。

新城之战打开了秦国东进的大门。韩国当然不服气，为了夺回新城，韩国拉来魏国帮忙。第二年，韩魏二十四万联军阻秦东进，白起奉命出兵攻打韩、魏。

当时，秦军人数还不及对方一半，唯一可乘之机是韩、魏两军貌合神离，各怀私心。于是，白起采用避实击虚、先弱后强的策略，将秦军的主力集中在韩魏联军的后方，多次击破联军后方留守军队，逐渐将韩魏联军包围于伊阙，进行最后的决战。此时，由于连续的失利，联军士气不振，再加上粮草不足，最终二十四万人马化为乌有。此战是战国时期著名的以少胜多的战役，白起一战成名，升任为国尉。

第二年，白起又起兵攻魏，魏军不堪一击，将六十一座城池拱手相让。至此，韩、魏已经名存实亡，秦国开始将主攻转到南方的楚国。

公元前279年，白起领兵攻楚。面对这个南方大国，白起的进攻出乎意料地顺利，先是连破五城，接着又轻松地占领都城。楚国的都城一夜间成为秦国的南郡，楚王仓皇败逃。

大胜的消息传到咸阳后，秦昭王喜不自胜，封白起为武安君，意为"以武安民"，白起从此名震天下。

公元前273年，白起率军攻打魏国，俘获大量兵将，并"斩首十三万"。不久，白起又战胜赵国大将贾偃，竟把贾偃的两万赵军沉到了黄河之中。九年后，白起又击溃韩军，占领五城，斩首五万。一年后，又攻陷太行道，断绝了这条道路。

白起马不停蹄，南征北战，创造出一系列光辉战绩，他所到之处，动辄斩首数万，可谓所向披靡。不过，白起的战绩还不止这些。

秦国要一统天下，最大的阻碍就是赵国。在战国七雄中，赵国是最有实力与秦国抗衡的。

秦国完成商鞅变法之后，赵国也发起了"胡服骑射"的改革。秦、赵两国的实力不分上下，这从"战国四大名将"中即可窥见：白起对廉颇，王翦对李牧，他们分属秦赵两国，彼此难分伯仲。

公元前262年，白起率军攻打韩国，攻下野王县，切断了上党郡和韩国国都的联系。面对这种形势，上党郡守冯亭和当地百姓们商议道："通往郑地（韩国国都）的道路已经断绝，韩国顾不上我们了。秦军逼近，韩国无法救援，我们不如归附赵国。赵国若是接纳我们，秦国恼怒，必然会进攻赵国。赵国被攻打，就一定会结盟韩国。韩、赵联盟，就可以抵挡秦国了。"于是，他派人前往赵国，表示愿意归附。

上党归附一事，在赵国朝堂上引起了一场大争议，有人害怕惹恼秦国，有人垂涎一郡之地。最终，赵王接纳了上党郡。

两年后，秦国攻打上党地区，上党百姓纷纷逃往赵国。当时，赵军驻扎在长平，接收安置来自上党的难民。这给秦国攻打赵国落下了口实。当年四月，秦军对赵国发起进攻，赵王派名将廉颇率军御敌。

起初，赵军积极与秦军作战，结果接连失败，不仅城池被攻陷，还损失了几位军官。后来，廉颇改变了策略，他不再主动出击，而是坚守营垒，抵御秦军的进攻，无论秦军如何挑衅，赵军都坚守不出，迫使秦军陷入僵持战。这一战竟持续了三年，赵王不知廉颇的算盘，多次指责他消极怠战。

无奈之下，秦国也换了招数，秦丞相范雎，对赵国使出了"反间计"，他派间谍潜入赵国，一面贿赂赵国的重臣，一面散布谣言说："秦国所畏惧的，只有赵国名将赵奢之子赵括。廉颇很好对付，很快就要投降了。"

赵王本来就对廉颇的"消极抗秦"非常恼火，听信传言后，马上让赵括取代了廉颇。秦国反间计得逞，立即起用白起担任主将，准备与赵国决一死战。

白起采用一贯的作战风格——深藏不露，避实击虚。他下令秦军佯装失败，一路"溃逃"。赵括没有作战经验，只会纸上谈兵，一下就中了秦军的圈套，率兵一路追击，竟一口气追到了秦军大营。但此时赵军才发现秦军营垒十分坚固，根本无法攻入，而且秦军的两支突袭队伍已将赵军截为三段。赵军首尾分离，粮道被断。秦军又派轻骑兵不断骚扰赵军。赵军情势危急，只得筑营坚守，以待救兵。

这一围就是月余，饿疯了的赵兵开始自相残杀，以人肉充饥。有些赵军试图突破重围，结果接连失败。最终，白起下令发起猛攻，杀死了赵括，俘获四十万赵军。

之后，白起做出了一个震惊天下的举动，他使用欺骗手段，将四十万降军全部坑杀，只放走了二百四十名年纪小的回去报信！他给出的理由是：赵国士兵反复无常，不全部杀掉，恐怕要发生暴乱！

白起此举令人惊骇，为他在史书上留下了浓重的一笔。

长平之战过后，是消灭赵国的最好时机，白起当然想一劳永逸。一年之后，秦军再度发兵攻打韩、赵两国。赵国也用了"反间计"，派苏代携重金去游说秦丞相范雎。苏代对范雎说："白起擒杀赵括，围攻邯郸，赵国一亡，秦就可以称帝，武安君一定会被封为三公，您就只能屈居于他之下了。依我看，您不如让秦王同意韩、赵两国割地求和，这样白起就不会得了灭赵的功劳。"

苏代算是说到了范雎的心坎上，他立即劝秦昭王与韩、赵和谈。秦昭王同意了，战争就这样中止了。白起后来知道了这些内幕，从此和范雎有了嫌隙。

几个月之后，秦昭王又要发兵攻打赵国，此时白起病了，无法参战。于是，秦昭王派五大夫王陵攻打邯郸，结果大败。

白起病愈后，秦昭王欲派他代替王陵带兵。但白起却一口拒绝："邯郸易守难攻，况且诸侯列国的援军络绎不绝。其他诸侯国怨恨秦国已经很久了。秦国虽然消灭了长平的赵军，但我军伤亡过半，国内已经空虚。如果跋山涉水去攻占赵国的国都，赵军在城内抵抗，诸侯的援军从外围进攻，那么秦军是必然要失败的。不能再打了！"

但秦昭王不听，执意出兵攻赵，结果围攻邯郸八九个月，仍然无法取胜。这时，楚国派春申君及魏公子率数十万援军攻打秦军，秦军大败。白起得意道："不听我的计策，看现在怎样啊？"秦昭王听说了白起的言论后，十分恼怒，于是派丞相范雎亲自去请白起出战，却无功而返。

一个臣子，若不能被君王所用，必被君王所弃。

不久，白起被贬为士兵，迁居他乡。但是，白起病了，无法立即迁居。在他滞留在咸阳的三个月内，秦军连连战败，秦昭王不想让白起看到自己的失败，勒令他马上离开咸阳。

白起无奈，只得带病动身。当他行至咸阳城外十里的杜邮时，秦昭王和范雎等大臣商议道："白起被强制离开，他心中一定心怀怨恨，不如处死。"于是，秦昭王就派使者赐给他一把剑，让他自尽。

白起拔剑将要自刎时，说道："我究竟有什么罪过，竟沦落到如此地步？"过了许久，他又叹息道："我本来就该死。长平之战，我用欺诈的手段将四十万投降的赵军全部杀死，这就足够判我死罪了。"说完就自尽了。

颇多无奈——廉颇

廉颇，生卒年不详，嬴姓，廉氏，名颇，山西人，战国末期赵国的名将，与李牧、白起、王翦并称为"战国四大名将"。

赵惠文王十六年（公元前283年），廉颇率赵军击败齐军，因功拜为上卿，从此逐渐以英勇善战闻名于诸侯各国。

关于廉颇，最为著名的一件事是人们所广为熟知的"负荆请罪"。此事后，廉颇与蔺相如成为生死与共的好友。由此，人们也可以看出，廉颇不仅是一位出色的将领，还是一位通情达理、有情有义的君子。而廉颇、蔺相如的和好，也为赵国的强盛提供了保障。此后，廉颇率领赵军南征北战，相继于公元前279年击败了齐军，公元前276年击败了魏军，公元前269年击退了秦军，可谓连战连捷。以至于在很长的一段时间里，秦军都不敢觊觎赵国。

不过，数年之后，情况发生了转变。

公元前266年，赵惠文王卒，赵丹继承王位，是为赵孝成王。当时，秦国采取范雎"远交近攻"的谋略，一面和齐、楚交好，一面攻打相邻的小国。公元前262年，秦国进攻韩国上党地区。上党太守冯亭无力抗秦便将上党献给了赵国。此后，秦、赵两军围绕上党地区展开了战争。

当时，赵国名将赵奢已死，上卿蔺相如病重，执掌军务的便只剩下了廉颇。于是，赵孝成王命廉颇统帅二十万赵军在长平地区（今山西高平市）抵抗秦军。

当时，秦军几次击败赵军，占据有利地形，士气正盛。而赵军长途跋涉至此，不仅兵力处于劣势，士气上也处于下风。作为战国一流的军事家,廉颇的作战能力令人十分佩服。面对这一情况,廉颇果断改变策略,采取了筑垒固守、疲惫敌军、伺机攻敌的作战方针,意在粉碎秦军速战速决的计划,他命令赵军凭借险峻山势,筑起坚固的壁垒,借此抵御秦军。尽管秦军屡次出战,一再挑衅,但廉颇总是坚壁不出。同时,他还把上党地区的民众集中起来,一面从事战场运输,一面投入筑垒抗秦的工作。秦军求战不得,无计可施,于是士气渐渐低落,锐气也逐渐丧失。

秦国见无法速胜,便祭出反间计,派间谍潜入赵国,散布谣言,称秦国最害怕的赵国将领是赵括,而不是老迈的廉颇。赵孝成王信以为真,也认为廉颇胆怯、不敢出战,于是强行将其罢免,用赵括代替。赵括的母亲见状,急忙劝谏赵王,指出只知纸上谈兵的赵括不适合担此重任,但赵王不听,执意要用赵括。

赵括上任后,完全颠覆了廉颇之前的战略部署,并撤换掉了许多军官。秦国见赵括上位,暗中起用白起率兵攻赵。结果,白起率秦军在长平大胜赵军,赵括阵亡,赵军四十万俘虏竟被秦军全数坑杀。这便是著名的"长平之战"。此战过后,秦军的气焰更为嚣张,之前不敢轻易攻赵,现在却堂而皇之地包围了邯郸(赵国都城)。邯郸被围一年有余,其间赵国几近亡国,最后依靠楚、魏两国援军来救,这才转危为安。

长平之战的结局,证明了廉颇的价值。而不久之后,廉颇便迎来了一次再度证明自己的机会。

长平之战后,北方的燕国见赵国元气大伤,决定趁火打劫——以丞相栗腹为将于公元前251年发兵攻打赵国。赵孝成王马上派廉颇、乐乘统兵十三万前往御敌。

在分析燕军的来势后,廉颇认为燕军虽然人多势众,但骄傲轻敌,加之长途跋涉,人马困乏,所以应当采取各个击破的策略。廉颇令乐乘领五万人马坚守代地,牵制进攻代地的燕军,使其不能南下援救;自己则率八万赵军在鄗地迎击燕军主力。

此战中,赵军将士同仇敌忾,奋勇冲杀,大败燕军,还斩杀了其主将栗腹。而攻代燕军听闻攻鄗军大败,主帅被杀,军心大动。乐乘趁机反攻,打得燕军落花流水。此时,两路燕军一并败退,廉颇顺势率军追击,势如破竹,很快就攻入燕境,包围了燕国都城蓟城(今北京城)。燕王无奈,只好割让五座城邑求和。赵军这才退兵返国。

这一战再度证明了廉颇的价值。赵王封其为信平君,任代理相国。在担任相国的六七年时间里,廉颇又多次击退入侵敌军,并伺机主动出击,有力地保障了赵国的国家安全。

公元前245年,赵孝成王去世,其子赵悼襄王继位。从此,廉颇的人生走上了下坡路。当时,襄王听信奸臣郭开的谗言,解除了廉颇的军职,派乐乘代替廉颇。廉颇一气之下,率军攻打乐乘,乐乘逃走了。而廉颇不得已离开赵国,投奔到魏国。魏王虽然收留了他,却并不信任和重用他。

历史再一次向我们证明了:仅仅有才能是不够的,没有护甲的才能在竞争残酷的时代会招人嫉妒,甚至会给自己引来杀身之祸!

廉颇在魏国时,赵国多次被秦军围攻,襄王这才想起廉颇的好,于是派宦官唐玖去魏国探望他,看他还是否可用。廉颇内心里还是很想再为赵国效力的,然而,廉颇的仇人郭开唯恐他再度得势,暗中贿赂唐玖,让他说廉颇的坏话。

唐玖见到廉颇后,廉颇当着他的面,一顿饭吃了一斗米、十斤肉,还披甲上马,表示自己还堪大用。但唐玖回来却向赵王撒了谎:"廉将军虽然老了,但饭量还很好,可是和我坐在一起,不多时就拉了三次。"赵王听了此话,就放弃了重新启用廉颇的念想。

不久,楚国听说廉颇在魏国失意,就暗中派人迎接他入楚。廉颇担任楚将后,没有建立什么功劳。后来他说:"我是想指挥赵国的士兵啊!"铁汉柔情最令人动容,可终究赵国还是辜负了他!后来,廉颇整日苦闷不乐,郁郁而逝,年约八十四岁。十几年后,赵国就被秦国灭亡了。

英雄不敌暗箭——李牧

李牧,嬴姓,李氏,名牧,柏仁(今河北隆尧)人,战国时期赵国军事家,与白起、王翦、廉颇并称为"战国四大名将"。

李牧早年的经历不为人知,史料上对他的记载是从他担任赵国北部边疆的守将时开始的。

当时,赵国由于与游牧部落接壤,经常受到游牧民族的侵扰。虽然赵武灵王此时已经修建了长城,以阻止匈奴的入侵,但城墙毕竟是死的,而匈奴骑着战马,见空子就钻,防不胜防。在这种情况下,赵孝成王派李牧前往北边抵抗匈奴。

到了北境之后,李牧采取坚壁不出的策略。无论匈奴如何挑衅,他都坚决不予回击,并立下军规:"如果匈奴入侵,要赶快收拢人马退入营垒固守,胆敢捕捉敌人者斩首。"

当然,李牧并不是不作为。他只是不与匈奴正面作战,而且一直积极地进行战争准备。他每天都下令宰杀牛羊犒赏士兵,训练士兵的骑射技能,以提高军队的作战实力;他还重视烽火台的守备,并经常派遣侦查人员打探敌情,等等。唯一不做的就是与匈奴作战。

就这样,几年过去了,因为不曾作战,所以李牧军的人马物资没有什么消耗,赵国的边境也不曾因匈奴的入侵而生灵涂炭。但是,作为对手的匈奴却认为李牧胆小,就连李牧的部下也这样认为。赵王得知后,责令他出战,但李牧依然不与匈奴作战。结果,赵王一生气就将他召回,派别人代替了他的位置。

李牧一离开,北境的局势就发生了改变。新任将领一改李牧昔日的策略，每当匈奴来犯，就率兵反击。然而，赵军屡战不利，损失惨重，致使边境安宁的状况发生了改变——人民无法耕种、放牧，生产生活与社会安定遭到了严重的破坏。

赵王无奈，只好厚着脸皮重新请李牧出山。李牧可不是随叫随到的人，他也是有性格的，于是称病不出。赵王再三请他复职，李牧都一一拒绝了。最后，实在没有办法了，赵王也不装了，强令他出征。李牧马上提出了条件："大王若是一定要我复职，那请允许我继续以前的策略，我才敢奉命。"这意思是，让我带兵可以，但是如何带就是我的事情了，还劳驾您别再插手了。赵王听后，也不敢再说什么，马上就答应了。

李牧回到边境后，还跟以前一样，继续犒赏士兵、坚守不出。边境也恢复了往日的安宁。但是，几年后，匈奴和守边赵军的人心发生了变化。匈奴这边，还是认为李牧胆小，不敢作战；而赵军这边，将士们都渴望能施展拳脚和匈奴好好打上一仗。

将帅贪功是国家祸！很多将军都知道"进攻是最好的防守"，但是却常常忘了其前提条件，就是在最佳时机进攻。而李牧就是少有的深谙此理的人。他一直按兵不动，就是在等待这个最佳的时机！

终于，机会来了！李牧完成了自己准备已久的战争部署——他命士兵准备好精良的战车一千三百辆，精选的战马一万三千匹，又选拔出敢于冲锋陷阵的勇士五万人，擅于射箭的士兵十万人，将他们全部组织起来集体训练，现在他们已经能够很好地协同作战了。

为了引诱匈奴，李牧让当地人民大规模地放牧，漫山遍野都布满了牲畜以及放牧的百姓。很快，匈奴闻讯而出，准备狠狠地掠夺。李牧先派出一小队人马击敌，两军一交战，便佯装失败，故意将百姓和牲畜丢给匈奴。

匈奴首领得到这个消息后大喜，想要狠狠地捞一把，于是率领大军大举进攻。

李牧见匈奴中计后，便在匈奴行军的道路两旁布下奇兵，从容地等待匈奴的到来。匈奴到了之后，李牧先采取守势，使对方轻敌。等敌军懈怠后，他才派出战车、弓箭手，大势出击。匈奴军在拼死抵抗后，最终也拼不过来势汹汹的赵军,被迫撤离。

就在匈奴军下达撤离的命令后,埋伏在匈奴后方的赵军突然冲了出来,将匈奴军团团围住。一时间,匈奴军成了砧板上的鱼肉,任赵军宰割。

这一战,赵军取得大胜,杀死匈奴人马十余万,不仅灭了襜褴(匈奴属国),而且击溃了东胡,收降了林胡。匈奴单于落荒而逃。李牧养精蓄锐数年有余,终于一朝翻身,给了匈奴致命的一击。

从此,匈奴在长达十余年的时间里都不敢再侵扰赵国。

除了击溃匈奴的辉煌战果外,李牧在对秦作战中也颇有建树。他多次率军击退来势汹汹的秦军,使得秦军暂时放弃了对赵国的进攻,转而攻击实力相对弱小的韩国。

然而,月有阴晴圆缺,人有旦夕祸福。一个人的命运受多种因素所左右,李牧的命运也并非他自己所能掌控的。他在前线抵挡住了敌人的刀剑,却躲不过身后自己人的暗算。

公元前 229 年,由于连年的战争以及北部代地发生的地震,赵国国力严重衰退,军力也大不如前。秦王嬴政趁赵国空虚,便派大将王翦和杨端和率领秦军大举来犯,赵国都城邯郸危在旦夕。赵王任命李牧为大将军,司马尚为副将,倾全军之力抵抗秦军。

王翦足智多谋,他知道只要有李牧坐镇,秦军就不可能取得速胜,于是使出反间计,派奸细来到赵国都城,重金收买了赵王近臣郭开,让他散布谣言,诬陷李牧和司马尚想要通敌谋反。

或许是天助秦国吧!昏庸的赵王听到谣言后,不去调查证实,便立即派人去代替正在战场拼命的李牧和司马尚。信守"将在外,君命有所不受"的李牧为了国家和百姓当然不从,可最终还是落入了赵王所设置的圈套,惨遭杀害。一代将星就这样陨落了!三个月后,赵国也灭亡了。

低调的传奇——王翦

　　王翦，平阳东乡人，战国时期秦国传奇名将，与李牧、白起、廉颇并称为"战国四大名将"。其一生战功显赫，助秦始皇最终统一六国。司马迁说他与白起比较起来是"尺有所短，寸有所长"，其中可以确定的是，他的伴君艺术是白起所不能比的。

　　王翦年轻时就爱好军事，后来成为秦始皇手下的将领。始皇十一年（公元前236年），王翦率秦军攻打赵国的阏与地区（今山西和顺）。领军期间，王翦精简兵员，严格治军，将队伍训练得士气高昂，作风优良，结果取得了大胜，一并攻取了赵国的九座城池。这一战，王翦初露头角。

　　始皇十八年（公元前229年），王翦再次出征，与杨端和联合，准备一举灭掉赵国。作战期间，秦军遭到赵国名将李牧的顽强抵抗，相持一年有余。结果，王翦实施反间计，除掉了李牧。李牧死后，王翦再无敌手，势如破竹，大败赵军，攻陷赵国都城邯郸，俘虏了赵王迁。此战过后，赵国灭亡，其国土全部并入秦国，成为秦国的郡县。

　　两年后，燕国派荆轲行刺秦始皇，没有成功。秦始皇一怒之下，派王翦领军讨伐燕国。结果，燕国战败。王翦又乘胜攻取了燕国都城蓟，燕王逃亡辽东，燕国至此名存实亡。

　　始皇二十二年（公元前225年），王翦的儿子王贲又奉命攻打楚国，大败楚兵，并趁势北上进攻魏国，以黄河、大沟水淹大梁城，城尽毁，魏王举城投降，魏国亡。

　　当时，秦国已经攻灭三晋（赵国、魏国、韩国三国的合称），并夺下燕都,大败楚军,士气正盛。秦始皇迫不及待地召集群臣,商议灭楚大计。

参议的重臣中有位大将叫李信,他年轻勇猛,曾率数千秦兵追击燕国的太子丹,一直追至衍水之上,终于击败燕军,活捉太子丹。

秦始皇对其很是赏识,于是问道:"我想攻灭楚国,李将军认为需用多少人马?"

李信说:"二十万就够了。"

秦始皇又问王翦。王翦答道:"没有六十万不行。"

当时,秦国的全部兵力也只不过是七八十万,这等于是倾全国之力去对付屡屡战败的楚军。

秦始皇听了王翦的回答,很是不满,说:"王将军老了,怎么如此胆小!"于是派李信和蒙恬率兵二十万,南下攻打楚国。

而王翦见秦王如此不满,权衡之下就称病辞官回家养老去了。

李信和蒙恬一起出征,一开始也是顺风顺水,接连攻陷楚国的平舆、寝丘等地,然后会合于城父。谁料,楚军是故意示弱,他们一路尾随秦军,杀得李信惨败而归。秦始皇接到战报后,急红了眼,后悔当初没有听王翦的话。于是,他亲自赶往频阳去请王翦。

见到王翦,秦始皇马上道歉说:"寡人没有听你的计策,果然兵败。现在,楚军正一天天向西逼近,将军虽然有病,但忍心丢下寡人不管吗?"

王翦推辞道:"老臣实在不中用了,大王还是另选良将吧。"

秦始皇说:"过去的事,将军就别记在心上了。"

王翦于是说:"大王一定要用臣,非六十万士兵不可。"秦始皇一咬牙答应了下来。

于是,王翦率领六十万大军出发了,秦始皇亲自送到灞上。没想到的是,手握重兵六十万的大统帅,这个时候却偏偏与大王开始讨价还价。他说:"大王,臣这么大年纪了,也没有什么家业,您能赐我几亩良田美宅吗?"

大军出征在即,作为君王此时听到这些,不恼怒也该会不屑吧?可秦始皇不仅没有一丝愠怒,还乐开了怀,说:"作为大秦的将军,你还怕没有田宅吗?"

王翦郑重其事地说:"做大王的将领,有功终究无法封侯,所以趁大王还倚重我,我也为自己请求些宅第留给子孙。"秦始皇听完后大笑,答应了下来,并当场下旨安排。

之后,王翦行至关口之前,又连续求赐美田五次。秦始皇都笑着答应了。他的部下却对大将军的这种行为有点瞧不起了,有大胆的人对他说:"将军,您这样去求赏,真是太过分了。"王翦叹息着说出了自己的用意:"大王生性多疑,从来不轻易相信人,现在秦国的兵力全在我的手中,大王最害怕的就是我拥兵自重,自立为王,我如果不多求些良田美宅,让他认为我胸无大志,怎么能打消他对我的怀疑呢?"部下听后,佩服不已。

王翦领军抵达楚国国境之后,楚国集聚全国军力来抗击秦军。然而,王翦却按兵不动,整整一年都不肯出战。起初,楚军很紧张,甚至被逼得主动出战,可王翦始终不理不睬。多次挑战无效后,楚军认为王翦老了,成了纸老虎,于是军心懈怠。僵持期间,王翦下令军队构筑坚固的营垒防守,就地休养生息起来。他每天让士兵休息沐浴,并安排丰盛的伙食安抚他们,和士兵同吃同乐,十分惬意。

终于有一天,王翦对众将领说:"出战的时候到了。"这个时候,楚军对秦军的突然进攻毫无准备,节节败退。秦军乘胜追击,最终在一年后消灭了楚国。

随后王翦又率军南征百越,取得胜利,因功晋封武成侯。在王翦攻灭楚国的前后,王贲和李信也相继平定了燕国和齐国。

公元前 221 年,秦国兼并了所有诸侯国,一统天下。在秦军诸多将领中,以王翦和蒙恬的战功最大,二人因此扬名于后世。

第二章

两汉风云

西楚霸王——项羽

他是历史上赫赫有名的西楚霸王,是"霸王别姬"的男主角,他有着"羽之神勇,千古无二"的评价,他就是大将项羽。

项羽,名籍,字羽,秦末下相(今江苏宿迁)人。楚国名将项燕之孙,是中国历史上最强的武将之一。

看过《史记》的人都知道,项羽是汉朝开国皇帝刘邦的宿敌,这没什么好稀奇的,但奇怪的是没有当过皇帝的项羽,却被司马迁写入了《史记》的本纪中。本纪中记载的人物可都是历代帝王传记,且不说项羽并未称帝,单看项羽是刘邦死敌这一项,司马迁就冒了天下之大不韪。项羽到底有何过人之处,让司马迁如此为之"破格"?

据说,项羽身高八尺有余(将近一米九),力大无穷,就连吴中子弟(吴中子弟在当时是武功高强之人的代名词)也畏他三分。

一次,秦始皇在会稽巡游,项羽与他的叔父项梁立在人群中观看。项羽指着秦始皇说:"这个人,可以取而代之!"项梁连忙捂住项羽的口:"不要胡说,这可是灭族的大罪!"项梁因为这件事,看出了项羽志向远大,并非泛泛之辈。

秦二世元年(公元前209年),陈胜、吴广在大泽乡揭竿起义,反秦暴政。会稽太守殷通认为这是天要灭秦,决定先发制人,组成起义军,想要命项梁和桓楚(后来跟随项羽的将领)为统军大将,但当时桓楚逃亡在外,不知所终,殷通便邀项梁商议,并把自己的想法告诉了项梁。

项梁听完,就在心里打起了小算盘。他此时在吴中地区已经有了自己的威望,由于为人豪爽、知人善用、有凝聚力,所以得蒙很多人的信从,他已经完全有能力建立起义军,怎么会甘于做殷通的将领? 于是他对殷通说:"桓楚的下落只有我侄子项羽知道,请允许我去叫我的侄子前来一同商议。"殷通想也不想就应允了。

于是,项梁出去找来项羽,让他准备好剑在外面候着。进屋后,项梁下令说:"把项羽招来,让他去找桓楚。"项羽进去后,在项梁的指示下一刀砍下了殷通的脑袋。可怜殷通哪里会料到自己竟落得这等下场?他也没时间想明白其中的缘由了。殷通本来没有错,可是他蠢,他蠢在没想到项梁此时已成气候,人家自己有能力做事情,为何要听你差遣?可惜殷通也算是胸怀大志之人,但他还是败在了项家人手下。

项羽砍下殷通的脑袋后,一手拎着血淋淋的脑袋,一手拿着殷通的官印。殷通的手下乱成一片,当然不乏抵抗者,项羽提刀连杀近百人,直杀到整个府衙上下跪倒一片才住手。而后,项羽和项梁召集当地的官吏豪强,共征得八千精兵,并采纳范增的建议,扶持起楚怀王之孙熊心(仍立为楚怀王)以从民望,开始了反秦大业。

项梁统军大破秦兵,接连的胜利让他放松了警惕,不幸受到了秦国大将章邯的偷袭,兵败被杀。章邯认为杀了项梁,楚地就没有威胁了,便转而攻打赵国。当时的赵王赵歇与其相张耳皆被章邯、王离(秦朝名将)大军围困在巨鹿。

王离率几十万大军围困巨鹿,南边又有章邯为其筑道供粮,而赵歇手下的士兵根本不足以与王离抗衡,胜败之分已然明了,无奈之下赵歇只好派人求救于楚怀王。

楚怀王决定派将兵分两路北上救赵,一路由刘邦率领,另一路由宋义和项羽率领。谁知,宋义生性怯懦,行军至安阳便停滞不前,在军中饮酒作乐。项羽上前劝说无用,一怒之下杀死宋义,取而代之。楚怀王听说后,什么都没有说,识时务地封项羽为上将军。

项羽率军行至巨鹿南边的漳水后,先派遣两万大军渡河援救赵王,以试敌情。首战告捷后,项羽才率领全军渡河。当时秦军势如破竹,各诸侯国闻之胆怯,无人敢前往应战,项羽为报杀叔之仇,奋勇前往。项羽是不怕死,可他手下的士兵怕死啊,他们也是人,家中也有老小,怎能不怕死？为了振奋鼓舞军心，项羽便在江边命令将士打破饭锅、凿沉渡船（也就是后来"破釜沉舟"典故的由来），只带够三天的粮草，意为不给自己留后路，非打胜仗不可。

将士们见自己毫无退路，便个个激昂奋战，以一当十，大战秦军九个回合，终于攻破章邯大军。各诸侯国见状，极受鼓舞，纷纷发兵与项羽一同征讨秦军，俘获王离，斩杀秦将苏角（原是蒙恬的部将），取得了里程碑式的胜利。

战后，项羽召集各诸侯国将领，诸将畏惧项羽的神勇，无不跪着拜见，可见项羽的威望已经达到顶峰。于是项羽成为诸侯上将军，各诸侯将领皆依附于他。

这就是历史上著名的巨鹿之战，典型的以少胜多的案例。

章邯巨鹿之战兵败后，驻扎在棘原。秦军由于多次战败，秦二世派人责备章邯。章邯心里不安，于是派长史司马欣回朝请示。司马欣到了咸阳后，被赵高堵在了宫外，等了足足三天。司马欣觉察到异样后，立即赶回军营向章邯汇报。章邯意识到秦朝大势已去，不得民心，而他也不被朝廷信任，老奸巨猾的赵高一定会在秦二世面前进谗言置他于死地。于是，章邯派使者见项羽，想要议和，但项羽没有答应。

而后项羽及手下将领再次率军于汙水之上大破秦军，章邯按捺不住，再次向项羽求和。项羽招来军吏商量说："现在没有多少粮草了，想跟他们谈和。"军吏说可以。于是，项羽与章邯相约而见。章邯见到项羽后，哭诉了赵高的种种行为。项羽觉得章邯可用，便放下心头的杀叔之仇，封章邯为雍王，其手下司马欣为上将军，率领秦军前往新安。

可令人心惊的是，章邯带来的二十余万秦军后来全被项羽杀了。二十余万不是一个小数目，一夜之间就全没了，究竟是怎么回事呢？

原来，项羽手下的士兵们都曾在秦朝服过徭役，受尽秦兵的鞭打，而今诸侯兵占了上风，将秦兵当作奴隶来驱使，激起了秦兵的反逆之心。项羽了解到这些问题后，他也没有信心能管好这二十万人，为永绝后患，便将二十万秦兵全部坑杀了。

可见，项羽绝非良善之徒，至少在杀人这个问题上，他是没有犹豫的，是"狠"心的，杀会稽太守殷通是这样，坑杀二十万秦军也是如此。可是，他偏偏在杀刘邦的问题上犹豫了，这一犹豫，就注定了他必败的结局。

公元前206年，著名的鸿门宴事件上演。一向雷厉风行的项羽在这件事情上倒显得有些妇人之仁了，他没有听从亚父范增的建议，刘邦的几句哭诉，樊哙的一番谏言，就让他对刘邦放松了防备，还让刘邦从眼皮底下溜走了。一向英勇的项羽怎么在这件事情上变得仁慈起来了？只能说，相对于老谋深算的刘邦，项羽还是太嫩了点，当然这并不是指军事上，项羽的军事之才是无人敢否定的，让他行兵打仗可以，但在政治手段的运用上有所欠缺，他身边的谋士也不多，而且他连以父尊相待的范增的话都听不进去，更何况其他谋士？所以在善待谋士的问题上，他的确不及刘邦。

或许在项羽心中，他是不愿杀刘邦的，或许他还念及曾经的兄弟之情，所以当范增提议杀刘邦的时候，他没有同意。可是历史没有回头路，一个棋子下错，一盘棋就会全输。当时，若是刘邦在项羽的位置，他未必会顾念与项羽的兄弟情义。

等刘邦收买人心，平定关中后，项羽才惊觉要对付刘邦，可为时已晚，这时的刘邦早已羽翼丰满，不是一击就能打倒的了。

公元前206年8月，齐、赵诸侯叛乱，项羽刚要去平乱，却听说刘邦已定关中，愤怒之下封郑昌为韩王，派其出兵阻挡刘邦。后来，张良以韩王的名义伪造书信，说刘邦并没有得天下的野心。这样，项羽才放心地去攻打齐国。

可就在项羽奋力对付齐国的时候，他的"好兄弟"刘邦却率领与众诸侯组成的五十六万大军去攻打项羽的地盘——楚国，使项羽处于孤立的危险境地。

由于大部分精锐军队都随项羽征战在外，所以楚国的都城彭城此时防备松懈，刘邦几乎没有耗费多少兵力就拿下了彭城。刘邦以为项羽率领的主力军正与齐军周旋，根本无暇顾全彭城，于是就在楚宫住下，享用项羽的美人和美酒，殊不知享乐是要付出代价的！

刘邦没想到,项羽竟然会采用一个大胆危险的战略计划:让手下诸将留下来与齐军继续作战,他独自率领三万精骑疾驰南下,闪电般行至刘邦军营,仅用半日便大破毫无防备的汉军。

刘邦之父及妻皆被楚军俘虏,汉军几乎全军覆没,刘邦仅带着十名骑兵突围而逃。彭城一战,使刘邦遭受了前所未有的败阵,诸侯纷纷倒戈归顺项羽,项羽也因此摆脱了孤立无援的状况,重新在楚汉战争中拿到主动权。

这次战役,项羽可以说是完胜,他卓越的军事指挥才能在这里发挥得淋漓尽致。但是,这场战役的结果也并不是十全十美,遗憾的是,项羽没有乘胜一举灭掉刘邦,导致刘邦西逃荥阳,为他后来的复出做了铺垫。

后来,刘邦在荥阳修建粮食甬道,但被项羽军队破坏,刘邦害怕项羽对自己赶尽杀绝,于是发书向项羽求和。项羽想要同意,却被范增劝阻:"机会难得,今天放过了刘邦,以后一定会后悔的。"于是,项羽在范增的建议下,与范增合围荥阳,准备一举消灭刘邦。

刘邦最大的幸运就是手下有许多能力出众的人。生死存亡之际,陈平献了一计:离间项羽和范增。可以肯定的是,项羽在政治权谋的较量中,终究难以与刘邦抗衡,他真的相信了范增投靠刘邦的鬼话,剥夺了范增的权力,这正合了刘邦的意。

范增尽心尽力辅佐项羽,没想到项羽对他的信任还抵不过敌军的一句传言,一气之下便告老还乡了,结果,在路上生病而亡。经过这次事故,项羽身边彻底没了谋士,不知他对范增的死可有悔悟。

接下来的战斗,完全不在项羽的控制范围内,先是他手下的将领英布叛楚归汉,接着又折失龙且、彭越两员大将,经过垓下之战后,项羽已经到了兵少粮缺的地步,他率领手下突围,刘邦可不像他一样心软,一路追杀到底。

最后就到了人们最熟悉的桥段——乌江自刎。他不是不可以逃,船都备好了,难道"留得青山在,不怕没柴烧"的道理,项羽不懂吗?他当然懂,他也知道,过了江就能见到江东父老了,项羽也是人,他何尝不想好好活着,人死了就什么都没了。但是他不能,他无颜再面对江东的父老乡亲,无颜面对为了不拖累他而在他面前自刎的虞姬。

"大王,此次出兵多有不利,请你退往江东,再图大业,希望大王自己保重!"项羽想起虞姬在自刎前的那番叮嘱,他何尝不想,可是他还是辜负了虞姬的期望。

"虞姬,大王来陪你了。"高大的身躯轰然倒地,汉兵前来查看,发现他双目圆睁,死不瞑目。

绝世英杰——韩信

韩信,淮阴(今江苏省淮阴区)人,西汉开国功臣,中国历史上杰出的军事家之一。

他被楚汉人士称为"国士无双""功高无二,略不世出",被后世称为"兵仙""战神",与萧何、张良并称"汉初三杰",与彭越、英布并列为"汉初三大将"。

中国历史上著名的军事家,通常会达到两个标准:其一,具有卓越的军事才能,且立下赫赫战功;其二,撰有军事著作,且对后世有极大的影响。韩信无疑是符合这两点的,可惜的是,韩信所著的两卷兵书,都没有流传下来,给后世留下些许遗憾。

纵观古代军事家,多数人都有属于自己的经典战例,但是像韩信这样,各个战例都属经典的,却十分罕见。

韩信生平所指挥的第一场战役是陈仓之战,他当时虽初出茅庐,却一鸣惊人,威震天下。

汉王元年(公元前206年)八月,韩信趁项羽攻打齐国之际,出兵收取关中(向东与项羽争天下),楚汉之争由此爆发。

出征之前,韩信先派周勃、樊哙二人率一万士兵佯修刘邦进汉中时被烧毁的栈道,摆出要从那里出兵的架势,用来吸引敌军的目光。

敌军闻讯后,密切关注修复栈道的进展情况,并将主力军安置在栈道的各个关口要塞,加紧防范,阻拦汉军进攻。

与此同时,韩信趁机率兵沿小道出汉中,来到陈仓古渡口,出其不意,攻打陈仓守军,轻而易举地拿下了陈仓城(项羽所封雍王章邯的属地），打开了入军关中平原的大门。

当章邯率军来援之时，又被韩信打败了，逃亡废丘，后被韩信围困于此。

紧接着，汉军挥师东进，占领了"三秦"（秦朝故地关中地区，因项羽将此地封秦军三位降将而得此名），奠定了与项羽争夺天下的基础。

此战中，韩信出其不意奇袭陈仓，连续作战，迅速占领关中地区。这一过程中，韩信指挥如行云流水，展现出其卓越的军事才华，更是留下了"明修栈道，暗度陈仓"的千古名句。仔细分析此场战役，其实是"奇正之术"的运用。明修栈道为"正"，暗度陈仓为"奇"，最终出奇制胜，成功创造了由汉中进取关中的成功案例。

不得不说，韩信对"奇正之术"的运用到了登峰造极的地步。除陈仓之战外，安邑之战也有异曲同工之妙。

汉王二年（公元前205年）五月，魏王豹反汉，刘邦派谋士郦食其游说魏王。然而，郦食其并没有取得成功。最后，汉军只能采取讨伐的方式，于是韩信接到了出兵的任务。

魏王豹盘踞河东，以黄河为天险。韩信接到任务后，就意识到这一战的重点在于渡黄河。

不过，这一点魏王豹也想到了，为了阻挡汉军过黄河，他把军队驻扎在蒲坂（今山西永济西蒲州），封锁黄河渡口临晋关。

面对这种情况，韩信没有"硬碰硬"强渡黄河，而是佯装集结船只，做出准备强渡黄河的假象来迷惑魏军，同时将主力转移到距临晋关百里处的夏阳，准备从那里渡河。

而且，韩信采取的渡河方式很奇特，不是乘船，而是乘"木罂"。因为船只不够用，所以韩信就派人去砍木材，并购买口小肚大的罂。这些罂的口被封住后，排成长方形，再用木头夹住，就成了"木罂"。木罂比一般的木筏载人更多。

渡河成功后，韩信迅速攻下安邑，并向魏的都城平阳杀过去。魏王豹闻讯后大惊，仓促之间率兵阻挡，但是汉军此时士气正旺，势如破竹，魏军根本抵挡不了。魏王豹无奈之下只好退往临晋关，谁知汉军的另一支队伍已经趁临晋关空虚之机渡过河,攻占了关口,也正在朝平阳进攻。最后,腹背受敌的魏王豹只能下马投降。

通过此战,汉军消除了魏对关中和黄河以南地区的威胁,取得了开辟北方战场的第一个胜利。

之后,在楚汉一系列的战争中,韩信一次又一次证明了自己的军事才能,为汉朝的建立立下了汗马功劳,更为后世留下了许多经典的军事战例——背水为营、半渡而击、十面埋伏等。其中,韩信用"十面埋伏"之策,逼得项羽在乌江自刎而死,帮刘邦除掉了人生中最大的敌人,使其顺利称帝,建立汉朝。

刘邦称帝后,将韩信与萧何、张良并称"汉初三杰",他说:"夫运筹策帷帐之中,决胜于千里之外,吾不如子房;镇国家,抚百姓,给馈饷,不绝粮道,吾不如萧何;连百万之军,战必胜,攻必取,吾不如韩信。"

然而,鸟尽弓藏,兔死狗烹,韩信是西汉的第一功臣,同时也成了西汉第一个被杀的功臣。

刘邦建朝称帝后,就犯了疑心病,尤其是功高盖主的韩信成了他最大的一块心病。所以,项羽一死,刘邦就收了韩信的兵权,让他失去了造反的力量。

韩信被刘邦誉为"汉初三杰",也算功成名就,没了兵权倒也落个自在。但是,韩信偏偏犯了糊涂,收留了项羽的部下钟离眜,被人抓住把柄之后,刘邦以谋反之名绑了韩信。不过,刘邦并没有杀他,只是将他贬为淮阴侯。

开国第一功臣被贬,韩信的心已经被伤透,郁郁不乐,他经常不上朝,还看不起其他同僚。为什么会这样呢? 韩信性格本就刚烈,刘邦的怀疑让他受到了实实在在的侮辱,对现状的极度不满,让他开始策划反叛。

汉高祖十一年(公元前 196 年),陈豨造反,自称"代王"。当时,陈豨有很多兵马,而且手下有许多精英,受很多人拥护。

得知陈豨造反后,刘邦勃然大怒,出兵亲征。而此期间,韩信写信给陈说:"你尽管起兵,我在京城里和你应和。"韩信也做好了计划:先将监狱里的犯人放出去，让他们去攻打皇宫，然后谎称将吕后抓起来杀了。刘邦出征后，吕后独自留守京城。

然而，这件事情被人告发了。当时，韩信的一个手下犯了错误，被韩信处死了。此人的弟弟知道了韩信要谋反的消息后，就偷偷地给吕后报了信。

吕后闻讯惶恐万分，马上将萧何叫来出谋划策。萧何出了一个点子：他亲自去找韩信，说皇上凯旋，召群臣共贺，诱韩信入围。古代通信很不发达，前方战事如何，韩信无法得知，听萧何那么说，便信了。不过，一开始韩信称病不去，因为他之前一直称病不朝，如今去了岂不露馅了！萧何劝他说："最好还是去吧，大家都去了，你不去不好！"韩信听了此话，有点心虚，为了不被怀疑就进了宫。

当时，汉朝有两个主殿，一个是未央宫，皇上住在里面；另一个是长乐宫，皇后住在里面。当时，吕后在主政，所以就让韩信去了长乐宫。韩信一到，事先埋伏好的兵将就冲了出来，三五下就将韩信制服了。就这样，吕后没向刘邦请示，直接把韩信杀了，并诛其三族。

一个为汉朝立下不世之功的韩信就这样被吕后杀死了。临死前，韩信说了这么一句话："吾悔不用蒯通之计，乃为儿女子所诈，岂非天哉！"意思是说："我后悔没有听蒯通的话，所以才落到今天这个地步，被妇女小子所骗，这就是天意吧！"蒯通是谁？他是当时的一个辩士，就是游走于贵族之间，给人出谋划策的人。

在楚汉之争时，韩信攻下齐国之后，强迫刘邦封自己为齐王，因此成为能与刘邦、项羽抗衡的另一方力量。当时是韩信最好的造反机会，因为刘邦与项羽谁都不敢得罪他，他偏向谁，谁就能取胜。蒯通当时是韩信身边的谋士，他劝韩信说："您现在一定要做出正确的选择。刘邦之所以重用您，是要用您对付项羽，项羽一旦被除掉，下一个就轮到您了！"的确，当时是韩信与刘邦、项羽争天下的好机会！机不可失，失不再来！如果韩信采取了这个建议，中国的历史就要改写了。

然而，韩信并没有采纳，他对蒯通说："乘人之车者载人之患，衣人之衣者怀人之忧，食人之食者死人之事。"意思是说："我坐了人家的车子,就应该背负人家的患难;穿了人家的衣服,就该将人家的忧虑当成自己的忧虑;吃了人家的东西,就要用生命去报答。"韩信早年的生活十分悲惨,没饭吃没衣穿,过着挨饿受冻的日子,还经常遭人侮辱与排挤,其中最有名的就是众所周知的"胯下之辱"。而刘邦对他有知遇之恩,让他有饭吃、有衣穿,这对韩信来说可是天大的恩情,所以他不会轻易地背叛刘邦。

然而,韩信内心却充满了挣扎,他性格刚烈,不堪受疑,他受得了一时的"胯下之辱",却忍不了这种人格上的侮辱,所以他最终被逼出了反心。

一代军神最终落了个悲惨的结局。司马迁对他评价道:如果他能够修学道德,养成谦让有礼的品格,不夸耀自己的功劳,不自恃自己的功劳,那就可以功名与福禄齐全了。但是,如果重新给他一次选择的机会,恐怕他还是不会像张良那样隐退修道,也不会像萧何那样自污免祸,因为这才是真实的韩信!

治军有方——周亚夫

　　周亚夫,沛郡(今江苏丰县)人,西汉时期著名的将领,历史上著名的军事家、丞相。

　　周亚夫是西汉开国功臣周勃的次子,最初的官职是河内郡太守,后袭父爵为绛侯,景帝执政时当上丞相。

　　古代,长子的地位要高于次子,是家族未来的继承人。周亚夫身为次子,也没有做王侯的野心,为何能够继承父亲的爵位呢? 关于此,有一个故事流传下来。

　　当时,京城中有一位叫许负的老太太,看相很准,名气很大。一天,周亚夫闲来无事就请她到府中为自己看相。

　　许负对他说:"您的命相比较尊贵,三年后可以封侯,再过八年,地位就显贵了,可以做丞相。但您再过九年,就会因为饥饿而死。"

　　周亚夫听了之后不相信,他说:"我是不可能被封侯的,因为我的哥哥已经继承了父亲的爵位,即使哥哥以后不在了,也是侄子继承他的爵位,轮不到我。再说,我是饿死的也不可能,既然我的命比较尊贵,又怎么会饿死呢?"

　　许负说她是根据周亚夫的面相得出的结论,她指着周亚夫的嘴角说:"您的嘴边有条竖纹延伸到了嘴角,这是被饿死的面相。"周亚夫听后,惊讶不已。

　　命运是令人难以捉摸的。三年后,周亚夫的哥哥因杀人被剥夺了侯爵之位。汉文帝念其父周勃在汉朝建国时立下的战功,所以不愿意因此剥夺了周家的爵位,便下令让朝中的百官推选周勃儿子中贤德最好的一位来继承爵位。大家一致推举了周亚夫，于是周亚夫就被封了侯。之后，他的命运轨迹果然被许负说中，最后竟是饿死的，这到底是怎么回事呢？

性格决定命运，有什么样的性格，就有什么样的人生！对于周亚夫来说，他是成也性格，败也性格。

公元前158年，匈奴军队大规模入侵汉朝边境。汉文帝得知后，便委派多名将军驻守边关。而周亚夫被安排在了细柳（今咸阳市）。为了鼓舞军中将士的士气，汉文帝亲自前往各个军营慰劳将士。

汉文帝先到了灞上与棘门，见营门大开，汉文帝的车马毫无阻挡地长驱直入军营，军营中的将士更是骑马迎送。当汉文帝来到细柳的军营时，情况却与此前大相径庭，细柳戒备森严，驻守在细柳的将士个个披戴盔甲，兵器锐利。将士们远远见有车马过来，纷纷开弓搭箭，弓拉满月，一派敌人就在眼前的阵势。

汉文帝的先行卫队到了营前，说："快开营门，天子马上就要到了。"镇守军营的都尉回答："将军说过，在军中只听将军的命令，不听天子的诏令。"

随后，汉文帝到了，他的马车也进不去军营。汉文帝只好派使者拿着天子的令牌去向周亚夫传达说："皇上要进营慰劳将士。"周亚夫这才传令将军营的大门打开。守卫营门的士兵对跟从汉文帝的武官说："将军规定，军营中不准纵马奔驰。"于是汉文帝的车夫也只好放松了缰绳，让马慢慢行走。

周亚夫见了汉文帝也没有跪拜迎接，而是手持兵器，拱手说道："请原谅臣下身披战甲，不能行跪拜礼，请允许我以军中礼节参见。"随行的大臣们听到此话，心中不免为他捏了一把汗。但汉文帝深受感染，马上神情严肃地俯身靠在马车前的横木上，向军队致敬。

汉文帝慰问完毕，离开营房后，感慨地说："这才是真正的将军呢！与此相比，前面所见灞上、棘门的军队简直如同儿戏。如果遭遇敌人的突然袭击，很难想象其将士会不会成为俘虏。至于周亚夫这样的军队，敌人哪敢轻易冒犯呀！"汉文帝长时间对周亚夫赞叹不已，周亚夫细柳治军的事迹也成为后世之美谈。

由于周亚夫治军给汉文帝留下了深刻印象，汉文帝在临死前嘱咐告诫太子刘启（后来的景帝）："一旦国家遇有急难，周亚夫可以担当带兵的重任。"汉文帝逝世后，景帝即位，立即提升周亚夫为车骑将军。

汉景帝三年（公元前154年），吴王刘濞联合楚王刘戊等七国发动叛乱。景帝让周亚夫以代理太尉的身份，领兵平定吴、楚等七国。

当时，叛军正在猛攻梁国，周亚夫对景帝说："吴、楚勇猛，行动迅捷，我们很难同他们在面对面的作战中取胜。我想让梁国拖住吴兵，再率兵断绝他们的粮道，这样就可以制服吴、楚了。"景帝同意了他的战略。

于是周亚夫绕道进军。到了灞上时，遇到一位叫赵涉的士人，建议他再向右绕道，以免半途中受到叛军的突击。周亚夫听从了赵涉的建议，走蓝田、出武关，迅速到达了雒阳，搜索之后果然抓获了伏兵。

而梁国此时正被叛军轮番进攻，梁王向周亚夫求援，周亚夫却领兵行至昌邑城（今山东巨野），在深沟高垒处进行防御，坚守不出。梁王急着让周亚夫出兵援助，但周亚夫却不为所动。最后，梁王只好写信向景帝求救，景帝派使臣命令周亚夫出兵，周亚夫还是按兵不动，但却暗中派人截断了吴国叛军的粮道，抢了叛军的粮食。

吴国叛军乏粮，只好先来攻打周亚夫，但每次周亚夫都不出来迎战。几次下来，周亚夫军中的将士都有些军心不稳了。几天后，叛军扬言要进攻周亚夫军营的东南，声势浩大，但周亚夫却派兵到军营的西北去防御。果然，叛军声东击西，实际攻打的是周亚夫军营的西北。由于周亚夫的军队提前做了准备，所以很快就击退了叛军，取得了胜利。

平定吴、楚等七国之乱，周亚夫只用了三个月的时间。通过此战，将士们领略到了周亚夫不凡的用兵之道。周亚夫凯旋后，被任命为太尉。五年之后，升任丞相，深得景帝的器重。

周亚夫性格刚直，治军严明，不为强权所动，这是汉文帝所欣赏的，也是他后来受到重用，力平叛军的原因。但是，他的这种性格在助他立功的同时，也给他惹来了杀身之祸。而且，升任丞相，对周亚夫来说并不是一件好事，而是他倒霉的开始。因为丞相这个职务要做好，最重要的就是要懂得周旋，调节好君臣之间的关系，凡事不能太较真，像周亚夫这样的性格，注定做不好。

周亚夫平叛七国之乱时，虽然立了大功，但因为不懂做表面文章，愣是不理梁王的求救，直接把梁王给得罪了。梁王可是景帝的同胞弟弟，太后十分宠爱她的这个小儿子。梁王记恨在心，时常在太后身边诋毁周亚夫，太后因此也常常在景帝面前说周亚夫的不好。后来，周亚夫力劝景帝勿废长立幼，因为不懂劝谏艺术，与景帝发生激烈争执，最后不但没有说服景帝，反而加深了景帝对他的不满。

又一次，匈奴将军唯许卢等人归顺朝廷，汉景帝十分高兴，要封他们为侯。周亚夫上谏说："如果这些背叛国家的人都被封侯，以后还如何处置那些不忠于国家的人呢？"周亚夫虽然有理，但是偏偏景帝难以接受他的这种劝谏风格，大骂了一声"迂腐"，然后就径直将那几个人封了侯。周亚夫见景帝如此，绝望地辞官而去。景帝也没有表示挽留，随他而去。

如果周亚夫的政治生涯就这样结束也算是善终，但哪个君王不希望有能耐的人为己所用？为了考验一下周亚夫，景帝后来又专门召见了他，请他吃饭。

周亚夫走进宫中，见景帝自己坐在那里，只有一君一臣，这令周亚夫感到有些疑惑。等周亚夫到了席前，发现自己面前只有一盏酒杯，菜肴是一块没有切碎的大肉，而且还没有给他准备筷子，根本无法进食。周亚夫转头对身边的侍者说："请拿双筷子来！"侍者受了景帝嘱咐，装聋作哑，站着不动。周亚夫觉得景帝在戏弄他，忍不住就想发火，正要再说，景帝忽然插口道："莫非这还不能让你满意吗？"

周亚夫一听，又愧又恨，只好起座向景帝下跪谢罪。景帝刚说了个"起"字，周亚夫马上站了起来，没等景帝再说话，就走了。景帝叹气说："瞧，这个人，将来怎么能辅佐少主？"

几天后，周亚夫被叫上公堂受审。原来，周亚夫的儿子见他年纪大了，就偷偷给他买了五百甲盾（当时国家禁止个人买卖），准备在他去世的时候用。可周亚夫的儿子买下这些东西,让佣工拉回家之后,没有提前付给佣工钱,佣工怀恨在心便上书告他私自买国家禁止的东西,想要谋反。景帝知道后十分恼怒,正好借机处理他。

公堂上,廷尉讯问道:"你为何要谋反呢?"

周亚夫说:"我儿子所买的兵器都是殉葬品,怎能谈得上是谋反呢?"

廷尉无话可说,但又知道景帝想置周亚夫于死地,必须找个借口,于是对周亚夫说:"你即使在地上不谋反,恐怕到了地下也要谋反吧?"

周亚夫受此屈辱,无法忍受,官差召他入朝时他就要自尽,被夫人阻拦,这次又受羞辱,更是难以忍受,于是绝食抗议。五天后,周亚夫吐血身亡。一代名将竟这样结束了自己的生命。

大汉烈侯——卫青

卫青，字仲卿，河东平阳（今山西临汾市）人。西汉时期名将，汉武帝第二任皇后卫子夫的弟弟，官至大司马大将军，后封长平侯。

卫青是少年战神霍去病的舅舅，二人常被人合称为"大汉双璧"。

大多数人对卫青的初印象还停留在影视剧中威风凛凛的大将军形象上，其实这位戎马一生、战功累累的大将军有着一个悲惨的童年。

卫青并不是出身高贵的孩子，他后来之所以能得到天子的重用，是依仗他姐姐卫子夫的势力。

卫青的母亲叫卫媪，其实卫媪也不是他母亲的真实姓名。"媪"在古代就是老妇人的意思，那么他母亲的称谓就和我们平时叫的卫家老太太一样。母亲连名字也没有，家庭的贫寒可想而知。

卫媪与他那位同样不知名的丈夫生了三女一男，长子卫长子，长女卫孺，次女卫少儿，三女卫子夫。三女一男，那卫青是从哪儿来的？他当然不是从石头里蹦出来的，也是卫媪生的。丈夫死后，她仍在平阳侯家中做仆役，并与平阳侯身边的小吏郑季私通，生下了卫青。在身世上，卫青和霍去病这一对舅甥可谓惊人的相似。

后来，卫媪因为家中孩子众多，生活难以维持，就把卫青送到他的生父郑季那里，可郑季根本没有把卫青当亲生儿子看待，让卫青像奴仆一样去牧羊，郑季的其他儿子更是对他百般虐待。可怜卫青小小年纪就遭受如此境遇，这大概也是因为他性格谦恭、肯吃苦耐劳的原因吧。后来卫青长大了一些，卫媪不愿再让卫青在郑家受苦，便把他接到自己身边，给平阳公主做骑奴（骑马随从）。今朝是主仆，明日便是夫妻，平阳公主与卫青的缘分就是从这个时候开始的。

平阳公主为了和自己的皇帝弟弟打好关系,经常在府中养一些年轻貌美的女子,送往宫中供汉武帝享乐,而卫家的三女儿卫子夫便是平阳公主府中的歌女之一。一次,汉武帝到平阳公主家饮宴,平阳公主就把这些女子叫出来让汉武帝挑选,又派人歌舞伺候,卫子夫也在其中。汉武帝看中了卫子夫,便宠幸了她。

后来卫子夫被平阳公主送往宫中,得到汉武帝的宠爱,一年后怀孕,皇后听说了,嫉妒不已,其母馆陶公主便抓了卫青,想要杀了他以解心头之恨,幸亏卫青的好友公孙敖及时带领壮士救下卫青。汉武帝知悉后大怒,封赏了卫青和公孙敖,卫家算是否极泰来!这可以说是汉武帝第一次真正注意到卫青,为他未来建功立业打开了通路。

一人当官,鸡犬升天。弟凭姐贵,卫青虽然没有一个好的出身,但他有个得蒙圣宠的姐姐。卫青在汉武帝身边待了十年时间,自然是学到了不少东西,因为皇帝身边的资源肯定是民间所不能比的,这十年的积累学习也为他后来在战场上的七战七捷奠定了基础。

终于,施展才能的机会来了。

元光六年(公元前129年),匈奴南下犯境,汉武帝派出四路军兵攻击匈奴,卫青被封为车骑将军,率一万骑兵攻打匈奴。

这是卫青第一次上战场,要是旁人不免会有胆怯之心,毕竟刀剑无情,一不留神小命不保,何况手中还掌握着一万士兵的生死。可是卫青没有丝毫畏惧,大概卫青天生就是沙场中人,面对凶悍的匈奴,他冷静地分析作战计划,果断带兵深入敌境,直捣黄龙,俘虏匈奴七百余人,大获全胜。

这次胜利意义非凡,打破了汉朝人心中"匈奴不可战胜"的禁锢,大大地鼓舞了汉朝军队的士气,扭转了汉匈战争中匈奴占据上风的局面。

再加上这次大战中四路军队只有卫青取得了胜利,让汉武帝对他更加赏识,立刻封他为关内侯。这次战争首捷便注定了他的戎马生涯。

匈奴吃了一次哑巴亏,当然不会甘心,他们应该不相信,一向在汉匈战争中处于劣势的汉朝怎能突然就强大了起来,于是开始疯狂地报复,但最终都被卫青打得落荒而逃。

匈奴人可不是好对付的,他们收拾好残局后,又大举发兵,进攻上谷和渔阳。汉武帝派卫青率领四万大军前往匈奴盘踞的河套地区。这次,卫青慎重地制订了作战计划,采用了"迂回侧击"的战术。他没有和匈奴正面进攻,而是悄悄绕到敌军后方突袭,闪电般结束了战斗,占领了高阙。

高阙是重要的军事关口,卫青占领了高阙,就意味着直接切断了驻守河套地区的匈奴楼烦王、白羊王和单于王庭的联系。王庭是匈奴的政治统治中心,要是这之间的联系断了,匈奴的楼烦王和白羊王就处于孤立的境地了。为了不失去作战优势,卫青当机立断,亲率精骑挥兵南下至陇西县,对楼烦王和白羊王形成包围之势。楼烦王和白羊王见势不妙,可再作反击时已经迟了,只好仓皇逃走。卫青命汉军奋力追击,共俘虏匈奴数千人,夺得牲畜一百多万头,完全控制了河套地区。河套地区位于黄河的中上游,以水草丰美著称,民间亦有"黄河百害,唯利一套"的说法,这"一套"指的就是河套地区。得了如此宝地,汉武帝自然高兴,马上下旨在这里设朔方、五原两郡,令汉朝百姓迁徙十万人到这里定居,并修复完善了秦朝大将蒙恬在此所筑的防御工程。

从此河套地区成了汉朝抗击匈奴的前线基地,从某种意义上来说也消除了匈奴对国都长安的直接威胁。

卫青立了如此大功,汉武帝当然二话不说就赏!卫青被赐封长平侯,食邑三千八百户,连跟随卫青作战的苏建和张次公也一并封侯,可见汉武帝对这次的作战结果十分满意。

汉武帝算是满意了,可匈奴单于不会善罢甘休。不久,匈奴再次侵扰,意图把河套地区夺回去,最终被汉军击败。几年来,河套地区多次受到匈奴入侵,汉武帝实在被匈奴人搅得心烦,便再次派兵。卫青率领三万骑兵,太仆公孙敖和卫尉苏建等人随其作战,此战共发兵十万人。

大军分两路人马出发,卫青率领的大军行军方向正指匈奴右贤王的军营。这个右贤王狂妄自大,没把卫青放进眼里,认为卫青大军距离他较远,短时间内根本无法抵达,无须太过防备,便在军营里抱着美人喝酒享乐。大战在即,最忌讳的就是兵骄懈怠,这是在给对手制造机会啊!果然,卫青率领军队马不停蹄地奔赴右贤王的营地,趁夜包围。而此时,喝得酩酊大醉的右贤王才惊醒过来,慌乱之中,抱起怀中美人和随行的几百精骑突围出去向北逃窜。估计右贤王是吓坏了,拼了命逃跑,汉军轻骑追了数百里仍未追上。

卫青此次俘获右贤王身边小王十多人、其余人等一万五千人、牲畜几百万头,可谓是战果累累。汉武帝高兴至极,拿到捷报马上就遣使带着封印和信件到军中赐封,封卫青为大将军,加封食邑六千户,军中所有将领皆归其指挥,就连卫青尚在襁褓之中的儿子也受到了封侯赐地的赏赐,何等殊荣!但卫青一向为人谦恭,又心系军中将领,就对汉武帝说:"陛下,我军此战大获全胜,承蒙您的恩泽,我的儿子尚小,并未出力,何以承此恩典。倒是军中将领,这是他们拼死奋战的功劳,我的儿子怎敢接受封赏。"汉武帝明白卫青鼓励军兵的心思,便对卫青手下将领一一封赏。

虽然历经几次打击,匈奴还是没有放弃,毕竟以往几十年都是只有他们欺负汉军的份儿,他们怎么会甘心?

面对匈奴一而再,再而三的侵扰,汉武帝发动了历史上有名的漠北之战,卫青率兵出塞一千多里,对匈奴主力发起猛烈进攻。由于大将军李广在沙漠迷路,卫青没有等来李广的支援,只能竭力抗敌。正在双方僵持不下时,忽刮起狂风,真是天助卫青也,他趁两军不能分辨之时,果断派出两支军队从单于左右两翼向后包抄,迅速扭转了战局,单于自知胜败已成定局,只能带领随从精骑突围逃走。匈奴兵群龙无首,顿时乱了阵脚,卫青趁势攻击,追击至赵信城(今蒙古乌兰巴托市),夺得敌军粮草,休整一日后,班师回朝。汉武帝特封卫青为大司马。

卫青由昔日的家奴突然变成了位极人臣的大将军,朝中大臣无不巴结奉承。当时,平阳公主寡居在家,要在列侯中选丈夫,不少人都说卫青合适。平阳公主笑说:"他过去是我的随从,怎么可能做我的丈夫呢?"身边的人说:"他现在是大将军,姐姐是皇后,三个儿子也都封了侯,富贵震天下,还有谁比他更配得上您呢?"汉武帝听说后,随即笑道:

"我娶了他的姐姐,他又娶我的姐姐,挺有意思。"于是就赐了婚。时过境迁,当年的随从竟成了主人的丈夫。这样一来,卫青更加受到汉武帝的宠信。但是,卫青为人谦逊,从不仗势压人。

后来,霍去病的声望超过了卫青,汉武帝对霍去病恩宠有加,卫青受到了冷落,但他不以为然,心甘情愿地过着平静的生活。

霍去病死后,卫青的斗魂似乎也跟着去了,在度过了十多年碌碌无为的生活后因病而逝。卫青的晚年应该是比较凄凉的,官场失意,姐姐失宠,外甥即太子地位之争,无疑都给他带来了许多烦恼,好在他淡泊谨慎,不给政敌一点把柄,得以善终。

卫青死后,汉武帝专为他在茂陵(即汉武帝的陵墓)的西北处修建了一座阴山状的墓,谥号"烈",以纪念卫青一生戎马征战所立下的赫赫军功。

少年战神——霍去病

霍去病，河东平阳（今山西临汾）人，西汉名将、军事家。

霍去病善于骑射，精通兵法，又不拘泥于兵法规条，用兵灵活且勇猛果断，擅于长途奔袭、运动战、闪电战和迂回战术。

自古英雄出少年，霍去病十七岁那年就两出定襄，功冠全军；十九岁时，更是三次出征河西，为国开疆扩土；二十一岁就已是统帅三军、驰骋漠北的大将军了。霍去病的一生可谓战功赫赫，堪称西汉战神，令匈奴闻风丧胆，但这一切都在他二十三岁这年戛然而止。到底是怎么回事呢？这要从他不寻常的出身说起。

霍去病是一个私生子。他的母亲是平阳公主府中一个叫卫少儿的奴婢。卫少儿与平阳县小吏私通生下了他。他的父亲不敢认他，母亲又是个奴婢，霍去病的前途堪忧。然而，命运偶尔会给人制造一些意外！霍去病出生一年后，他的姨母卫子夫被平阳公主献给了汉武帝，而且很快就被封为夫人，品级仅次于皇后。卫氏家族的命运就此改变。

秦末汉初，匈奴不断南下袭扰。汉人多数以和亲及贡献财物来取得暂时的安宁。

汉武帝知道，迟早要跟匈奴来一场硬仗，于是就找到了志同道合的卫青——卫子夫的弟弟。

公元前130年，卫青与另外三军一起出征匈奴。此次出征，三路大军战败，只有第一次出征的卫青凯旋。从此，汉武帝对卫青委以重任。在卫青建功立业的同时，霍去病也慢慢地长大了，在舅舅的熏陶下，霍去病精于骑射，胸怀大志，渴望像舅舅那样杀敌立功。

公元前 123 年,汉武帝发动了大规模的抗匈奴之战。当时,霍去病跟着卫青去了战场。那时他只有十七岁,年轻热血,急着要作战,一再请求卫青派他些精兵让他到前线去战斗。在他的软磨硬泡下,卫青最终同意将八百名骁勇骑兵交与其指挥,于是毫无任何实战经验的霍去病带着首次作战的向往,率领着八百精骑向漠南(今蒙古高原大沙漠以南)出发。

谁都知道,仅靠八百骑兵前往漠南,此行是凶多吉少,况且自古名将都知道孤军深入敌区是十分危险的举动,可初生牛犊不怕虎,霍去病竟凭着一腔热血,在茫茫大漠中遍寻敌军的痕迹,不仅歼灭两千敌军,还俘获了匈奴单于的叔父。更令人不可思议的是,霍去病所带去的八百精骑全数返回,一个不少!

霍去病奇胜的消息传入宫中后,汉武帝十分高兴,认为霍去病给大汉朝长了威风,便赐封"冠军侯"。

不过,在这次战役中,霍去病不是仅凭一腔热血就打了胜仗的,他使用了新型战术"长途奔袭",在较短的时间内,向远距离的敌兵发起突然进攻,速战速决一举击溃敌军。"长途奔袭"战术是霍去病误打误撞,摸索出来的,巧的是这种战术正是克制匈奴的不二法门。后来,唐灭突厥,明灭北元采取的就是霍去病"长途奔袭"的战法。

有了漠南之战的经验,两年后,汉武帝放心地交给霍去病精骑一万人,派他从陇西(今甘肃省临洮县)出发攻打匈奴。这一次他采用的是闪电战术。霍去病深知在战场上,时间就是生命,时间就是军队,他率兵长驱直入,避开匈奴的正面防御,六天内连连攻破河西的五个部落。

而后,霍去病悄悄率兵疾驰一千多公里,到达皋兰山(今甘肃兰州市),与折兰王、卢侯王率领的军队来了一场真正的较量,这是一次血的对决,一场硬碰硬、疲打逸、少对多的血战,战斗异常惨烈,霍去病的一万精骑仅剩不足三千人,匈奴的伤亡更为惨烈,损失军兵近九千人,还损了折兰、卢侯两个部族王。

汉武帝为了趁热打铁,迫不及待地发动了第二次河西战役,意图完

影响中国古代历史的军事家

全消灭河西匈奴势力。这一次汉武帝命霍去病与公孙敖各领兵数万，从北地郡（在今甘肃庆阳）出发，分头进攻。

真是"天将降大任于是人也，必先苦其心志"，公孙敖率领的军队竟然在行军途中迷失了方向。霍去病失去了公孙敖的辅助，只好率兵孤军深入。

这个时候的霍去病已经积攒了一些作战经验，不再是那个初出茅庐的小将了，所以一经交手，胜负便见分晓。

这一战，匈奴大败，不得不北退放弃河西的政权，河西之战大局已定，霍去病又一次大获全胜。从此，匈奴人对霍去病闻风丧胆，无人不知晓其英名，不知道他们是否还知晓这位英勇威武的大将军还尚是一个未满二十岁的少年。

公元前 119 年，汉武帝再一次发动战事，就是著名的漠北之战。此战可谓霍去病战场上的巅峰之作。

在河西战役之前，匈奴退居漠北，想以逸待劳、诱敌深入，没想到汉军来了个出其不意，一举拿下了河西匈奴势力，使匈奴人的计划落空。匈奴单于对河西匈奴被歼灭甚是恼怒，于是便入侵了北平和定襄郡，掳走吏民一千余人。

匈奴单于的这一举动，是意图惹怒汉武帝，从而达到诱军北进的目的。堂堂大汉朝岂甘受此屈辱，汉武帝调遣骑兵十四万，步兵十万，由霍去病和卫青两人统帅，兵分东西两路共同向漠北进发。这是汉匈战争中规模最庞大的一次远征，危险重重。

这次行军，霍去病还带了大量匈奴降将，让他们为前锋为军队开路。正因为此，他才顺利跨过大漠，活捉了匈奴单于的大臣，诛杀了北车耆王。后又辗转作战，抓获部族王三人，将军、都尉等八十余人。

这次远征，霍去病以伤亡一万的代价，斩获匈奴七万余人，匈奴单于的左膀右臂彻底被斩断，被悬孤漠北。

大战成功后，霍去病养兵蓄锐，并登上狼居胥山筑坛祭天，以纪念漠北之战的胜利。后来"封狼居胥"成了汉人的最高荣誉之一，霍去病也因此有了"封狼居胥"的美名。

漠北之战,大汉军队准备充足,以霍去病为首的骑兵果敢深入,突袭成功,再加上卫青带兵数万发起猛烈进攻,两路进击,打得匈奴措手不及。可以说,漠北之战是扭转乾坤的一次战役,在中国历史上具有重要的地位,解决了匈奴常年进犯中原的问题。

但是上天似乎和霍去病开了个玩笑,在他人生最辉煌、最顶峰的时刻,他的生命走向了终点,所有的璀璨只是昙花一现。关于他的死因,到现在仍然有很大争议,大概是人们根本就不相信官方的解释——"病死"。谁会相信一向驰骋沙场的大将军会突然病逝?就连司马迁也没有在《史记》中说明他的死因。战功赫赫的大将军突然逝去,史书上竟然没有写明原因,难道是背后另有隐情?

流传最广的一种说法是染疫病而亡。据说是匈奴战败北撤时,单于的一位谋士献计,让部下把得瘟疫而死的动物丢在水源处,而在大漠中行军的霍去病军队正好饮了此水,所以霍去病是染疫而亡。

但其实这种说法是有破绽的,霍去病去世是在漠北之战两年后,如果真的误饮了携带瘟疫的水,当场就会病倒了,更何况瘟疫病发的潜伏期不会这么久,而且就算潜伏期真的有两年,可当年饮水的可不止霍去病一个人,这么庞大的军队如果染上了瘟疫,史书上怎会没有半点记载,看来这个说法并不符合常理。

还有另一种说法称霍去病是被敌寇暗杀。这个说法更是漏洞百出,历经沙场的大将岂是别人说杀就杀的,如果真是这样,那霍去病未免太弱了吧?而且当时漠北之战已经结束,霍去病已经回到汉朝境内,匈奴想要派人混入汉朝境内也很难。

可能最令人信服的说法就是政治之争了,政治场上的斗争一直都是血腥暴力的。霍去病从十七岁开始征战沙场,手下之人大多是匈奴降将和低级将领,可以说,霍去病是不懂政治手段的,他大概不知什么时候就成了别人手中的一枚棋子。

看一下那段时期,汉朝接连发生的大事:李广将军自尽、李敢(李广的儿子)刺伤卫青被霍去病射杀、丞相李蔡(李广的弟弟)自尽、王夫人病死等。这一连串发生的事件,不得不让人联想到政治阴谋。

霍去病很可能就是一个政治牺牲品,而且能搅动这么大政治漩涡的人,绝非泛泛之辈。那么,谁最有动机杀害霍去病呢?或者说,霍去病去世谁会得利呢?回头看看那一系列的变故,唯一能从中得到好处的只有卫氏。

霍去病是卫青的亲外甥,卫氏会出于什么原因这么做呢?这就要从汉武帝重用霍去病说起了。漠北大战后,霍去病得到了极高的封赏,相比之下,卫青势力却大不如前,汉武帝故意用霍去病来压制卫氏,使得卫霍站在了彼此的对立面。卫青身上承载了整个家族的利益,是太子与卫氏一族的保护神,他身边的将领可以说都是他的亲人和朋友,存在着某种密不可分的关系。

而霍去病却与他截然相反,他孑然一身,选择一切以打胜仗为出发点,他的得力助手许多都是匈奴降将,几乎没有沾亲带故的人。这种方式让他每战每捷,也让他从卫氏身边越走越远。霍去病得势不但没为卫氏一族带来任何益处,相反对他们还造成了压制。所以说,霍去病最终威胁到了卫青的地位,成了卫氏一族的敌人。那么,卫氏家族中,谁是杀害霍去病的凶手呢?是他的舅舅卫青吗?不是。卫青为人和善,是不可能去杀害自己的外甥的?其实,卫氏家族中有一个容易被忽略的大人物,那就是平阳公主。

卫氏之所以能崛起,正是因为平阳公主的缘故。她送卫子夫进宫后,卫氏发展过快,尤其是卫青当了大将军之后,平阳公主已经完全无法掌控卫氏了,所以她才愿委身下嫁昔日的仆人卫青。可以说,卫氏的利益其实也是平阳公主的利益,卫氏地位受到威胁时,平阳公主肯定会不择手段地维护卫氏。所以当霍去病威胁到卫青的地位时,最想除掉他的一定是平阳公主,因为她根本不会念及与霍去病的亲情关系。

霍去病的死,无疑是汉王朝的一大损失。倘若他活得久一点,可能就会彻底消灭匈奴势力,那么这场由汉武帝发起的汉匈之战就会有一个更完美的落幕。还记得汉武帝下令为他建造豪宅时,他说:"匈奴未灭,何以家为?"铮铮铁骨,沙场男儿,他是一名出色的军事家,是一名真正的英雄。

破胡壮侯——陈汤

陈汤，字子公，汉族，山阳瑕丘人，西汉名将。

陈汤年轻时喜欢读书，学识渊博，并写得一手好字。但是他家中清贫，平时靠乞讨过活，四下里借了不少钱。人们觉得他没有气节，都看不起他。

这样下去也不是办法，陈汤只好去长安搏一搏，最终通过一番努力当上太官献食丞一官。几年以后，陈汤得到了富平侯张勃的赏识。

公元前 47 年，汉元帝要求公侯大臣推荐年轻的人才入朝为官，张勃便向朝廷推荐了陈汤。在等待分配期间，陈汤的父亲去世了，陈汤没有回去奔丧。

汉朝时，人们对奔丧、守孝十分看重。朝廷觉得陈汤不回乡奔丧，人品质有问题，于是谴责张勃举荐不当。没过几天，张勃病故，陈汤被捕入狱。

后来又有人大力举荐陈汤，陈汤终于被任为郎官。在朝中，很多人都因为过去的事看不起他，陈汤便主动请求出使外国。几年以后，陈汤被任命为西域都护副校尉，与校尉甘延寿奉命一同出使西域。

陈汤为人沉着勇敢，是个有大谋略的人，或许是小时候旁人的冷眼，让他变得喜好建立卓越的功勋。每次经过都城小镇、高山大河的时候，陈汤都要爬到高处去看看。

西域一带原属匈奴。其实，郅支单于的势力很大，周边很多像乌孙、大腕等小国饱受匈奴的欺凌，郅支单于一直想吞并它们。匈奴人擅长打仗，如果任其坐大的话，将对汉朝构成严重威胁。

于是陈汤对甘延寿说道:"虽然郅支单于所在的地方很远,但他们那里没有坚固的城墙和强劲的箭弩防守,如果我们打过去,联合乌孙的部队,一直打到他们的驻地,他们根本没有防御的手段,即使他们逃亡也没有他们能去的地方,千载功业可以一朝而成。"

甘延寿想了想觉得他说得很对,但此事关系出征问题,自然首先要上报朝廷。但陈汤觉得,朝中人不了解目前的状况,这么好的策略哪里是他们能够理解的?上报朝廷的话,此事肯定做不成了。

甘延寿犹豫不决,正好此时他在生病,陈汤就独自假托朝廷之命调发各国军队。甘延寿知道以后,立即赶来阻止他。陈汤哪里管得了那么多,按住剑叱责甘延寿道:"都已经到这个样子了,你还要阻挡我吗?"于是,甘延寿也没有办法,只好和陈汤一起部署行军的阵式。

甘延寿与陈汤带领的军队分道前进。大军共分为六队,其中三队从南边越过葱岭从小道到大宛,另外三队由陈汤自己率领,从温宿国出发,经过北道进入赤谷,过乌孙后,到达康居边界,一直到阗池的西面。而康居的副王抱阗带着几千骑兵,进犯赤谷城东,杀害了大乌孙王的一千多人,抢走了很多的财产。而后,他又遇见汉朝殿后的军队,抢夺了很多的物资。

陈汤带领胡人部队去攻打他们,杀四百六十人,得到他们抢走的物资以及四百七十名百姓,还俘虏了抱阗的显贵伊奴毒。

到了康居的束部边界,陈汤命令军队不得抢掠。他暗中把康居的显贵屠墨叫来相见,说服他与自己结盟。之后,陈汤率军从小道前进,到达距离单于城六十里的地方扎下营寨。

第二天,郅支单于派人来问汉朝的军队为何而来。陈汤回道:"单于上书说现在的处境困难,愿意归附汉朝,亲自入汉朝朝见,我们就是来接单于的家人的,怕惊动了您,便不敢让军队到城下。"

使者几次来往互相通报情况。甘延寿、陈汤责备单于道:"我们为了单于的安危而来,来了几天了都没有接到单于的回复。单于怎么能这样不懂礼数呢?军队远道而来,车马疲惫,粮草都不够用了,恐怕连回都回不去了,还希望单于同大臣审慎计划安排一下。"

影响中国古代历史的军事家

单于得到消息以后，便在城上布满了军士，骑兵在城下随时准备突进。甘延寿和陈汤则让营地的士兵拉满弓指向骑兵，拿盾牌的士兵在前面，拿刀剑的士兵在后面，将单于城团团围住。

单于城是土城，外面还有一层木城。汉军在城外点火烧木城，匈奴人想突围，结果被外面等待的汉军乱箭射死。

此役斩杀郅支单于，同时得到汉朝使者的两个符节以及谷吉的帛书。此外还俘虏了一百四十五人，收降了一千多人。陈汤把他们都分给了这次派兵协助的十五个王。

由于这次的出征是假借朝廷之命，朝中的人对陈汤没有好感，很多人都希望皇帝治他们假托朝廷命令的罪状。陈汤得知以后立刻上书说道："臣下同官兵斩杀郅支单于，军队得胜归来，应该得到犒劳。现在要治我们的罪，这是要为郅支单于报仇啊！"

于是，汉元帝只好派出吏士，沿途犒劳他们。陈汤等人回到朝廷之后，得到了丰厚的赏赐。汉元帝授任甘延寿为长木校尉、陈汤为射声校尉。

后来，汉成帝即位，有人举报陈汤，说他不严格要求自己，反而为人太过贪婪，多次从康居夺得财物。陈汤因此被罢官。

几年以后，西域都护段会宗受到乌孙兵马的围攻，段会宗请求朝廷尽快发兵。大臣们讨论了数日，没有结果，此时站出一人推举陈汤。于是，汉成帝召见陈汤，陈汤看了段会宗的求救信以后，推辞道："将相九卿当中，人才兼备的有很多，臣下衰弱多病，这种大事我已经做不了了。"

汉成帝听出他话中带有怨气，便说："国家有急事，你就不要推辞了。"

陈汤对汉成帝说："臣下觉得这件事情并不值得担心。"

汉成帝问他为什么这样说？陈汤回答道："一般情况下，五个胡兵相当于一个汉兵，因为他们的兵器原始笨重，弓箭也不锋利。如今他们也学汉兵的制作技巧，有了较好的刀、箭，但仍然可以以三比一来计算战斗力。现在围攻会宗的乌孙兵马不足以战胜段会宗，因此陛下尽管放心。即使发兵去救，轻骑平均每天可走五十里，重骑平均才走三十里，根本赶不上救急。"陈汤知道乌孙之军都是乌合之众，不能持久进攻，因此他推算了日期后说："现在那里的包围已经解除。不出五天，会有好消息的。"过了四天，果然军书报回，说乌孙兵已解围而去。

从此陈汤开始在朝中建立起威信，来找他办事的人也多了起来，如帮骑都尉王莽上书，替王莽的父亲讨封地，帮王莽的母亲要爵位。有一次，弘农太守张匡因贪污百万以上，害怕进监狱，便找到了陈汤，结果用两百万金换来自己不受牢狱之灾。这类的事情数不胜数。

当时成都侯王商平常就不喜欢陈汤，上书汉成帝说陈汤惑乱群众，建议审查他所犯下的种种罪行。

最终汉成帝将陈汤贬为庶民，发配到边疆，一同发配的还有将作大匠解万年。

可是敦煌太守却上奏："陈汤以前亲自诛杀了郅支单于，在外国威望很大，不适宜接近边塞。"于是，汉哀帝刘欣只好下令把陈汤迁徙到安定，最后陈汤死在了长安。

陈汤死后的几年，王莽为安汉公，执掌朝政。他内心感激陈汤的旧恩，于是为陈汤追加谥号为破胡壮侯，封陈汤的儿子陈冯为破胡侯，陈勋为讨狄侯。

第三章　三国鼎立

争议枭雄——曹操

曹操，字孟德，小名阿瞒，沛国谯郡（今安徽省亳州市）人，东汉末年时著名的军事家、政治家、文学家。三国时，担任东汉丞相，后为魏王。

曹操是一个争议很大的历史人物。《三国演义》中，他是一个浊世奸雄；在旧戏舞台上，曹操都是以白脸奸臣的身份出现。人们所看到的都是曹操的阴暗面，事实上，曹操还是一个出色的、有政治抱负的军事家。

曹操出身于官宦世家，他的父亲曹嵩是宦官曹腾的养子。曹腾相继辅佐了四代皇帝，有一定名望，汉桓帝时被封为费亭侯。关于曹嵩的真实出身，陈寿也"莫能审其生出本末"，但有人认为他本姓夏侯（出自如姓）。

曹操少年时就机警过人，通权谋机变，放荡不羁，从不规规矩矩做事，喜欢游侠的生活，所以当时的人都认为他成不了气候。叔父看不惯他的行为，常常向他父亲告状，不过，机敏的曹操却很有办法对付叔父。

一天，曹操看到叔父又来他家了，于是马上倒在地上，装出一副眼歪嘴斜的样子。叔父问他怎么了，曹操说："我中风了。"他叔父急忙将此事告诉了曹嵩，等曹嵩来了，见曹操安然无恙地在旁边玩耍，曹嵩就问他："你叔父不是说你中风了吗，怎么回事？"曹操说："我没有中风啊，可能是叔父不喜欢我，所以才诬陷我的吧。"曹嵩以为真是这样，此后，便再也不相信曹操他叔父的话了。

从这件小事中可以看出，曹操天生就是一个功利心极强的人，为了达到某种目的，他不择手段，丝毫不在乎他人的感受，也不会被人情所牵绊。

曹操行为放荡不羁,表面上看根本成不了大事,但是他却遇到了慧眼伯乐。当时,梁国的桥玄等人认为他不是寻常人。桥玄对曹操说:"天下将乱,非命世之才不能济也,能安之者,其在君乎?"他认为曹操就是能平定天下大乱的人。

但是,曹操在当时确实是默默无闻,于是桥玄让曹操去拜访当时主持"月旦评"的名士许劭,以提高名望。桥玄的意思就是让曹操去"炒作",因为"月旦评"是许劭兄弟对当代人物和诗文字画等品评、褒贬的一项活动,评论在每月初一发表,所以称"月旦评"。可以说,许劭兄弟在当时算是最著名的"自媒体人",无论是谁,经过他们的评论,必定广为流传,身价暴涨。于是,曹操就去拜访了许劭。许劭评价曹操说:"子治世之能臣,乱世之奸雄也。"意思是,你如果在太平盛世,就是有能力、有作为的治国能臣;如果生在乱世,就是一个独霸一方的军事首领,一个奸诈的英雄。曹操听了之后,觉得自己终于遇到了一个懂自己的人,仰天大笑。

经过许劭如此点评,曹操便渐渐知名起来。或许是许劭的评论对曹操也产生了激励作用,此后的曹操也逐渐显露出了自己的身手。

曹操从小便喜好武艺,他身手矫健,曾经偷偷潜入中常侍张让的家中,被张让发现后,能够以最快的速度越墙逃出,全身而退。他虽放荡不羁,但也博览群书,尤其爱读兵法一类的书籍,曾抄录古代诸家兵法韬略编成《兵法节要》,这些都为他后来的军事生涯打下了扎实的基础。

熹平三年(174年),二十岁的曹操被举为孝廉,不久被任命为洛阳北部尉。一上任,曹操就申明禁令,严肃法纪。当时,皇帝宠信的宦官蹇硕的叔父违禁夜行,曹操丝毫不留情面,按律将其处死。曹操因为此事得罪了朝内蹇硕等一些朝内权贵,但碍于其父曹嵩的关系,无法大张旗鼓地修理他,只好明升暗降,将其调往远离洛阳的顿丘,任顿丘县令。

曹操依照律法处死蹇硕的叔父,难道真的是铁面无私,单纯地为了秉公执法吗?想必不是。曹操是一个敢作敢当的人,同时也是一个深谙领导艺术的人,他初出茅庐,新官上任,这么做无疑能很大程度地提高自己的威望。

时势造英雄。东汉末年，由于封建政权的严酷压迫和剥削，外戚和宦官集团的昏暴统治和连年不断的战争，使大批农民流离失所，再加上瘟疫流行，连年灾荒，走投无路的农民在张角的号令下，纷纷揭竿而起，他们头扎黄巾，向官僚发起了猛烈攻击，这就是历史上著名的黄巾起义。

黄巾起义爆发后，曹操被任命为骑都尉，前去镇压黄巾军，结果大破黄巾军，斩首数万级，随之升迁为济南相。任职期间，曹操还是像以往那样，大力整顿不良风气，罢免了一大批贪污渎职的官员，并严令禁止当时盛行的宗教迷信。当时正是政治极度黑暗之时，买官制度盛行。朝廷又任命他为东郡太守，曹操不想迎合权贵，于是称病回乡，暂时隐居了。

中平六年（189 年），曹操又被朝廷重新起用。也就是从这个时候开始，时局骤变。这一年汉灵帝驾崩，太子刘辩登基，太后临朝听政。大将军何进想趁汉灵帝逝世、宦官失势之机一举诛灭阉党，太后没有同意，他不甘愿罢休，便让当时在并州驻军的董卓进京，以胁迫太后同意。可何进还没等到董卓抵达京城，就被宦官杀了。

董卓入京后，仗着自己的势力开始挟天子令诸侯，废少帝，立献帝刘协，执掌朝政。此时的京城陷入一片混乱，为了稳定朝局，董卓拉拢曹操与其合作。曹操怎么甘心屈于其下，于是更名改姓逃出洛阳。

曹操到陈留后，散尽家财征募乡勇、豪强，准备讨伐董卓。次年，后将军袁术、兖州刺史刘岱、渤海太守袁绍、济北相鲍信等地方势力，也同曹操一起举兵讨伐董卓。诸军联盟名为讨伐董卓，其实各自心怀鬼胎，意在发展自己势力。不久，联军之间便发生摩擦，互相火拼，最终解散。

初平三年（192 年），青州黄巾军又趁势而起。曹操率军大破黄巾军三十余万，并收其精锐，号"青州兵"。到了此时，曹操作为一方势力渐成气候。

起义军虽然被镇压下去了，但此时的东汉王朝已经分崩离析，名存实亡，天下群雄割据，战乱不休。之后，曹操开始了他的兼并之路，表现出了不凡的军事才能,他打败袁术,攻破陶谦,平定张邈,消灭吕布,最后形成了一支可以与袁绍相抗衡的势力。随后,双方不可避免地爆发了一场大战——官渡之战。此战是曹操指挥最为出色的一场战役,也是他一生中最光辉的篇章。

建安五年(200年)二月,袁绍命大将颜良等人进兵白马(今河南滑县),拉开了大战的序幕。

当时,曹操的实力要比袁绍弱得多。曹操所占的地盘不仅小,而且是多战之地,还未完全恢复;物资比不上袁绍那么丰富;兵力也远不及袁绍,总兵力不过几万人。袁军大军来袭,很多人都认为曹操必败,曹操手下的不少部将、大臣,甚至暗中写信给袁绍,准备在曹操败后投靠袁绍。在这种极为不利的形势下,曹操却安慰众将:"袁绍志向远大,但缺少智慧,看上去威严,实际却胆小怕事,嫉恨贤能而没有威望,手下的将领骄横,号令不一,土地、粮食再多,也不过是为我准备的。"曹操对袁绍非常了解,面对袁军丝毫不惊慌,甚至在袁绍大军压境之际,还抽身去进攻刘备。

四月,曹操率兵去解救白马。他听取了谋士荀攸的建议,声东击西,假装袭击袁绍的后方,待袁军分神后,乘机率一支精兵奔袭白马,打得袁军措手不及,颜良被斩杀,白马之围解除。

袁绍不罢休,又派五六千精骑追击曹军。曹军当时只剩五百余骑,曹操急中生智,令骑兵解鞍放马,将辎重丢弃在袁军来的路上。袁军到后,见到曹军丢弃的马匹、辎重后,你争我抢,军心涣散。趁此时机,曹操命骑兵突袭,袁军大为震动,顿时溃败。此后,袁军退至阳武,曹操也还军官渡。

八月,袁军兵临官渡,以沙堆为屯,和曹军对峙。双方相峙月余,曹军的粮草快要用完了,士兵疲惫不堪。在这种情况下,曹操只能等待机会与袁绍进行最后的决战。

正当战事处于僵局的时候,袁绍的谋士投奔曹操。缘由是,许攸建议袁绍派骑兵突袭许昌,袁绍反对。巧的是,当时许攸的家中有人犯法,被政敌扣押,于是,他一气之下便投奔曹操,并向曹操献计。许攸建议曹操偷袭袁绍在乌巢的粮仓,此计正合曹操寻找战机、出奇制胜的心意。于是曹操当即采纳了许攸的意见,亲率步骑五千人,连夜出发,一路扮成袁军,骗过袁军岗哨。到达乌巢后,立即围住粮囤放火,袁军大乱。袁将淳于琼出垒迎战,最终没能抵挡住曹军的进攻,被迫退回营垒坚守。这时,袁绍一面派骑兵解救乌巢,一面派张郃等人攻打曹军军营,企图使曹操退无所归。当增援的袁军快到乌巢时,部下请曹操分兵抵挡。曹操才不管,他决定破釜沉舟,誓要拿下袁军的粮仓,怒吼道:"等敌军到了我背后再告诉我!"

随后,曹军奋力拼杀,大破乌巢守军,擒杀袁将淳于琼。而另一边,攻打曹军大营的张郃等人听说淳于琼兵败,袁绍又对他们起疑后,便马上投降了曹操。曹操乘势追杀袁军,大获全胜,袁绍仓皇逃往河北。

终于,经过一年多的对峙,官渡之战以曹操的大获全胜而告终。此战成为中国历史上以弱胜强、以少胜多的典型战例之一。曹操以其非凡的才能,写下了他军事生涯中最辉煌的一页。

建安七年(202 年),袁绍因兵败忧郁而死。袁绍病逝后,曹操趁机进攻,于 207 年,彻底消灭了袁氏集团,统一了中国北方。

第二年,曹操自任汉朝丞相,率军南征,与孙权、刘备会战于赤壁。当时,南北统一的时机还未到,曹军长途跋涉,水土不服,兵多疾病,再加上曹操骄傲轻敌,在联军的火攻下大败而归。此后,曹操又曾数次进攻孙权、刘备,皆无功而返。

建安二十五年(220 年),曹操病逝于洛阳。当年,曹丕取代汉朝,自立为帝,国号魏,追尊曹操为武皇帝,庙号太祖。

英气逼人——周瑜

周瑜,字公瑾,庐江舒县(今安徽省庐江县)人,东汉末年东吴名将。

周瑜出身于官宦世家,他的父亲周异是东汉末年的官员,曾任洛阳令,堂祖父周景、堂叔周忠也都为东汉名臣。

周瑜不仅出身好,个人也极具魅力,身材高大,容貌俊美,还精通音律,放现在来说,就是女人们心目中的"男神"。南宋诗人范成大不吝赞道:"世间豪杰英雄士,江左风流美丈夫。"

据说,周瑜年少时便精通音律,善于抚琴,弹奏者在演奏中稍有差错,他都能立即觉察到,而且能准确地回头望向那个出错的人,即使在喝了三盅酒的情况下也不例外。当时民间还流传起了"曲有误,周郎顾"的民谣。后来就有了"周郎顾曲"这个成语。

关于周瑜的一生,有一个人对他起到了极为重要的影响。此人便是孙策!

十岁时,周瑜听说远方有个少年才能不凡,便长途跋涉,前去拜访,最终两人结为兄弟。后来,他们还分娶乔公二女,也就是大乔和小乔,两人结为连襟,关系更加紧密。

190年,孙策之父孙坚起兵讨伐董卓,家人移居到周瑜的家乡。周瑜便邀孙策一家到家中来住,甚至将家中一半的屋子都腾给了孙策一家。两人在此广交江南名士,名噪一时。

孙坚死后,孙策继承父志,统军打仗。刚开始,孙策只有两千兵马,而周瑜有三千兵。以周瑜的实力,他完全可以独树一帜的,但是他将兵马全部给了孙策,并助其打天下。

由此可见，真实的周瑜并不是《三国演义》中所表现的那样心胸狭隘，脾气暴躁。在利与义面前，周瑜选择了义，心甘情愿地帮兄弟打天下，之后他还拒绝了很多利益诱惑，曹操曾抛出橄榄枝以示笼络之意都被他严词拒绝，而这一切完全都是出于对孙策的兄弟之情。

可惜，孙策二十六岁便身亡，临终时将军国大权交给弟弟孙权。周瑜又继续尽心辅助孙权。

在周瑜的辅助下，孙权的势力日益壮大。周瑜具有杰出的军事才能，其实，在真实的历史中，周瑜的军事才能要胜于诸葛亮，只是诸葛亮的形象在《三国演义》中被神化了。

周瑜是一个精于军略的人。很多人以为赤壁之战是诸葛亮的杰作，苏轼的《赤壁怀古》中的"羽扇纶巾"所说的也是诸葛亮，但其实真正的主角都是周瑜。赤壁之战是周瑜以少胜多的成功战例。

东汉建安年间，曹操率军南下，大军未到，刘表先亡。刘表的次子刘琮成为继承人，谁知刘琮刚接手荆州一个月，便遭遇曹操大军来袭，手足无措，不战而降。跟随刘表屯兵樊城的刘备听说后，仓促率兵南退。曹操收服刘表的部将，号称率水师八十余万人向江南推进。刘备危难之时派诸葛亮会见孙权，请求孙权同他结盟共抗曹军。

孙权部下多劝告其向曹操投降，只有鲁肃和周瑜等认为应该迎战。周瑜认真分析形势后更是豪言道："曹操就是前来送死的！"此等豪言壮语，天下之人，只有周瑜敢说。孙权得到鼓励，奋然砍下桌子的一角，对军中将领说道："以后谁再提投降一事，就如同这个桌角的下场！"

于是，孙权任命周瑜为此次战役的主帅。周瑜料到曹操手持八十余万大军是诈称，其手下应该仅有十几万军兵，而且，其中新降的七八万人内心也并没有归附曹军，不足为患，便自请率精兵三万与刘备大军合力迎战曹操，让鲁肃协助筹划军事战略。

曹操的军队大多为北方人，不擅水战，于是曹操将战船首尾相连，结为一体，使战船有平地之感，以利于军队攻战。周瑜将计就计，采用部将黄盖的建议，令黄盖诈降曹操。曹操果然中计，对黄盖投降一事深信不疑。

周瑜选了一个刮东南风的夜晚，命令黄盖带船数十艘，假装投降，向曹营出发。前十艘船上载满了浸油的干稻草，用布作为掩盖，并插上信中与曹操约定的旗子，后跟轻快的小船，顺着东南风驶向曹军军营。曹操对黄盖投降一事深信不疑，因此曹军戒备松懈，士兵们纷纷出营准备观看黄盖投降的场面。

在小船即将接近对岸时，黄盖立即下令点燃稻草，并迅速撤兵换乘轻快小船返回，承载稻草的火船乘风直冲曹军船队，火势借着风力迅速蔓延，就连岸边的军营也没有幸免。一时之间，海岸火光冲天，整军待发的孙刘大军乘机出兵，曹军应对不及，伤亡惨重，曹操自知大局已定，遂率军北退，留曹仁镇守江陵。

不久，周瑜率兵与曹仁大战，并亲自骑马督战，不小心被飞箭射中右胁，伤势严重，退兵回营。曹仁听说后，准备抓住时机猛攻吴兵。为了激励将士，周瑜强撑着病体，巡视各营，给将士们打气！最终，吴兵奋力杀敌，打退了曹军。

赤壁大捷，使得孙刘大军分占荆州，曹操失去了短期内统一全国的机会，战后形成了三分天下的格局，周瑜则因此声名大振。

赤壁大战的胜利与周瑜的足智多谋是脱不了干系的。他对天下大势的分析，对战事策略的精明谋划，对整场战役的精准指挥，都是促使赤壁之战取得胜利的重要因素。在这场战役中，周瑜把超于常人的军事才能、集思广益的胸怀、部署严密的品格表现得淋漓尽致。

赤壁之战后，刘备实力大增，为了进一步扩大地盘，请求孙权将南郡借给他。周瑜看出刘备的野心，向孙权献计软禁刘备，接管刘备阵营的军队，但孙权没有同意。

周瑜抑制刘备的计策未被采用，很不甘心，于是又向孙权提出征伐益州的建议。周瑜这一计划很有战略眼光，孙权马上应允了。

只可惜英雄命短，在准备出征益州的路上，周瑜患了重病，命殒巴丘，时年三十六岁。

三十六岁，是周瑜人生的制高点，距离他指挥赤壁之战才过去三年，他远大的抱负才刚刚起步，与小乔的幸福生活才过了十二年，他却在这个时候突然离去，这个结局，恐怕谁也不愿意看到吧。

关于周瑜的死因也存有争议，有的说是在行军途中突患重病，不治而亡；有的说是中箭后箭伤复发而亡；还有的说是因为周瑜权势名声越来越大，孙权对其渐生嫌隙，其间多有人离间挑拨，孙权听之信之，开始对周瑜产生不满，周瑜忧郁成疾，这才病死巴丘。

更有甚者，说周瑜心胸狭隘，常与诸葛亮明争暗斗，后发生诸葛亮三气周瑜的事件，周瑜气得在马上大叫一声，箭伤复发，坠马而亡，死前仰天长叹："既生瑜，何生亮！"当然，这只是小说家的文学创作罢了，没有真实性可言。

无论如何，一代英才就这样骤然陨落，令后世人惋惜不已！试想一下，如果周瑜没有死，当时天下的格局会不会朝着不同的方向发展，历史会不会被改写？

结果不得而知，但可以肯定的是，周瑜是三国时期一位十分重要的军事奇才，他主导的赤壁之战为孙权奠定了三足鼎立局面的基石。在三国的历史中，他永远是一道璀璨耀眼的光芒。

鞠躬尽瘁——诸葛亮

诸葛亮,字孔明,号卧龙,汉族人,琅琊郡阳都(今山东临沂市沂南县)人,三国蜀汉丞相,是杰出的政治家、军事家。

提到诸葛亮,妇孺皆知,一本《三国演义》把诸葛亮的美名送入了寻常百姓家,罗贯中把诸葛亮塑造成了神机妙算、能够呼风唤雨的完美形象,他修身、齐家、治国、平天下,上知天文下知地理,无所不能,无所不晓。但真实历史上的诸葛亮真有这么"神"吗?

"两表酬三顾,一对足千秋",这短短十个字就概括了诸葛亮一生的丰功伟绩。"两表"是指《前出师表》和《后出师表》,"三顾"就是大家最熟悉的三顾茅庐,"一对"即流传千秋万世不朽的《隆中对》。

纵观诸葛亮的一生,毫无疑问,他既是一个有治国之才的优秀政治家,也是一个智谋过人的军事家,他一生鞠躬尽瘁,死而后已,堪为一代忠臣贤士。

诸葛亮出生在琅琊郡阳都的一个官吏世家,诸葛氏族是琅琊郡的名门望族。诸葛亮的先祖诸葛丰在西汉元帝时曾任司隶校尉,父亲诸葛圭在东汉末年任泰山郡丞。但诸葛亮的童年却是不幸福的,三岁的时候,母亲章氏病逝,八岁的时候,父亲也撒手人寰,成为孤儿的诸葛亮带着年幼的弟弟一起投奔了当时在做豫章太守的叔父诸葛玄。

时运不济,命途多舛。后来他的叔父也离开人世,诸葛亮便过起了陇亩间的耕作生活。虽然生活艰难,但诸葛亮仍坚持读书学习,他上知天文、下知地理,而且精通兵法,可见他绝非池中之物!

诸葛亮虽然在隆中隐居了十年,但是这期间他广结江南名士,结交了徐庶、黄承彦、庞德公、庞统等名士。其智谋已为大家所公认,他在密切地观察时局形势,伺机而动。

后来,刘备兵败曹操,走投无路之际只好投靠荆州牧(荆州的最高长官)刘表。诸葛亮的好友徐庶是刘备的谋士,于是就向刘备举荐了诸葛亮,并建议屈尊相访诸葛亮。

之后,刘备三顾茅庐,用真诚打动了诸葛亮。诸葛亮当即为刘备分析了天下之势,并陈说了三分天下的计策,建议他远曹操而亲孙权,又解说了荆州和益州"得之可得天下"的重要性,这个计策被后世称为《隆中对》。《隆中对》也成为此后数十年间刘备治国的基本方针。

刘备三顾茅庐这年,诸葛亮才二十七岁,这一年,诸葛亮的人生因为刘备的到来开始迈进新的阶段。诸葛亮出山后,一直随刘备左右,为其出谋划策,在著名的赤壁之战中,他充当了说客的角色,他用激将法劝说孙权和刘备联合抗曹。后来,孙刘联军在赤壁火攻曹军,曹操在这场战役中损失惨重,不得已引军北退。

赤壁之战后,刘备平定了荆南四郡,任命诸葛亮为军师中郎将,统领零陵、桂阳和长沙三郡,主要负责调整赋税,充实军资。

益州牧刘璋投降后,刘备入主益州,这就应了诸葛亮在《隆中对》里献的策略。刘备任命诸葛亮为军师将军,每当刘备出兵征战,诸葛亮就留在成都,为刘备筹足兵粮。这个时期诸葛亮和刘备的关系就是一个主内一个主外,可谓默契十足。

汉献帝延康元年(220年),曹丕胁迫汉献帝让位于他,大臣们听到这个消息,劝已是汉中王的刘备登基为帝,刘备没有答应。诸葛亮便用"耿纯劝刘秀登基"的故事劝刘备。

当时,诸将劝刘秀称帝,可是刘秀不肯。刘秀的大将耿纯向他进言说:"大家背井离乡、抛妻弃子跟随您征战四方,为的不就是攀龙附凤,舒展抱负吗?现在正是时机,可如果您一意孤行,不听从大家的劝告,恐怕大家会失望,从而各自离散,这一散,就难以再复合了。"刘秀觉得耿纯的一番话有理,就听从了他的建议,很快便登基称帝。

诸葛亮搬出这个故事,果然对刘备有效。刘备在成都称帝,国号汉,年号章武,史称蜀汉。

刘备称帝两年后,病逝于白帝城(今重庆奉节县)。去世前,他急召诸葛亮托付后事,对诸葛亮说:"以你的才能,一定可以安定国家,如果我的儿子刘禅可以辅助,你便辅助他,如果他没有才干,你就自行取之。"

诸葛亮流着泪说:"臣必定尽力相辅,至死不渝。"刘备这才放心而去。

刘禅即位后,什么事情都依赖诸葛亮。当然,诸葛亮也谨遵刘备的遗诏,事无巨细,皆亲力亲为。作为蜀汉的丞相,诸葛亮可谓鞠躬尽瘁。在政治上,他完善礼制、治理百姓、管理官员,对人对事公正廉明、胸怀坦荡。

诸葛亮是一个不为私人恩怨所累的贤臣,在处理政务时,赏罚分明,不看情面。有功者即使是自己的仇人也会给予嘉奖,有过者即使是他的亲信也会给予惩罚,但是犯错者只要诚心悔过,就会给予改过自新的机会。

勿以恶小而为之,勿以善小而不为。诸葛亮一向秉持这样的态度,再小的善良和功劳都会给予褒奖,再小的过错也都予以处罚。他处理政务,能从根本上解决的问题,就不做表面功夫。而且,他开拓农田、兴修水利、发展生产,做的都是利国利民之事,所以蜀国上下无论官员还是百姓都很敬畏他。可以说诸葛亮是个治理国家的优秀人才,甚可与管仲、萧何相媲美。

"史官鲜克知兵,不能纪其实迹焉",这是陈寿在《三国志》中对诸葛亮的评价,后世唐太宗也经常对诸葛亮的治兵之法予以褒奖,就连与诸葛亮相见战场的敌人司马懿也赞叹他是"天下奇才",诸葛亮作为一个军事家也成功地得到了历代兵家的认可。

"出师未捷身先死,长使英雄泪满襟。"

刘备把刘禅托付给诸葛亮之时,蜀汉可谓一个彻头彻尾的烂摊子,而这个烂摊子在诸葛亮的手上慢慢变得生机勃勃。诸葛亮为了蜀汉呕心沥血,他要操心的事情太多了,据说诸葛亮在世时晚睡早起,凡是二十杖以上的责罚都亲自审查,常常少食多劳。

234年2月,诸葛亮第五次北伐,他率领军队到五丈原上,准备攻占魏国在关中的重镇眉县,然后向长安进攻。原本是与东吴约好一起对付魏国,可是东吴却迟迟不发兵。司马懿听说蜀军到达后,率军在五丈原不远的险要关口驻扎下来,坚守不出,准备拖垮蜀军,逼他们退走。直到当年5月,孙权才出兵,但当他得知魏军的意图后,便全线撤军。就在这一年8月,诸葛亮因操劳过度,病逝五丈原,留下了"出师未捷身先死"的绝唱。

诸葛亮一生劳累,最后操劳过度病重而亡。他死前还计划过分兵屯田的政策,可惜都没来得及实行。诸葛亮死后三十年,蜀汉也灭亡了,如果这位雄韬伟略的军事家多活几十年,蜀汉会不会一统天下呢?这个问题只能留给历史去解答了。

老谋深算——司马懿

司马懿,字仲达,汉族人,河内郡温县孝敬里(今河南省焦作市温县)人,三国时期魏国杰出的政治家、军事家,也是西晋王朝的奠基人。

司马懿用了五十年的时间辅佐魏国的四代君主,是托孤辅政的重臣,晚年时期成为掌握朝廷大权的重臣。他多有谋略,善于领兵征伐。

司马懿出身官宦世家,他的高祖父是汉安帝(刘祜,东汉第六位皇帝)的征西将军,曾祖父是豫章太守,祖父是颍川太守,父亲为京兆尹。他的父亲司马防有八子,因为字中都有一个"达"字,且个个才华横溢,所以人称"司马八达"。

司马懿少年时就是一个奇才,虽生于乱世,但常常忧心天下之事,广交隐士名流。

人们常说"乱世出英雄",司马懿就是在这乱世之中崛起的一代英雄。

人们都知道司马懿是在曹操手下做事的,但其实最开始司马懿是不愿意听命于曹操的。在曹操还是司空(司空与太尉、司徒合称"三公",是东汉的最高官职之一)的时候,听说司马懿能力不俗,便派人请司马懿到府中任职。当时,司马懿看到东汉朝廷境况江河日下,并不情愿在曹操手下任职,但曹操求才心切,哪容他轻易推辞。司马懿只好谎称自己患了重病。曹操当然不相信,夜里派人去刺探虚实,可是司马懿早有准备,躺在床上一动不动,倒真的像病了一般。

建安十三年(208 年),曹操成为丞相以后,使用强制手段任用司马懿为文学掾。曹操看出司马懿不是一般人,若能为他所用便罢,若不能为他所用，就要除掉，否则将来定会成为自己的绊脚石。于是他对使者说："若复盘桓，便收之。"司马懿畏惧，只得就职。

文学掾是古代的文官名，主要负责管理学校，教授弟子，也兼管郡内教化、礼仪之事。曹操费尽心思招揽司马懿，难道竟只给了他一个文职官员？但是不必替司马懿委屈，因为这个职位很重要，它为日后司马懿掌管大权奠定了基础，况且他在这里教授的可不是普通人家的弟子，而是后来的曹魏高祖文皇帝曹丕。不过，事实证明，曹操把司马懿放在曹丕的身边实在是不明智的选择。

司马懿在任职文学掾期间，一步一步和曹丕打好了关系，所以当曹操对曹丕说司马懿不甘为臣子，将来会坏了我们的大事时，曹丕非但没有听从父亲的劝诫，而且还大力回护司马懿。从这里我们可以看出司马懿看人的眼光还是很独到的，他看出曹丕现在虽不甚得曹操宠爱，但日后必能成大事，所以他选择尽力辅佐曹丕，相应的，他也得到了曹丕的信任。

司马懿是聪明之人，很快他就察觉到曹操对他的疑虑，为了取得曹操的信任，他开始恪尽职守，并多在小事上忙碌，表现出一副不贪恋权势的样子，逐渐被曹操接受而被重用。

果然，曹丕被封为魏王太子，随之，司马懿也升为太子中庶子（太子的侍从官），辅佐曹丕。司马懿和曹丕关系亲近，再加上善谋事，所以更加为曹丕所信任和重用，不久便成了丞相军司马。

司马懿在看人方面的慧眼独具，绝不仅仅表现在选择主公的眼光上，对其他人物的洞察能力也并非一般人所能及。他看出荆州刺史胡修和南乡（属益州郡）太守傅方骄横奢侈，难以担当驻守边防的重任，就向曹操进谏，但没有得到曹操的重视。刘备占领汉中后，派遣孟达（本为益州牧刘璋的手下，后降刘备，复投曹魏）为其扩展势力，又趁着曹操分兵攻吴的间隙，派关羽攻打荆襄。胡修、傅方二人果然贪生怕死，背魏降蜀。

关羽北攻襄阳时，曾向驻兵上庸的孟达请求支援，孟达拒绝了关羽的请求而按兵不动，后来关羽兵败被杀。孟达害怕刘备治他的罪，率兵投降曹魏。魏文帝曹丕非常器重孟达，封他为散骑常侍、建武将军、平阳亭侯。可是司马懿却觉得孟达言行举止反复无常，不可重用，他多次进言劝谏曹丕,但没有得到曹丕的认可。

黄初七年,曹丕逝世,其长子曹叡在洛阳即位,称魏明帝。曹丕一死,孟达就失宠了,诸葛亮暗中寄信于他,劝他叛魏归蜀,诸葛亮见他犹豫不决,便想用计促降。诸葛亮听说魏兴太守(曹魏官职)申仪和孟达素来不和,就派人去申仪处诈降,并有意泄露孟达要投降一事。孟达听说此事泄密,觉得自己已无退路便准备起兵。

申仪把这件事原原本本地告诉了司马懿,司马懿识破诸葛亮的计谋,担心孟达叛乱,不好收场,急忙写信与孟达道:"孟将军当年背弃刘备,投靠我曹魏,主公不计前嫌给予将军重任,将军的所作所为一定让蜀人痛恨,岂会如此愚钝向你招降,诸葛亮苦于无法攻破你,才出此计谋,你且仔细想想,劝降可不是小事,诸葛亮岂会轻易让人泄露了出去。"

孟达得到司马懿的信后,觉得信中所言有理,对降蜀一事更加犹豫,丝毫没有发现这只是司马懿的缓兵之计。诸葛亮见此情形,便写信告诫孟达,要对司马懿多加防范,可孟达却狂言道:"宛城和洛阳相距八百里,离我更是有一千二百里,上书给朝廷再回来征伐我,至少也需一个月,到了那时我的城防工程已经完工,军队也做好准备,况且我驻扎的地方地形险要且复杂,易守难攻,司马懿一定不会亲自前来,其他部将不足为惧。"

孟达还是不了解司马懿,怎么也没想到司马懿会先斩后奏,亲率精兵,一路上偃旗息鼓,昼夜兼程,仅用八日便兵临城下。这时孟达的城防工事才刚起步,军队准备也不甚充分。司马懿亲率精骑,根据地形,兵分八路进军孟达所在的城池。吴、蜀派出解救孟达的援兵,也被司马懿部将拦阻于西城。仅仅十六天,司马懿就打得孟达叫苦不迭,逼使他的外甥邓贤、部将李辅开城投降。魏军入城,斩获孟达,将其首级传往京师,并俘兵万余人。之后,司马懿率军驻扎在宛城,在此期间,他奖励农桑耕作,提倡节俭,深得南方吏民拥戴。

这次战役耗费的兵力不大,作战时间也不长,实施的过程并不复杂,但是从这场战役中可以清晰地看到司马懿出色的决策能力和指挥能力。

首先,他在分析情势上就占据了优势。他能清楚敏锐地察觉到诸葛亮的计谋，而且他正确地分析了孟达的性格品行，使得他成功施行了缓兵之计，正所谓"知己知彼，百战不殆"，说的就是这个道理。

其次，他的当机立断也令人佩服至极。为了不耽误作战时机，他把个人安危抛之脑后，打破常规，来了个先斩后奏，亲兵出征，不出半月就将孟达斩于麾下，成功地把诸葛亮蓄谋已久的计划扼杀在摇篮里，达到了速战速决的目的。

当然，司马懿的成功也不是没有外因，起初孟达的犹豫不决、立场不坚定，以及他过于轻敌的自大性格，也为司马懿的胜利埋下了伏笔。

这一次，司马懿完胜诸葛亮。但是两个聪明绝顶的人，各自为主，注定会成为敌人，所以，他们两人之间的争斗也不会结束。

后来，诸葛亮奉命率兵北征，司马懿率军与之对战。司马懿知道诸葛亮治军有方，不能轻易行动，所以便与诸葛亮谨慎对峙，他料到蜀军远道而来，必定会遇到粮草不足的问题而急于速战，于是司马懿令全军驻兵于险要之地，固守要塞，慎重追击。蜀军最终因粮草不济而被迫退兵。

诸葛亮再次率兵亲征，司马懿率兵渡水与之对峙，蜀军不得前行，只好退到五丈原。

司马懿是聪明的，他知道，虽然这次诸葛亮准备充足，但是十万大军的粮草仍是个问题，他尖锐地看出了诸葛亮所率蜀军的弱点——耗不起。司马懿依然以逸待劳，以期耗垮蜀军。

诸葛亮也不是吃素的，他料定司马懿会故伎重演，所以做好了屯田养兵长期作战的准备，可是几个月过去了，双方军队毫无动静，他想，这也不是办法啊，于是采用激将法逼司马懿出兵。司马懿丝毫不为其所动，他能沉得住气，他的部下却不行，纷纷嚷着要求出战。

司马懿自知不能失了军心，不然局面就难以控制了，就佯装暴怒道："待我奏明陛下，不日便与蜀军决战！"

魏明帝看到了司马懿的奏章，心领神会，知道这位大将军不愿出兵，便遂了司马懿的意，自己做了这个恶人，下诏书严禁魏军出战。

诸葛亮看出司马懿没有出兵的打算，不然也不会千里迢迢向皇帝奏书请战。"将在外，君命有所不受"，司马懿这样做无非是为了树立军威。

诸葛亮无奈,只好派出使臣到司马懿营中下挑战书。司马懿一反常态盛宴款待了使臣,膳后还和使臣聊起了家常。这位使臣也是真傻,也不动脑想想,战事在即,司马懿哪有闲工夫跟你一个小小的使臣聊家常?司马懿问什么就真的如实回答,做人如此诚实固然是好,那也要看看对象是谁啊,这可是敌军首领、老谋深算的司马懿,你怎能如此托心?

可惜诸葛亮用人不当,这下可好了,托这位愚钝的使臣的福,司马懿了解到诸葛亮的一些近况,他断言诸葛亮命不久矣,因此对自己的战术更加自信。果然,诸葛亮不久就因操劳过度而病死,蜀军只好退兵。

在这场战役中,司马懿坚守不攻,抓住蜀军不能长期作战的特点,攻其利害,慢慢拖垮了蜀军,使得智勇双全的奇才诸葛亮也无可奈何,含恨而终。

诸葛亮死后,对司马懿来说,蜀国再没有对手。他首要的问题就是巩固他在曹魏的地位。

景初三年(239 年),魏明帝曹叡崩,年仅八岁的齐王曹芳继位,司马懿与大将军曹爽受遗诏辅佐少主。曹叡临死前向司马懿托孤,此后大将军曹爽排挤司马懿,撤了他的兵权,任命他为没有实权的太傅。司马懿并不着急,假装生病麻痹曹爽。

嘉平元年(249 年),司马懿发动兵变,曹爽被诛灭三族,魏国政权归司马氏掌握。两年后,司马懿因病去世,享年七十三岁。其子司马师、司马昭辅政。咸熙二年(265 年),司马懿之孙司马炎以晋代魏,追尊司马懿为"宣帝",庙号高祖。

东吴国柱——陆逊

陆逊，本名陆议，字伯言，吴郡吴县（今江苏苏州）人，三国时期著名的军事家、政治家，历任吴国大都督、上大将军、丞相。

三国时期，烽火连绵，英雄人物层出不穷。西晋史学家陈寿在《三国志》中，将这些英雄人物一一列传，使得他们名传后世，为后人所瞻仰。人们读过《三国志》后，会发现一个奇怪的问题：书中除了将三国之主单独列传之外，其他将相大臣多是数人合为一传，唯独诸葛亮、陆逊与众不同，单独列传。

在很多人的心目中，诸葛亮在三国中占有很重要的地位，所以把他单独列传，无可厚非，但陆逊被单独列传，令许多人产生疑惑，不禁要问：陆逊有何资格凌驾于周瑜、关羽、张飞、吕蒙等人之上，为何将他单独列传？

万事皆有因由，当人们了解到他一生所创造的成就时，就可以消除心中的疑惑了！

陆逊出身江东望族，其祖父官至城门校尉（掌管京师城门的屯兵），其父官至九江都尉（军事长官）。

不幸的是，陆逊十岁时，父亲去世，他只好跟随自己的从祖父——庐江太守陆康。

之后，袁术因为与陆康不和，唆使孙策攻陷庐江，一个多月后，陆康病死他乡。在此之前，陆康已将陆逊及亲属送往江东。因陆康之子年幼，年仅十二岁的陆逊便承担起了支撑陆家的重担。

数年后，陆逊及陆家子弟长大了，成为闻名江东的士人。其中，最有名气的是陆康之子陆绩及其外孙顾邵。奇怪的是，陆逊的名气虽然不大，但历史却偏偏把他推上了政治舞台。

综观东吴历史，对其有重大影响的战役有三，分别是赤壁之战、荆州之战、夷陵之战。

赤壁之战时，陆逊刚刚出仕，再加上当时周瑜大都督尚在，所以他立功的时机还未到。

不过，这个时候陆逊已经崭露头角。

东汉末年，赋税繁重，农民生活十分艰苦。为了生存，农民只能选择依附豪强。在动荡的年代，实力的象征就是"拳头"。拳头硬，实力就强。所以，这些地方豪强就将依附在自己麾下的农民武装起来。这类武装势力大多依山建立据点，俗称"山贼"。

一般的山贼无非是截道、抢劫，小打小闹不成气候，官府派兵剿一下就完了。但东吴境内的"山贼"可不是一般的山贼，他们不仅扰乱地方治安，强抢良家妇女，各个山头的山贼还结成联盟，与曹操遥相呼应，对抗孙吴政权。

面对这种情况，陆逊采用查户整顿的方法，将其中的精壮编成军队，其他人则垦种荒地。最终，陆逊通过招兵进讨，先后剿灭了会稽山贼大帅潘临、潘阳的贼帅尤突以及丹阳贼帅费栈的势力，一举扫除了东吴的内忧，让孙权得以全力对付曹操。

通过这些战事，陆逊初露锋芒，不过在当时仍鲜为人知。直到建安末年，吴、蜀夺荆州时，他才声名鹊起，从众多英雄中脱颖而出。

如今，许多人都忽略了陆逊在荆州之战中所起的重要作用，都认为吕蒙是此战的最大功臣。其实，二人缺一不可，如果没有他们二人的配合，这场战役可能就不会是这样的结局。

建安二十四年（219年），关羽水淹七军，捉于禁，斩庞德，威震四方。

曹操听取司马懿的建议，以"刘备拒不归还荆州"为出发点，派人前去游说孙权攻打荆州。

时任东吴大都督吕蒙认为，关羽素来有吞并江南的野心，是东吴的一大威胁，可以趁机除掉他。最终，孙权采纳了吕蒙的建议。

当时，关羽正在率兵攻打襄樊，但他深知吕蒙不是易与之辈，所以在离开荆州时仍留有重兵把守。吕蒙知道，在这种情况下"硬碰硬"不是最好的选择。孙子曰："上兵伐谋。"于是，吕蒙向孙权修书一封，称自己身患疾病，希望孙权恩准其休养。当然，这只是事情的表面，实际的情况连东吴各个将领都不知道，这是吕蒙和孙权秘密设下用来麻痹关羽的计策。

当时，没有人知道这是一个计策，但有一个人洞若观火，深知其中的奥秘所在，他就是陆逊。所以，当吕蒙回建业经过芜湖时，陆逊就找了过去，与吕蒙进行了深刻的交谈。

陆逊问："关羽盘踞荆州，您却返回京师，以后应该怎么办？"

吕蒙："我也知道，但我现在患病，对此有心无力。"

陆逊："关羽自恃其勇猛，功高卓著，心中骄傲放纵，只想北进，现在又听说您病了，必定放松警戒。如果能抓住时机，趁其不备，必定能将他制服。您到京师面见主上，一定要制订出一个好的计策啊！"吕蒙听后大吃一惊，但为了不泄露军机，就搪塞说关羽勇猛，想打败他并不容易。

经过此番交谈，吕蒙发现陆逊是个可用之才，于是当他到建安后，便向孙权推荐陆逊接替他在陆口指挥军队。孙权同意了吕蒙的建议，封陆逊为偏将军、右都督，代行吕蒙之职。

虽然如此，但关羽仍旧没有放松警惕，迟迟不肯将江陵守军调往前线。吴军仍旧无计可施。如何才能让关羽放松对东吴的戒备呢？陆逊为此苦思冥想。任何问题都有解决的办法，无法可想的事情是没有的。终于，陆逊想到了一个办法：给关羽写信。

陆逊写信的目的只有一个：恭维关羽，用通俗的话讲就是对关羽"拍马屁"。信中，陆逊表达了自己对关羽的仰慕之情。关羽看完信，洋洋自得一番后，就不把陆逊放在眼里了，随后便将荆州的重兵调到了襄樊前线。

关羽刚把防守在荆州的将士调走，陆逊就开始着手调兵遣将了。而在前线获得一次又一次胜利的关羽，全然忽略了后方的危险。

建安二十四年（219 年）十一月，孙权命吕蒙、陆逊分兵前进，攻打荆州。

当准备充分、兵多将广的吴军进攻毫无防备、缺兵少将的荆州守军时，结果可想而知。

吴军初战告捷之后，吕蒙、陆逊又做了分工：吕蒙留在江陵，采用攻心战，准备全歼关羽，而陆逊则乘胜扩大战果，进攻荆州的其他地方。

随后，陆逊又连续攻下了宜都、枝江、夷道、秭归等重镇，并派重兵扼守长江峡口，从而切断了荆州和益州的联系。结果形成了这样一个局面：关羽四面楚歌，难以逃出荆州。

败走麦城后，关羽就只剩下一条通往蜀地的路，也就是向临沮方向突围。而吕蒙也猜到了这一点，结果是关羽在临沮遇埋伏被杀。

此战中，陆逊看似是"配角"，但他起到的作用则是关键性的。如果没有他的策略，关羽不会将防守江陵的重兵调走，荆州也不会轻易地被攻下，关羽也不会被逼上绝路。

不过，接下来的夷陵之战最终奠定了他的历史地位，使他成为三国时期著名的军事家。

221 年，刘备欲为关羽报仇，夺回荆州，不顾诸葛亮等人的劝阻，执意要对吴发起战争。孙权几度求和不成，只能积极备战。

吴军首战失利。之后，孙权任陆逊为统帅，以抵御刘备的猛攻。

陆逊上任之后，首先对敌情进行分析，他认为蜀军士气正盛，应避其锋芒，伺机再战。而吴军中许多老将军本来对孙权封陆逊就表示不满，所以陆逊的避战行为，更是被老将们认为是懦弱的表现。面对这种情况，陆逊竭力劝说，软硬兼施，最终才稳住了将士们的情绪。就这样，两军相持了半年之久，从初春一直僵持到盛夏。

盛夏时分，酷日炎炎，蜀军将士苦不堪言。无奈之下，刘备只好下令将水军转移到陆地上。

刘备把军队驻扎在密林中躲避酷暑，准备秋后再发动攻击。而此时，蜀军已深入吴境两三百公里，山道崎岖，远离后方，粮草供给上十分困难。不仅如此，蜀军由于百里连营，兵力过于分散。当然，这一切都没有逃过陆逊的眼睛,此时蜀军的状态也正是他所希望看到的。他认为这正是反击的绝佳时机!

然后,陆逊马上给孙权去了一封信,大致意思为:夷陵是军事要地,虽说容易夺取,但也易失。失去夷陵并不只是失去一块土地,重要的是这将威胁到荆州的安危。现在争夺此地,必定能取得成功。刘备违背常理,不守着自己的老家,竟然来主动送死。而且,他打仗总是胜少败多,所以没有什么可怕的。起初,我担心他水陆并进,如今他反而弃船以步兵作战,处处扎营相连,就更不用担心了。

孙权看了陆逊的分析后,很是放心,于是大笔一挥:开战吧!

之后,陆逊先进行了一次试探性攻击,无功而返。其他将士很失落,陆逊却很高兴,因为他想到了取胜的方法,即"火攻"。当时酷暑季节,天气闷热,蜀军的四周全是树木、杂草,甚至连四周的栅栏都是木头所制。这种情况,正是运用火攻的有利因素。

于是,陆逊命令每个士兵带一把茅草,在夜间发动偷袭,并趁机放火。就这样,历史上著名的故事"火烧连营三百里"就此发生了。

夷陵之战,刘备惨败,陆逊获胜!

经过此战,东吴守住了荆州,而蜀汉却受到重创,元气大伤。惨败的刘备向西败逃,但是到了白帝城便不再西进。孙权听说刘备驻扎在边境附近,仍感觉畏惧,于是遣使议和。刘备因兵败而心力交瘁,最终同意停战,并于第二年去世,将蜀汉军政大权托付于诸葛亮。诸葛亮后来与东吴恢复联盟,共同对抗曹魏。

因为夷陵之战,蜀汉的政权遭受到了沉重的打击,损失了大量的将士与物资。而刘备的死亡更是让蜀国摇摇欲坠,叛乱四起。之后,诸葛亮花了数年的时间才重建军队,平定了蜀汉内部的叛乱。

由此可见,夷陵之战的影响是巨大的,因而它与官渡之战、赤壁之战并称为"三国三大战役"。

也正是因为此战,陆逊展示了出色的军事才能,奠定了他军事家的身份。之后,有人将周瑜、鲁肃、吕蒙、陆逊合称为"东吴四英将",但在四人中,前三者皆在大功初建时英年早逝,只有陆逊享年最长,最终出将入相。

陆逊的军事才能也备受后世文学家所赞赏。明代小说家罗贯中就曾写诗歌三首对其称赞，其中一首最能体现陆逊的军事成就以及对历史的重要影响：

陆逊运良筹，能分吴国忧。

挥毫关将堕，焚铠蜀王羞。

功业昭千载，声名播九州。

至今巫峡地，草木尚添愁。

轻裘缓带——羊祜

羊祜,字叔子,泰山南城人,魏晋时期著名的战略家、政治家和文学家。

羊祜出身于汉魏名门士族之家。从他起的前面九代,各代都是大官,并且都以清廉著称。羊祜祖父羊续,汉末时曾任南阳太守,父亲羊衜是曹魏时期的上党太守,母亲蔡氏是汉代名儒、左中郎将蔡邕的女儿,姐姐则嫁给了司马懿的儿子司马师。

羊祜的父亲曾在汶水边上玩,遇见一位老人对他说:"你这孩子相貌不凡,不到六十岁,必然为天下建立大功。"老人说完就走了。可羊祜十二岁的时候,父亲便去世了。

羊祜长大以后,博学多才,善于写文,擅长论辩,在附近很有些名气。而且他面貌潇洒,身长七尺三寸,须眉秀美。郡将夏侯威觉得他肯定不是平常人,便把兄长夏侯霸的女儿嫁给他。

之后,羊祜被举荐为上计吏,州官四次安排他任从事、秀才、五府,但羊祜都拒绝就职。

景初三年(239 年),魏明帝曹叡去世,曹芳继位。曹芳当时只有八岁。大将军曹爽与太尉司马懿受命辅政,两大家族明争暗斗。

正始元年(240 年),曹爽在争斗中占据了一定的优势。曹爽把司马懿排挤在太傅的闲职上,将统领进军、掌管枢要的权力都交给了自己的心腹和兄弟手中,控制了政府的实权。司马懿用韬光养晦之计,假装生病,在暗中加紧布置,准备反击。羊祜虽然年轻,但是他把政治局势看得很透彻,他觉得曹爽肯定不是司马懿的对手。

后来，羊祜和王沈一起被曹爽征辟，王沈劝羊祜："既然人家任命你了，你就赶紧上任吧!"羊祜说道："要我豁出身家性命去为别人卖命，这不是一件容易的事情。"王沈便独自前去应召。由于门第关系，羊祜基本游离于两大家族之间。

正始十年，司马懿发动高平陵之变，诛杀曹爽，夺得军政大权。政变过后，司马懿大举诛杀曹爽的亲信，只要与曹爽有过牵连的人，他都要杀掉。羊祜的岳父夏侯霸为了逃避追杀，只好投降了蜀汉。

王沈也因为曹爽被杀的缘由被罢了官，于是，他对羊祜说："我经常想起你以前说过的话。"

羊祜安慰他道："我当时也没想到曹爽会有这样的下场。"羊祜就是这样，既有先见之明，又不在人前夸耀。在这场灾难中，羊祜和司马氏的姻亲关系，并没有因为夏侯霸的事情受到牵连。

夏侯霸投降蜀国以后，所有的亲属都怕受其牵连，都与其断了关系，只有羊祜安慰家人，就好像什么事情都没有发生一样。

正元二年（255年），司马师病逝，司马昭独揽大权，自为大将军。司马昭征辟羊祜，羊祜没有应征。于是，朝廷公车征拜羊祜为中书侍郎，不久升为给事中、黄门郎。当时魏帝高贵乡公曹髦爱好文学，朝中很多人，为了讨他喜欢，经常献诗赋。羊祜在朝廷之时，虽然身处士大夫之间，但持身正直，从来不亲亲疏疏，因此，受到很多人的尊重。

陈留王曹奂继位以后，羊祜被封为关内侯，食邑一百户。因为魏帝当时年少，羊祜不愿在朝中做官，要求调出宫廷做其他职务，结果改任为秘书监。

魏朝实行五等爵位以后，羊祜被封为钜平子，食邑六百户。钟会受到司马昭宠信以后嫉妒贤能，羊祜也害怕他。钟会被杀之后，羊祜担任相国从事中郎，和司马炎另一位心腹荀勖一起管理国家大事。晋代魏前夕，司马炎调羊祜为中领军，在皇宫当值，统领御林军，兼管内外政事。

咸熙二年（265年）十二月，司马炎称帝，建立起西晋王朝。因羊祜有扶立之功，被进号为中军将军，加散骑常侍，金爵为郡公，食邑三千户。

泰始五年（269年），司马炎调任羊祜为荆州诸郡都督、假节，并保留他的散骑常侍、卫将军原官不变(当时有两个荆州,魏国境内一个,吴国境内一个)。羊祜到任以后,发现荆州的形势并不稳定。老百姓生活艰难,就连戍兵的军粮也不充足。于是,羊祜首先把精力放在开发荆州方面。

羊祜大量开办学校,兴办教育,安抚百姓,与吴国人开诚相待,凡是吴国投降之人,去留可以自己决定。

羊祜在军中,常穿着轻暖的皮裘,系着宽大的衣带,不穿铠甲,平日喜欢打猎钓鱼,常常因此而荒废公务。一日夜晚,他想出城,但遭到军司马徐胤的强烈叱责。后来羊祜正色改容,连连道歉,从此很少外出。

不久以后,羊祜被加封为车骑将军,并受到开府的特殊待遇。羊祜上表固辞,希望皇帝能收回成命。他希望能留在这里,镇守边疆,虽然这里的条件艰苦,但如果有战事发生,也能立即有应对之策,远在朝野的话,光凭快报文书是做不到的。

朝廷没有同意他的辞让,这一年羊祜四十九岁。

泰始六年,陆抗成为吴国在荆州的都督。陆抗是吴国的名将。陆抗的到来,引起了羊祜的警惕和不安。他一面在荆州加紧军事部署,一面向司马炎上表对策。

泰始八年八月,吴主孙皓解除西陵督步阐的职务,步阐害怕被杀,不敢返回见他,九月,献城降晋。陆抗知道以后,立刻派兵围攻西陵。同时晋武帝命令羊祜和巴西监军徐胤率军攻打江陵和建平,西陵之战全面爆发。

有司上报说:"羊祜率军八万多,吴军不过三万,羊祜在江陵按兵不动,错失了攻打吴军的良机。"结果,羊祜因此被贬为平南将军。

西陵之战失利以后,羊祜总结战后的教训:吴国的国势虽然已经衰弱,但还是有一定的实力,特别像是陆抗这样的人才,平吴不能操之过急。于是,他决定采用军事蚕食和提倡信义的两面策略,加强自己,瓦解对方,等待平吴的时机。

羊祜在边境,德名显著,在朝中却受到朝众排挤。他正直忠贞,嫉恶如仇,毫无私念。

咸宁三年（277年），司马炎封羊祜为南城侯，设置相的官职，与郡公同级。羊祜不愿意接受这次加封，司马炎同意了。

羊祜每次被司马炎提拔封赏，都淡然退让，在朝野中有目共睹。他的德操志趣，往往不在官职的行列等次上。所以很多朝中大臣认为，羊祜应该任宰相之位。但司马炎一心想灭吴，将东南军政要务都托付给羊祜，大臣的意见就先被搁置了。

咸宁四年八月，羊祜染病，请求入朝，返回洛阳之时，景献皇后羊徽去世。羊祜悲痛万分，病情更加严重。司马炎让他抱病入见。羊祜再次向司马炎陈述了伐吴的主张。

后来羊祜病患加重，卧床不起，晋武帝多次派大臣前来询问灭吴方略。同年十一月羊祜病逝，享年五十八岁。羊祜死后，举天节哀，司马炎穿着丧服痛哭，追赠羊祜为侍中、太傅、持节如故。

第四章

南北对峙

闻鸡起舞——祖逖

祖逖，字士稚，范阳郡遒县人，东晋军事家。

祖逖出身范阳祖氏。祖家在当地算是大家大族，世代都曾出现被封两千石的高官。祖逖年少时生性豁达，不拘小节，散财慷慨，经常接济贫困，受到乡党宗族的尊敬。成年以后，他发奋读书，学识渊博，当时的人都觉得他有治理天下的才能。

太康十年（289年），侨居阳平郡的祖逖被郡府举为孝廉，又被司隶举为秀才，但都没有上任。后来祖逖和刘琨一起担任司州的主簿。两个人的关系非常好，经常在一起谈论天下大事。两人抱着被子谈话，一谈就是一整夜，互相约定："如果天下大乱的话，我们一定要干出一番大事业。"

元康元年（291年），八王之乱爆发。祖逖得到诸王的重视，先后效力于齐王司马冏、长沙王司马乂、豫章王司马炽，分别担任了大司马府掾属、骠骑将军府祭酒、主簿、太子中舍人、豫章王府从事中郎等官职。

永兴元年（304年），东海王司马越拥晋惠帝讨伐成都王司马颖。祖逖也跟随军队出征，不料部队在荡阴战败，最后逃回洛阳。惠帝被挟持到长安以后，范阳王司马虓、高密王司马略、平昌公司马模都征召祖逖，并委以重任，但他都不肯来受命。后来司马越任命祖逖为典兵参军、济阴太守。但祖逖的母亲恰巧去世了，祖逖守孝不能上任。

永嘉五年（311年），洛阳沦陷，祖逖带着数百家族人和亲信南下，逃避战祸来到了淮泗。在南下的途中，他把马车让给身体不好的老人，把粮食、衣物和药品分给乡众，自己则步行上路。在逃亡的过程中，他们多次遇到强盗袭击,每次祖逖都能应对自如,被同行的人推选为"行主"。到达泗口以后,祖逖被琅琊王司马睿任命为徐州刺史,不久以后又担任军咨祭酒,率领部将屯兵在京口。

建兴元年(313年),晋愍帝即位。当时,司马睿为侍中、左丞相、都督陕东诸军事。晋愍帝命其率领部队去洛阳勤王。司马睿正在建设江南,根本无意北伐。祖逖担心晋室之乱再次发生,于是向皇帝进言,让其灭藩。

司马睿虽然不愿意北伐,但也不好正面反对,于是让祖逖担任奋威将军、豫州刺史,但只给了他一千人的粮饷、三千布帛,让他自造兵器,自己招募军队。

司马睿对北伐并没有太过积极的兴趣,但祖逖不一样,他率领跟随自己南下的宗族部众,从京口渡江北上,并立誓要扫清中原。他渡江以后,驻扎在淮阴,冶铁铸造兵器,招募将士,将部队扩大到两千多人。

当时在兖豫一带有张平、樊雅等豪强占据谯城,建造坞堡,有兵众数千人,只是名义上臣服于司马睿,接受派发的官职。

建武元年(317年),祖逖进驻芦洲(今安徽亳州),派参军殷义去联络张、樊二人。但殷义在游说过程中对张平轻蔑,张平怒杀殷义,并拥兵自守,与北伐军对抗。祖逖攻城不下,使用离间计,引诱张平的部将谢浮,谢浮假借与张平商讨军情之时,杀死张平,率众归降,祖逖进驻太丘。

张平死后,樊雅独自占据谯城。樊雅率领部队夜袭祖逖大营。祖逖临危不乱,沉着指挥,督护董昭英勇杀敌,击退樊雅。祖逖率领部将追讨,但却遭到张平余部的迎击,只好向蓬坞堡主陈川、南中部将王含求助。

陈川和王含派部将李头、桓宣前来助阵,祖逖让桓宣前去劝降张平。桓宣单马进城对樊雅说道:"祖逖北伐需要你的帮助,先前殷义对你轻薄无礼,这并不是祖逖的本意。如果现在和解了,那么你既可以建立功勋,又能保证富贵。如果继续坚持顽抗,朝廷再派出猛将,凭你手下的人,守着这么一座小城,北边还有强贼窥伺,万无一全。"樊雅立即出城归降。

祖逖攻占谯城以后，总算是在豫州站稳了。桓宣、李头率部众返回。不久以后，石虎围困谯城，桓宣来救，于是桓宣就留在了谯城，协助祖逖开展北伐事业。

李头在征讨樊雅时，立下战功，得到祖逖的青睐，常叹："如果能在祖逖手下做事，即使死了也心满意足了。"陈川知道后大怒，杀了李头。李头的亲信冯宠便率着四百多部众投奔祖逖。陈川更加愤怒，派部将魏硕劫掠豫州诸郡，结果被祖逖派兵击溃。陈川异常害怕，便投靠了后赵石勒。

大兴元年(318年)，司马睿在建康称帝，建立东晋，是为晋元帝。

大兴二年，祖逖进攻蓬关，讨伐陈川。石虎则带领五万大军前来救陈川，在浚仪与祖逖交战。祖逖大败，退到梁国，不久之后又退到淮南。石虎洗劫豫州，带着陈川回到襄国，并留部将桃豹驻守蓬陂坞。

大兴三年，祖逖派韩潜镇守蓬陂坞东台。两军对峙四十天，祖逖设计令昭君以为晋军兵粮充足，挫其士气，又在汴水设下埋伏，夺走石勒运给桃豹的粮草，桃豹只好退守东燕城。祖逖命韩潜进占封丘，逼退桃豹，自己则进驻雍丘。

击退桃豹以后，祖逖又多次劫杀赵军，削弱石勒在河南一带的力量。河南境内有赵固、上官巳、李矩、郭默等割据力量，各据一方，经常发生摩擦。祖逖派遣使者调和他们之间的关系，示以祸福，晓以大义，使赵固等人能够听从自己的指挥，成功收复河南以南中原地区的大部分土地。当时还有一些坞堡主，畏惧后赵的势力，不得不臣服于石勒，送家人到襄国为人质。祖逖理解他们的处境，有时还会派出小股部队，假装抄略这些坞堡，表示他们并没有归附晋朝。诸坞非常感激祖逖，经常会帮助北伐军刺探情报。祖逖因此在战场上获得了不少优势，力压赵军。

祖逖礼贤下士，能够体恤民情，将士稍有微功，便会加以赏赐。他生活简朴，带头发展生产，深得民心。刘琨给亲戚写信时，称赞祖逖的威德，晋元帝也下诏擢升他为镇西将军。石勒见到祖逖的势力强盛，不敢南侵,开始议和,边境暂归和平。

祖逖练兵有方,军纪严明,受到各地百姓的支持和响应,仅用数年的时间就收复了黄河以南的大片土地,使得石勒不敢南侵,祖逖因此晋封镇西将军。但朝廷却因为他的实力太过雄厚,对他非常忌惮。

大兴四年,晋元帝任命戴渊为征西将军、都督司兖豫并雍冀六州诸军事、司州刺史,镇守合肥。祖逖虽然觉得戴渊有些才能,但却没有远见,自己辛辛苦苦打下来的江山,却得不到朝廷的信任,心中忧愤。不久之后,祖逖又听说王敦跋扈,朝廷内部矛盾尖锐,担心内乱爆发,北伐之事难成,终于忧虑成疾。

祖逖患病以后,仍然关心军事,抱病营缮虎牢城,在城中建立攻防壁垒。只是壁垒还没有修成,祖逖便病逝,时年五十六岁。

祖逖死后,豫州百姓如丧父母,谯梁百姓为他修建祠堂。晋元帝追赠他为车骑将军,旗下部众归于其弟弟祖约接管。北伐大业也因祖逖的去世而告破。

血性真英雄——桓温

桓温,字元子,谯国龙亢(今安徽省怀远县龙亢镇)人,东晋杰出的军事家、权臣,谯国桓氏的代表人物,晋明帝司马绍的女婿。

桓温是皇帝的女婿,公主的丈夫,如此尊贵的身份,足以让东晋朝的每一个人羡慕不已。但桓温的成功靠的不是自己尊贵的身份,而是真功夫、真本事。桓温有着骄人的功绩,有着征战疆场的威风。可以说,桓温最后显赫的地位,是与他的战功成正比的。

不过,桓温能成为晋明帝的女婿,也不单是靠战功,有功绩的人多了,并非谁都可以当皇帝的女婿,没点过人的本事,皇帝能瞧得上?况且,桓温的出身并不是那么的显赫。

桓温少年时,父亲桓彝是宣城的太守,家境还算殷实。但好景不长,327年,东晋发生了"苏峻之乱",桓彝发誓要捍卫朝廷,于是带军驻守泾县。在和叛军对峙一年多后,城池失守。桓彝在撤退的途中被奸细出卖,壮烈殉国,那时,桓温只有十五岁。

桓温得知父亲的死讯后,哭得天昏地暗,眼泪中带血。数日后,他指天发誓,一定要报杀父之仇,严惩杀死父亲的人。桓温经过多方调查得知,泾县的县令江播参与了杀害父亲的行动,可是在叛乱平息之后,朝廷非但没有惩罚他,反而赦免了他。一怒之下,桓温决定自己去杀江播。

桓温自知武艺不精,便决定先练武功,等练好之后,再去杀江播。可当桓温认为以自己的武功可以去杀江播的时候,却传来江播病死的消息,之前的努力成了一场空。但桓温转念一想,既然杀不了江播,干脆就杀了他的儿子来祭祀父亲。于是,他拿上兵器,诈称前来吊孝,进入了江家灵堂,杀了正在为江播守灵的三个儿子。父仇已报,桓温镇定离去。

在东晋那个时代,为复仇而杀人,不但不用负法律责任,反而广受称赞。更何况桓温杀的还是逆贼的后人,一时之间,桓温在全国出了名,人人拍手称赞。

这件事很快就传到了晋成帝的耳中。后来,晋成帝不但亲自接见了他,还把他招为驸马,将姐姐南康长公主许配给了他。

桓温之所以能够脱颖而出,成为驸马,相貌是其中的一个原因。桓温相貌堂堂,十分魁伟。当然,这并不是主要的原因,重要的是,桓温自小"有奇骨",父亲的好友温峤称他为"真英雄",断定他将来是个人才。他的好友刘惔也曾赞叹桓温,说孙权和司马懿与他相比,都要略逊一筹。这样的人能成为驸马,也是理所应当的。

桓温成为驸马之后,很多人都劝晋成帝不要像对待其他驸马一样对待桓温,因为桓温可以担当重任,为朝廷建立功勋。

在一般人看来,桓温现在有权、有势、有家族荣誉,并且又是皇亲国戚,已经拥有很多人都得不到的富贵了,按理说应该安享豪奢生活了,但他并不满足,他认为没有上进心的贵族毫无价值,大丈夫就应该建功立业,功载史册,留名千古。

于是,桓温决定靠军功为自己建勋。当时,成汉政局不稳,皇帝荒淫无道,于是他决定消灭成汉政权,但是,蜀地艰险偏远,不容易征伐,而且桓温的兵马又少,不适合强攻。但是,桓温立功心切,草率地上了一个奏章,就率兵出发了。好在老天保佑晋军,桓温初战大捷,一路打到成都,最终消灭了成汉,把打下的城池划入东晋的版图,赢得了老百姓的拥戴。

从此,桓温对征讨着了迷。不久,后赵君主石虎病死,桓温认为这是立功的机会,就上书晋穆帝请求北伐,而朝廷此时担心桓温功勋日增,心存异心,便没有同意,反而派一直与桓温争强的殷浩领军北上。桓温知道朝廷故意压制自己,非常生气,但他知道殷浩的能力,所以并不担心。之后，他自行招兵，调配资源，上表北伐，而且不等回复便自行出征，天下震惊，司马昱写信力劝，他才带兵返回荆州。

殷浩果然是徒有虚名，率兵几次北伐，屡战屡败，军用物资也快用完了，朝野上下不满之人不断增多。桓温便趁此机会，上表请求将殷浩撤回，在朝廷的怨气中，晋穆帝只好同意让桓温领兵前去，并贬殷浩为庶人。于是，本是打击桓温的一场阴谋，反而打击了桓温的对手。

354 年，桓温统率四万晋军，从江陵出发，攻打前秦，前秦的君主苻坚也派出五万士兵奋力抗战，结果被桓温打得只剩六千老弱兵，无奈之下，只好撤回国都长安，命人一面挖沟筑壕，严防死守，一面转移人口物资，抢收麦田。桓温本来已经将长安团团围住，再有几天的时间就可以把苻坚打败，但由于军粮不够，只好怀着遗憾返回东晋。

两年后，桓温第二次率军北伐，打下了西晋故都洛阳，于是他劝晋穆帝还都洛阳，可朝廷一方面偏安久居，贪图安逸，另一方面担心桓温"挟天子以令诸侯"，就没有同意。最后，桓温只好挥师还晋，洛阳又重新落入北方胡族的手中。

桓温两次北伐都功亏一篑，他心有不甘，于是在 369 年，率领五万晋军进行第三次北伐，这次讨伐的是前燕。由于前燕军队切断了晋军的军粮，桓温不得不撤退，中途又被前燕的八千铁骑打败，损失三万多人。桓温再次含恨而回，深感耻辱。

作为一名武将，桓温有着光复中原的壮志，可惜，却遭受朝廷百般压制。他自己能力过人，手握大权，实在不甘心就这样碌碌无为地活下去。于是，随着权力越来越大，他的内心掀起了波涛汹涌。

一天，他在床上躺着，忽然间坐起说了一句话："大丈夫既然不能流芳百世，为何不遗臭万年！"一位幕僚知道了他的想法，向他献计说："要想提高自己的威望，就得学西汉霍光的办法，把现在的皇帝废了，自己另立一个皇帝。"

那时候，晋穆帝已经去世，在位的皇帝是司马奕。于是桓温带兵进入建康，把司马奕废了，另立晋穆帝的小儿子司马昱（后来的简文帝）为皇帝，桓温自己当起了宰相，带兵驻守在姑孰（今安徽当涂）。

废旧帝立新帝,这不是董卓玩过的把戏吗?而且,他还说,既然不能流芳百世,不如遗臭万年,所以有人将这些作为桓温想要篡位的证据。然而,这样做推断未免太过武断。想一下,朝廷一开始是如何对待桓温的?桓温想报效国家,屡次上书北伐,朝廷却怕他功高盖主,不好控制,所以就找人代替他,可惜殷浩屡战屡败,朝廷不得不派桓温出征,桓温因此才得以掌握大权,开始了三次北伐之旅。如此想来,桓温行兴废之事也在情理之中了,作为一个有血性的男人,谁想如此被压制?而且,桓温说"遗臭万年",也是当时对自身处境的绝望之语,他倒是想"流芳百世",可惜处处受限!而且,他后来也用行动证明了他的初衷。

简文帝驾崩后,桓温带兵进入京都建康,来势凶猛,朝中官员都认为桓温要发动兵变,逼宫自立。但是,桓温是一个性情中人,他豪爽不失风度,客气地将王坦之和谢安请到府中,与两人喝酒畅谈一番后便散去。如果桓温真的有逆反之心,像他这样血气方刚的人,会这样轻易罢休吗?桓温完全有能力篡位,但是他直到病逝也没有这样做。

以弱胜强——谢玄

谢玄,字幼度,陈郡阳夏(今河南太康)人,东晋时期军事家,谢衷之孙,谢奕之子,谢安之侄。

谢玄出生于魏晋顶级门阀谢氏家族,自幼聪慧,并且理解能力极强,被叔父谢安所器重。谢安曾问自己的子侄们:"我们家的孩子并不需要出来参与政事,为什么还要每个人都拥有才能呢?"大家都不知该如何作答,这时谢玄却巧妙地回答说:"就像芝兰玉树一样,总想使它们生长在自家的庭院中。"谢安听了之后非常高兴。

谢玄年少时并没有将军相,他喜欢佩戴紫罗香囊,谢安为此很是担心,他既想让谢玄改掉佩戴紫罗香囊的毛病,又不想伤害谢玄的自尊心。于是,在一次游戏时,谢安将紫罗香囊作为和谢玄博戏的筹码,设法把香囊取到了手中,然后当着谢玄的面把它丢到火中烧掉了。谢玄一下子明白叔父是不喜欢那类物件的,从此再也没有佩戴过这一类东西。

谢安不喜欢他佩戴的原因有两种:其一,作为谢家子弟,将来一定要成为顶天立地的男子汉,承担起国家的重任,而佩戴香囊会让人有一种女性的阴柔之气,这是他所不愿看到的;其二,谢家当时是名门望族,家族中不缺乏名士,如谢安、谢万皆闻名于世,但唯独缺少一个将才,谢玄是谢安予以厚望的人,所以,谢玄的这种性格让谢安感到担忧。

谢玄倒也不辜负谢安的一番苦心,长大后展现出了超人的经国才略。

当时,前秦苻坚势力强盛,多次侵扰东晋边境,东晋朝廷急需能够抵御外患的良将。谢安用人不避亲,于是推荐了谢玄。中书郎郗超历来与谢玄不和,但听到这一举荐后,也认为谢玄一定不会辜负他叔父的推荐。郗超曾和谢玄一起在桓温将军手下做过事,见识过谢玄的能力,即使一些琐碎的小事,谢玄也能处理得恰如其分。

于是,谢玄被朝廷任命为建武将军,监管江北各地的军务。

谢玄上任后,开始大量招募意志力顽强、勇敢的人,刘牢之因为勇敢、威武被选中。谢玄以刘牢之为参军,领精锐为前锋,百战百胜,号称"北府兵",能征善战,特别能吃苦耐劳,成为东晋最为精锐的一支武装力量。

谢玄抵御前秦的"淝水之战"就是历史上最著名的以少胜多的战役,这是东晋与前秦之间发生的一场关乎东晋朝生死存亡的决定性战役。结果,完全处于劣势的东晋军击溃了前秦军,不仅保住了自己的江山,还使前秦王朝灭亡了。

太元八年(383 年),苻坚亲自率军驻足在项城,号称有雄兵百万。前秦凉州之军抵达咸阳,向南顺流,幽、并二州的军队也接连而至。苻坚让苻融、慕容暐、张蚝、苻方等人屯驻颍口,梁成、王显等屯驻洛涧。

东晋君主孝武帝则命谢玄为先锋,率领八万士兵与苻坚的军队抗击。

谢玄派刘牢之率五千士兵奔袭洛涧,首战告捷,很快就斩杀了苻坚的部下梁成和其弟梁云,敌人的步骑兵争着渡过淮水逃跑。接着刘牢之又派兵追击,活捉敌将王显、梁悌、慕容屈氏等,获取其军用物资。

后来苻坚在淝水沿岸的位置布阵列兵,谢玄的军队无法渡过淝水。这时,谢玄派使者对苻融说:"您孤军深入,从那么远的地方来到我们的疆土,却在淝水边上列阵,看来是不想迅速交战,而是准备和我们长久相持啊。如果你们能将兵阵移动,稍微退后一点,让我们的军队渡过河去,同你们一决胜负,不也是很好的事情吗?"

听使者说完,苻坚的部下对苻坚说:"我们应该凭借淝水把他们堵在河对岸,我们人多,他们人少,不如阻止他们,使他们不能上岸,这样可以万无一失,情势一定会有利于我们的。"

符坚却说:"只管让军队退后,让他们过河,等到他们渡河渡到一半的时候,我们就派出骑兵把他们全部赶进河里去,彻底消灭他们。"符融也这样认为,于是指挥秦军向后退,谁知后退的命令一发出,前秦的军队一下子就乱了阵脚,再也控制不住了。原因是已经投奔了谢玄的秦将朱序(朱序本是东晋将领,379年被俘投秦,淝水之战时趁机回归东晋)在符坚军队后面高声呼喊:"秦军败了!"士兵们听到后就狂奔乱逃。

在此情况下,谢玄与谢琰、桓伊等人带领八千精兵渡过淝水攻击前秦军。符坚中箭,符融骑着马本来想追赶逃跑的士兵,结果战马倒地,被谢玄的士兵杀死。符坚的军队溃败而逃,谢玄等人乘胜追击,一直追到青岗,符坚的军队大败,自相践踏,投水而死者不计其数,淝水因此堵塞不通。

符坚剩下的其余人马抛弃铠甲连夜逃走,一听到风声或者牲畜的叫声,都以为是东晋的军队追来了,整天过着风餐露宿的生活,冷饿交加,死亡的人有十分之七八。

在这次战役中,晋军缴获了符坚乘坐的战车,以及秦军所有的军用物资,牛、马等牲畜十万余头。

不久,谢安上奏朝廷,说应该趁着符坚军战败的机会,让谢玄为前锋都督,率兵再次攻打符坚,争取一次性彻底消灭前秦军。于是谢玄又率兵攻打符坚的鄄城、青州、黎阳三地,最终这三地都成功归顺东晋。

之后,谢玄领兵开拓中原,先后收复了今河南、山东、陕西南部等地区,与吴兴太守张玄之并称"南北二玄",被世人所称美。

谢玄文武兼备,立志挽救危亡,恢复国家之兴盛,可惜壮志未酬身先死。谢玄于太元十三年(388年)因病逝世,终年四十六岁。

气吞万里如虎——刘裕

刘裕,字德舆,小名寄奴,京口(今江苏镇江)人,南北朝时期宋朝的建立者,史称宋武帝,中国历史上杰出的政治家、军事家。

据说,刘裕曾经一个人骑着马、拿着刀,杀进了叛军头领孙恩的军营中,千余人被刘裕的一人一刀吓得四处逃窜,可以说刘裕创造了一个奇迹,甚至有人认为刘裕超过了三国时期的关羽和张飞。正是这样一个骁勇善战的猛将,结束了晋朝的统治,建立了宋王朝。

人们都知道辛弃疾是南宋词人,他在年轻时也是胆略过人,曾经率领五十余人杀入叛军的城中,活捉了叛徒张安国之后,还能全身而退。他的胆量和气势,不是一般人可以比的。像辛弃疾这样的英雄,能用"想当年,金戈铁马,气吞万里如虎"这样的词来赞颂刘裕的北伐,可见,刘裕定是有惊人的本事的。

在古代,大多数布衣君王出生时,天上总会有异象出现,如红光满天。但刘裕的出生不但没有这方面的记录,而且他的出生还导致母亲去世。

刘裕出生时,他的家庭条件并不是很好,他的父亲刘翘只是一个小官吏,儿子一出生就克死了母亲,估计他看见这个孩子就生气,于是就把刘裕扔到了门外。

这时,刘裕的贵人出现了,对于这个人,历史上有两种说法:一说这个贵人是刘裕的姨娘;另一种说是婶娘,但不管是姨娘还是婶娘,反正就是她把刘裕抱到了自己的家中。她对刘裕非常好,为了养活刘裕,把亲儿子的奶都断了，用来喂刘裕。虽然史书上对她的记载只有寥寥几笔，但她的作用是巨大的，起码因为她，刘裕才能活下来，才能建立宋王朝。

刘裕在贵人家中生活两年后，可能刘翘良心发现了，便把刘裕接回了家中。刘翘死后，年幼的刘裕便沦落到靠卖草鞋为生。不过，刘裕少有大志，一心想要做一番惊天动地的大业。带着如此雄心壮志，刘裕年轻时从了军，但由于出身行伍，在门阀政治根深蒂固的东晋，很难进入上层名流之列。

但是，平定桓玄之乱以及剿灭卢循叛军，使刘裕成为朝廷的顶梁柱。而当他觉得自己可以独步天下的时候，却萌生了篡位的野心。不过这个时候，他扮演的还只是一个能够力挽狂澜的能臣干将的角色，他知道要想坐上那把至高无上的龙椅，还需要足够的政治资本，于是，他想到了北伐。

可以说，北伐是最能牵动晋朝人心的事了，谁能收回祖国的江山，谁就会赢得万民拥戴。而对刘裕来说，北伐还多了一层特殊的意义。那就是，北伐的胜利将会从根本上掩盖自己卑微的出身，能够为他赢来梦寐以求的被门阀士族所接纳的政治资本。

409年，南燕的主人慕容德去世，侄子慕容超继承了他的职位后，放纵手下的士兵抢劫百姓。为了树立更高的威望，慑服朝中群臣和与他一起讨伐桓玄的刘毅、诸葛长民等人，刘裕趁这个机会向朝廷上书请求"伐燕"。其间，朝中大臣大多持反对意见，只有仆射孟昶、车骑司马谢裕、参军臧喜三人认为一定要攻打南燕，支持刘裕北伐。

三月，刘裕统领晋军北上。

南燕的大将公孙五楼见晋军威猛，便建议慕容超控制大岘，用坚壁清野的方法来困住晋军，使晋军不攻而退，但是这个策略被慕容超拒绝了。

刘裕却看准了这个时机，率军冒险渡过大岘的险要地段，攻下了临胸,缴获了大量的军用物资。紧接着,晋军迅速进攻,直逼南燕的国都广固。而慕容超一直躲在城中坚守不出,双方进入了相持阶段。

此时,刘裕一方面让晋军多处筑建围墙,包围广固,用南燕的粮食来充实自己的军队;另一方面招纳南燕的降将,争取民心,采取离散敌方内部力量的策略。果然,招降的方法见效了,南燕大将桓遵兄弟以及徐州刺史段宏相继归附,而且晋军还俘虏了南燕的尚书郎张纲,最后刘裕正是利用张纲所设计的攻城器械拿下了南燕的国都,活捉了慕容超。刘裕本想继续进军,却发生了当时割据岭南的卢循北上之事,只好返回建康抵御,结果大败卢循。接着,他又率兵南下,彻底解决卢循割据之事,并因此而威震天下。

415 年,刘裕击溃司马休之,攻破江陵、襄阳,司马休之被迫逃亡北方。至此,南方实现了百年从未有过的统一。但是,刘裕并不满足,他的梦想是统一天下。

第二年,刘裕安排自己的"萧何"刘穆之留守建康把持朝政,自己率军再次北伐,准备消灭后秦政权。此后,刘裕率领大军进入秦境,一路所向披靡,其间,刘军与北魏政权发生冲突,刘裕设下"却月阵",以步制骑,以两千多步兵击破北魏三万精骑,使得北魏不敢插手此次战争。"却月阵"对地形的要求非常高,一旦有误,就有被敌军从侧翼穿插或者从后方包抄的危险。如果当时北魏骑兵避实击虚,从后面突袭,刘裕的"却月阵"就发挥不了作用。不过,刘裕正好利用了敌军急于求成的心理,所以能恰好发挥此阵的威力。

此后,刘裕一鼓作气,攻下洛阳、长安,并准备以长安为基地,进攻西凉等国。然而,此时建康却传来了刘穆之病死的消息,刘裕再三思考后决定撤军。在战争形势大好的关键时刻,刘裕为何会退兵呢? 这就像是在玩游戏,玩得正起兴,接二连三地赢,怎么会突然离开呢? 一定有比这个更重要的事情。有人说他是担心后方不稳,还有人说他着急称帝,无论怎么说,都是来自后方的压力。可惜的是,他走后不久,长安得而复失,精兵良将损失惨重。不过,即使如此,刘裕的北伐还是取得了极大的成功,他先后受封为相国、宋公,爵位在诸位王侯之上。

418年,刘裕终于做出行动了,他派心腹刺杀安帝,改立司马德文为傀儡皇帝。两年后,刘裕又逼迫司马德文让出皇位,改国号为宋,是为宋武帝。

万里长城——檀道济

檀道济,汉族人,南朝宋将领,祖籍高平金乡(今山东金乡县),出生于京口(今江苏镇江)。

檀道济出身寒门,自幼父母双亡,跟着哥哥、姐姐一起长大,十分乖巧,因此受到人们的称赞。后来,檀道济与兄长一起踏入沙场,跟随刘裕东征西讨,先后参加了镇压孙恩、平定桓玄之乱等诸多战役。经历了这些战争的磨砺,檀道济的军事才能大有长进,被加封为冠军将军。

义熙十二年(416年),刘裕北伐,檀道济任先锋,从淮河、肥水出发,势如破竹,一直攻打到洛阳。最后,洛阳守军投降,共俘获四千余人。

这样一来,就产生了一个问题:如何处置这些俘虏?

有人建议将俘虏处死,然后将尸体堆在一起筑为"京观"(古代为炫耀武功,聚集敌尸,封土而成的高冢)。他们认为这样做既省粮食,又壮军威。

然而,檀道济却认为,与其立军威,不如趁机安抚百姓,收拢人心,于是将俘虏全部遣散回家。各部族深受感动,很多人前去投奔。

刘宋建立之后,檀道济因功先后被封为护军将军、丹阳尹、镇北将军、南兖州刺史。刘裕去世后,檀道济更是与徐羡之、傅亮、谢晦一起被封为顾命大臣,拥立少帝继位。可惜,少帝游戏无度,荒废朝政,为了保证朝政的稳定,徐羡之等人便密谋废黜少帝,迎立刘裕第三子刘义隆(后来的宋文帝)继位。他们托辞让檀道济入朝,将密谋告诉他。

在废立前夜,檀道济与领军谢晦同住一屋。谢晦心怀恐惧,辗转难寐,而檀道济却鼾声如雷。相比之下,心态高下自现。

几年之后,宋文帝逐渐掌控了朝中大权,但是他的疑心很重,他本身是因臣子行兴废之事而坐上皇位的,所以十分忌讳大臣擅行帝王废立之事,为了保证政由己出,他开始彻查当初废立少帝之事,结果,徐羡之畏罪自缢,傅亮被诛杀。这样,四个顾命大臣就只剩下谢晦与檀道济了。

面对这种情况,谢晦十分恐慌,害怕自己也会落得如徐羡之、傅亮那样的命运。在恐惧面前,人往往能迸发出勇气。恐慌之下的谢晦,最后鼓起勇气在荆州拥兵三万,自立了。

这时,宋文帝来了一招,他将檀道济召回京师,告诉他,当初的废立之事与他无关,不会追究他的责任。不过,前提条件是:打败谢晦。檀道济答应了,毕竟他是忠于宋室的。

但是,谢晦并不好对付,当年武帝北征时,有很多计策就是由他提出的。不过,檀道济并不担心,他很了解谢晦,知道他有谋略,但实战经验不足。果然,檀道济率领数万精兵,溯江而上后,成功将谢晦击败。此战之后,檀道济因功被封为征南大将军,任江州刺史。

元嘉七年(430年),宋军与魏军交战,先胜后败。十一月,文帝派檀道济统兵北上,增援宋军。次年一月,檀道济行军至寿张(今山东省东平),与魏军遭遇,进行了激烈的战斗,最终大破魏军。在之后的二十天多天内,宋军和北魏军队大战三十余次,胜多败少,最终到达历城(今山东济南)。

当时,在北魏军中有一个名为叔孙建的将领,这是一个有谋略的人,他一边督促军队与宋军正面作战,一边派出轻骑绕到宋军的后面,出其不意,烧毁了宋军的粮草。行军打仗粮草为重,没了粮草再强悍的军队也会军心大乱。无奈之下,檀道济只能下令撤兵。

在战争动荡的年代,总有这么一种人,他们喜欢做"墙头草",觉得事情不妙,就马上投敌叛国。檀道济的军中就出现了这样的败类。他们跑到魏军那里,告诉他们宋军已经没有粮草,准备撤兵。魏军本着"宁可信其有、不可信其无"的原则,采取行动,最终将准备撤退的宋军包围了。

面对千钧一发的形势，檀道济却镇定自如，而且他还让将士们扎营休息。难道这是要出奇制胜？果然，到了晚上，他让将士们将仅有的粮食盖在了沙子上，"唱筹量沙"，将沙子充作粮食来计量，并大声喊出称量出的数字，制造假象，最终成功地迷惑住了敌军。

魏军相信这些后，宋军的叛徒就惨了，因为在魏军的眼中，这些来告密的人"身在魏营心在宋"，是檀道济专门派来诱骗他们上当的。于是，叛徒们就"壮烈牺牲"了。

天亮之后，宋军在檀道济的带领下大摇大摆地向南转移了。而魏军呢？一是害怕有埋伏，二是受檀道济威慑，他们只是乖乖地待在一旁，眼睁睁地看着宋军撤离。

此战之后，檀道济威震北魏，北魏将领提到他无不咬牙切齿，同时又表现出畏惧。南朝宋则因檀道济的存在而获得安宁。

时光流逝，檀道济在朝中的威望也越来越高，心腹众多，且都是百战之将，如薛彤、高进之；而且他的几个儿子也都是有才之人。从某种程度上说，檀道济在朝中的威望或势力，已经达到极点。然而，树大招风，当一个人太惹人注意，就会引来麻烦。此时，朝廷中的某些官员以及文帝对檀道济已经有了猜忌。

古人云："人生不满百，常怀千岁忧。"人往往活不到一百岁，却总是忧虑一千年后的事情。现实中有许多人活着的时候为了一些事情绞尽脑汁，油尽灯枯之际，仍对后事念念不忘。尤其是古时站在世人之巅的帝王们，为了权利，为了稳固自己的江山，他们会在临死之前作出一些安排，甚至还会酿造出人间悲剧。檀道济就是在这样的荒谬中湮灭的。

元嘉十二年（435 年），文帝病重，长时间内未有好转。这时，文帝的身旁总会发出这样的声音：您死后，他说不定会成为另一个"司马懿"。

众所周知，三国时期，曹魏政权建立，但在曹操、曹丕死后，司马懿因功高盖主，逐渐掌握朝政，最终其孙司马炎改朝换代，建立晋朝。

文帝为此十分不安，常常问自己："我死后，谁来节制檀道济呢？"他怕自己死后，檀道济不好控制，于是诏檀道济回京。出发前，檀道济的妻子担心道:"震世功名,必遭人忌,古来如此。朝廷今无事相召,恐有大祸。"檀道济则不以为然:"我率师抵御外寇,镇守边境,不负国家,国家又何故负我心。"于是坦然入京。

巧的是,他刚入京城,文帝的病情又出现了好转,他认为自己死不了了,于是就对檀道济多加抚慰。谁知檀道济准备启程时,文帝的病情又加重了。刘义康(刘裕第四子)便伪造诏书召檀道济入宫,以收买人心、图谋不轨的名义将檀道济逮捕,随之逮捕的还有檀道济的十一个儿子以及薛彤、高进之等大将。最终,这些人都未能幸免于难。

檀道济临死前,愤怒地说了一句话:"你们这么做就是自毁长城!"后来,事实证明确实如此。不过,当凶手明白后,已为时晚矣。

元嘉二十七年(450年),北魏大举进攻宋朝,到达长江北岸。面对强敌,宋文帝站在城墙之上,只能长叹一声:"如果道济还在,怎么会到这个地步!"真是可悲又可笑!

行间高手——韦孝宽

韦孝宽,名叔裕,字孝宽,京兆杜陵(今陕西西安)人,南北朝时期西魏、北周杰出的军事家、战略家。

在军事领域,韦孝宽能攻能守,战术、谋略无一不精。不仅如此,他在使用间谍、实施反间计上,中国古代名将中没有人能比得过他。

韦孝宽出生在一个官宦世家,性格沉敏和正,好读经书和正史。由于他从小用字作名,所以都叫他韦孝宽,很少有人称他为韦叔裕。

他在年少时就表现出了出色的军事才能。二十岁的时候,他正好遇到萧宝寅发动叛乱,因为是官宦家庭出身,见到有立功的机会,便请求前去征讨。朝廷很欣赏他的这种行为,马上就准许了。在这次战斗中,韦孝宽立下了功绩,被拜为国子博士。此后,近十年中,韦孝宽因战功多次受到提拔。

西魏大统四年(538年),东魏将领段琛、尧杰占据了宜阳,并派牛道恒诱惑边境上的西魏百姓。为了解决这个问题,韦孝宽派间谍截取了牛道恒的一封书信,通过模仿牛道恒的笔迹,写了一封牛道恒写给韦孝宽的书信。

信中的大致内容是牛道恒向韦孝宽暗表忠心,强烈希望归顺西魏,希望韦孝宽同意。然后,韦孝宽又在信上仿造出了火烧的痕迹,意思是牛道恒是在烛光下写的这封信,由于心神不定,烛灰落到了纸上烧出了痕迹。韦孝宽不愧是"造假"的高手,懂得通过细节来制造逼真的假象。

后来,这封伪信就被韦孝宽派间谍带给了段琛。

段琛看过之后,果然开始提防牛道恒,对他所提供的建议一概否决。韦孝宽成功离间了他们二人后，便趁机出兵强攻，一举将他们擒获。

这次的行动之所以能够顺利完成，有一个重要的因素——间谍。正常情况，牛道恒的书信是不可能送到段琛手里的，那么想要成功传达书信，又不引起段琛怀疑，送信的方法只有两种：一是使用"反间"，让段琛的间谍来盗书信；二是使用"死间"，即派人假装误传书信，这样送信人难免一死。所以说，将信送到段琛手里是有一定的难度的，可见，韦孝宽的能力不同寻常。

韦孝宽对间谍的使用可以称得上出神入化，他总是能打入敌人内部，从事破坏敌人的一系列活动，或是搜集敌方的机密情报。据说，只要是韦孝宽认为的假想敌，其身边都有他设下的间谍人员，而且，这些被他安插在各处的间谍都对他忠心耿耿，绝无二心。

因为韦孝宽的间谍多，所以他得到的消息又多，又快，又准确。

东、西魏变成了北齐、北周后，韦孝宽所布下的间谍几乎密布北齐，所以，北齐有任何的风吹草动，北周朝廷都会提前知道。

当时，韦孝宽有一个视为心腹的大将，名为许盆，奉命看守北周的一座城池。谁知道他竟做了叛国贼，将城池献给了敌人，投降了北齐。真是期望越大，失望越大。韦孝宽怒了，于是派间谍前往北齐，没过多久，间谍就带着许盆的人头回来了。

此外，韦孝宽还十分擅长打防御战。

546年，东魏丞相高欢对西魏发动战争，目的是攻下军事重地玉璧地区，从而打开西进的道路。当时，韦孝宽率兵守护城池，高欢便在玉璧城南筑起土堆，试图居高临下，随时破城而入。为了对付高欢，韦孝宽将城中的两座高楼用木头加高，昼夜监视高欢的人，并准备了大量的防御兵器。当高欢所堆的土堆越来越高时，城内原本就很高的两座高楼也在韦孝宽的指挥下，被接得越来越高。于是，高欢派人向城中喊话："即使你们把楼接得再高，我们仍然能够破城降服你们。"高欢有如此底气，是因为他还在秘密地让人在城南挖地道。

终于，高欢的士兵挖通地道进城了，可是当第一个士兵从地道钻出来后就吓破了胆，因为他看到的是早就在外面等候着的西魏守军。

原来，在高欢让人挖地道的同时，韦孝宽便监视到了，于是他下令挖长壕挡住高欢的地道，并派士兵在长壕内守株待兔，来一个杀一个，来一群杀一群。除此外，韦孝宽还让士兵准备好柴草、火种，当敌军出现在地道中，就把柴草放进地道内点燃，再使用工具往地道里面吹风。这样，地道内的敌军就倒霉了，即使不被热死也得被烟熏死。

高欢此计失败后不甘心，又命人制造战车，准备火攻玉璧。对此，韦孝宽以柔克刚，用缝制好的布幔（布制的帷幕）悬置在高欢战车的前方，使战车不能进入。战车受阻，高欢命人捆绑松木，浇上油，点着火，准备烧掉韦孝宽挂满布幔的城墙。一计对一计，韦孝宽于是下令做铁钩，装上利刃，这样在很远的地方就能将着了火的松木斩断。

松木烧城计划再次失败，高欢倒是坚持不懈，他又让人在城墙的东、西、南、北四个方向共挖了二十一处地道，为了防止城墙倒塌把自己的人埋到里边，就用木柱支撑，然后再往木柱上浇油，放火焚烧。当木柱焚毁后，地道坍塌，城墙也就随之坍塌了。

作为一名优秀的军事家，迅速的反应能力是必须具备的素质之一。城墙坍塌的地方很快就被韦孝宽换成了木栅栏，敌军依旧无法攻破。

高欢用尽了办法，仍然无法攻进城内，无奈之下，他决定使用劝降之计。他派使者对韦孝宽说："你看，我们都打了这么长时间了，你的援军到现在还没来，你还是投降吧。"韦孝宽霸气回复："堂堂男儿，决不投降！"

高欢见此计不行，又使用离间计。他在纸上写道："韦孝宽现在是高官厚禄，所以才这么卖命，你们何必要替他赴汤蹈火呢？只要你们杀掉韦孝宽，我便给你们高官厚禄。"然后，把纸条绑在箭上射进城内。韦孝宽"以其人之道还治其人之身"，他也在纸上写道："杀死高欢者，也照此奖励。"

高欢企图瓦解韦孝宽士兵的军心未能得逞，便把韦孝宽的侄子捆绑到城下，将刀放在他的脖子上，向城中喊道："你们若是不投降，我就

133

杀死他。"

亲情总是人心深处最柔软的地方,韦孝宽虽然很想救侄子,但他还是顾全大局,没有因为私情而投降。他的行为感动了守城的将士,坚定了他们与城共存亡的信念。而这个结果是高欢所没有想到的。

西魏守军在韦孝宽的带领下,坚守奋战了六十天。而高欢的将士在这期间死伤七万,他自己也在承受了精神和肉体上的双重打击后,一病不起,最后只能黯然退兵。两个月后,高欢郁郁而死。这一战后来成了军事史上像教科书一样的防守案例,而且此战间接导致东魏(以后的北齐)的衰落。

不过,相对于防守,韦孝宽的反间计更令人佩服。

550年,文宣帝高洋废东魏皇帝建立北齐。557年,宇文觉废西魏恭帝自立,建立北周。东、西魏从一开始就打仗,改头换面后,北齐和北周仍是如此。这两国都有大将,在西魏变成北周时,韦孝宽就为北周立下了功劳。在北齐,与韦孝宽相对应的就是斛律光,由于北齐和北周的频频交战,他们两个就成了战场上的老对手。

他们第一次交战,韦孝宽败了;第二次韦孝宽还是失败了。于是他苦苦思索,怎样才能打败斛律光。最终他还是使用了最拿手的反间计。

当时,北齐有一位大臣名为祖珽,因为被斛律光陷害,失去了双眼,所以对斛律光怀恨在心。北齐还有一位显贵叫穆提婆,北齐的皇帝曾要赏他一块土地,可惜被斛律光所劝阻,最终北齐王没有把土地赏给穆提婆,所以穆提婆对斛律光也心怀不满。

于是,韦孝宽就利用这点去对付斛律光。他派人到北齐去散布斛律光要造反的歌谣。其一是"百升飞上天,明月照长安","百升"是一斛,"明月"是斛律光的字,意思就是"斛律光要做天子"。其二是"高山不推自崩,槲树不扶自竖","槲树"影射斛律光,北齐王姓高,"高山"影射北齐王,意思是"北齐王要被斛律光代替了"。当祖珽和穆提婆听说这些后,便迫不及待地上奏北齐王弹劾斛律光。此时,斛律光正在战场上和敌人厮杀,却无端地被北齐王猜忌起来。北齐王本就昏庸,当然经不起调唆,最后竟然将斛律光诱杀。

韦孝宽离间成功后,北齐再也没有可以和韦孝宽抗衡的将领了。不久,北齐宣告灭亡。

北周末年,国丈杨坚(隋文帝,隋朝的创立者)想谋朝篡位,北周大将尉迟迥也趁势发动叛乱,当时尉迟迥有很多支持者,给杨坚造成了很大的阻碍,但幸运的是杨坚争取到了韦孝宽。后来,韦孝宽三个月内荡平了尉迟迥,为杨坚建立隋朝奠定了最坚实的基础。

谯国夫人——冼夫人

冼夫人,广东南部越族人,是梁、陈、隋三朝时期岭南部落首领,历史上被称为"谯国夫人"。

梁天监十一年,冼夫人出生于高梁郡冼氏家中,她本名阿英。

史书中记载,冼家世代是南越的首领,部落十几万人。冼夫人从小聪明贤明,能行军用师,令众多部族信服。她经常劝族人多行善事,相互之间要信义团结。

当时越人经常互相争斗,冼夫人经常对他们进行劝慰,止息干戈,海南、儋耳有很多部族都归顺了她。

梁大同元年(535年),冼夫人二十四岁时,罗州刺史冯融听闻冼夫人很有才识,便让自己的儿子高凉太守冯宝娶其为妻。冯融原本是北燕苗族后裔,先祖冯业率领部族的人到了这里,定居新会,历任牧守,最后传到了冯融。由于是外人,冯融不被高凉人所信服。

冼夫人到后,让部族遵守当地的风俗习惯。每当她和冯宝一起审理案件的时候,本族人犯法,也是依法办事,不徇私情。慢慢地冯氏在当地的威信才建立起来。

梁太清二年(548年)八月,投降了梁朝的东魏大将侯景在寿阳反叛梁朝。梁朝按照羊侃的计划应在采石矶阻挡叛军过江,另一支精锐的部队袭取寿阳,断其后路,这样叛军就自然瓦解了。可惜朝廷不用此计,却让与侯景有勾结的临贺王萧正前去抗敌。萧正表面忙于备战,暗地里却将大量的物资送给了侯景,让侯景顺利过江,把梁武帝围困在台城。

当时广州都尉萧勃前去解围,高州刺史李迁仕称病不肯去,却派人通知了冯宝。冯宝准备前去,却被冼夫人阻拦。

冼夫人说:"这个时候刺史找你去必然是找你商量共同谋反的事情。"冯宝问其故。

冼夫人又说道:"梁武帝让刺史前去搭救自己,这么大的事情,刺史称病不去,肯定是有所图谋,听闻刺史一直招兵买马。如果你今天去了,肯定会威胁你和他一同谋反的,倒不如先静观其变,看看再说。"

几天以后,李迁仕果然造反了,派主帅杜平虏率兵入灨石,和侯景会合。冼夫人觉得:"杜平虏是一名猛将,领兵进入灨石与朝廷对抗,一时半会儿回不来。而李迁仕现在在高州,哪也去不了。如果夫君亲自去找他,他肯定会防备,如果让我去的话,带些礼物,他定然不会防备。我带一千余人,带一些礼物去找他,一定可以拿下此贼。"

冯宝依照冼夫人的计划行事,李迁仕果然信以为真,没有防备,冼夫人便率领千余人前往大皋口。到达灨石,突然出击,大获全胜。冼夫人乘胜与长城侯陈霸先的部队会合。回来以后,冼夫人对冯宝说:"陈都尉极得人心,我觉得此人必定能平息此次叛乱,夫君应该多给他一些帮助。"

这些事,都显示了冼夫人的善识时务和军事才能。

此后,陈霸先和王僧辩合力击溃了侯景的叛乱军队,湘东王萧绎在建康即位,不久以后被西魏政权打败,陈霸先乘机在陈永定元年代梁称帝,国号陈,是为陈武帝。

陈永定二年(558年),冯宝去世,岭表大乱,冼夫人安抚各个部族,平息境内。她同时派自己的儿子,年方九岁的冯仆率领百越首领去丹阳。陈武帝拜冯仆为阳春郡郡守。

陈太建元年,欧阳纥在广州谋反,把冯仆叫到高安,想拉他一起反陈。冯扑立即把消息告诉了母亲。

冼夫人得知以后说:"我家两朝忠贞,你也不能反叛国家。"随后发兵和陈朝派来的征讨将领章昭到达关外夹击,共同剿灭了欧阳纥。冯仆因为母亲平息叛乱有功,被陈霸先封为信都侯,加平越中郎将,转任石龙太守。冼夫人被封为中郎将石龙太夫人,并得到了丰厚的赏赐。

陈至德年间，冯仆去世。隋开皇九年正月，隋师攻陷建康，陈朝灭亡。虽然隋文帝统一了中国，但岭南地区并未归附，当地供奉冼夫人为"圣母"，以保境安民。

二月，隋文帝派江州总管韦洸安抚岭南，被陈将徐璒阻挡在南康。韦洸到了岭下，徘徊了数日不敢进岭。晋王杨广让被俘的陈后主写信给冼夫人，让冼夫人归顺隋朝。随信还有冼夫人当年所献的犀杖和兵符为证。冼夫人这才明白，陈国已亡，于是她召集所有首领，连续痛哭了几日，并派孙子冯魂率部迎接韦洸进入广州。至此，岭南平定。冯魂因此被隋朝封为仪同三司，冼夫人被封为宋康郡夫人。

隋开皇十年（590年），番禺将领王仲宣举兵造反，岭南很多首领也起兵响应。王仲宣把韦洸围在了广州，驻军横岭，韦洸中箭身亡。冼夫人派孙子冯暄驰援广州，冯暄因与王仲宣的部将、泷水豪门陈佛智的关系亲密，按兵不动，延误战机。冼夫人知道以后，大怒，立即将冯暄打入牢狱之中，派另一位孙子冯盎征讨叛军，与隋官军鹿愿会师，大败王仲宣。

平息以后，冼夫人披甲乘马，亲自护送隋招抚专使裴炬安抚各州，岭南再次平定。

这时候冼夫人已经八十岁的高龄了，隋文帝被冼夫人的举动感动，特赦敕书慰劳。独孤皇后也赐她首饰以及宴服。其孙冯盎因协助隋军平叛有功，拜为高州刺史，冯暄也被赦，拜为罗州刺史。冯宝被追赠为广州总管、谯国公，冼夫人则被册封为谯国夫人。

隋朝建立以后，改广州为番州，除了倚重冼夫人坐镇岭南地区以外，朝廷派出赵钠为番州总管，管理地方政务。赵钠贪虐害民，岭南诸多部族受到他的荼毒。冼夫人派长史张融上疏朝廷，予以揭发，使赵钠得到了制裁。隋文帝降敕委托冼夫人安抚部众。冼夫人不顾年高，亲自载着诏书历十余州，宣读圣旨，抚慰当地民心。朝廷因冼夫人揭发赵钠以及安抚民心有功，赐夫人临振县汤沐邑一千五百户，赠（冯）仆为崖州总管、平原郡公。

仁寿二年（602年），冼夫人去世，享年九十一岁。朝廷赠赙物一千段，谥曰诚敬夫人。

第五章

瑰丽大唐

大唐军神——李靖

李靖,字药师,雍州三原(今属陕西)人,隋末唐初将领,唐朝文武兼备的著名军事家。

李靖是神话人物托塔天王的原型。一个现实中的人物能够被神化当然是有原因的,李靖在人们心目中有一个很完美的形象——他是中国历史上少有的不败战神,与韩信功绩相当,更可贵的是,他还是中国历史上幸得善终的开国将相。据说,他死后还经常"显灵"解救百姓,百姓便为其建庙供奉,到晚唐时,他便逐渐被神化了。

李靖生于官宦之家,长得仪表魁伟,由于受家庭的熏陶,从小就有文武才略,而且还很有抱负。他说:"大丈夫如果遇到圣明的君主和时代,必当建功立业,以取得富贵。"他的舅舅韩擒虎(隋朝名将)也非常欣赏地对他说:"能和我讨论孙(孙武)、吴(吴起)战略战术的人,只有你啊。"

虽然年少有才,但李靖的运气并不好,踏入仕途后,他先任长安县功曹,后任殿内直长、驾部员外郎,由于官职卑微,根本没有施展才能的机会。这样的情况一直持续到李靖四十余岁。

617年,反抗隋朝暴政的起义风起云涌,唐国公李渊也暗中招兵买马,准备伺机行动。李靖察觉到了时局的变化,认为自己实现抱负的机会就要来了。当然,李靖并不是想投靠李渊,他认为自己的职责就是报效朝廷,于是他马上赶往都城,准备向隋炀帝告发李渊。

可当他到长安时,关中已经大乱,因道路阻塞,未能告密成功。不久,李渊在太原起兵,并迅速攻占了长安,俘虏了李靖。

不过,福祸相依,世事难料,正因为如此,李靖遇到了人生中的贵人——李世民。

当时,李靖就要被斩首,他壮志未酬,不甘心地对着李渊大喊道:"您举义旗,本来就是为天下除暴安良,怎么不为成就大事着想,只以私人恩怨斩杀壮士呢?"李渊听了觉得很有道理,李世民也对其很是欣赏,于是便将其招入麾下。

之后,李靖在唐朝建国的过程中,发挥了巨大的作用,除了李世民,他是最重要的将领。在统一全国的战争中,黄河流域是李世民打下的,而长江流域则全是李靖的功劳。战功将李靖推向了权力的高峰,他有了足以影响大唐王朝的力量。

武德九年(626年),玄武门之外发生了一场激烈的厮杀,在这场争斗之中,李世民杀死了太子李建成。不久之后,李世民继承皇位,改年号为"贞观"。

李世民刚登基没几天,突厥颉利率十余万大军南下,一路长驱直入,抵达长安郊外的渭水北岸。这时长安城内只有数万士兵,李世民不得不率中书令房玄龄、侍中高士廉等六人来到渭水,与颉利签订"渭水之盟",答应每年给颉利进贡。这就是李世民后来所说的"渭水之耻"。

三年后,李世民决定北伐突厥,以洗"渭水之耻"。他任命李靖为定襄道行军总管,并全权节制另外四路总管,兵分五路进击突厥。这是唐朝建立以来最大的一次战争,而他的主导者就是李靖。

630年,李靖率三千人马直击定襄。突厥不承认唐朝的正统地位,推杨政道为傀儡皇帝,定都定襄,以此来与唐朝抗衡。

李靖在此战中使用了"攻心计",队伍还未到定襄,他就将帅旗插到了定襄城内,扰得突厥惶恐不安,人人自危。而且到定襄之后,李靖没有立刻动武,他先是说服了突厥颉利可汗的主将康苏密投降。颉利可汗没了主将,准备连夜撤兵。李靖早做好了准备,夜袭定襄城。突厥军怎么也料想不到唐军会在冰天雪地的冬夜发起进攻,唐军的这次突袭非常成功,大败突厥军,并活捉了杨政道。

当时,颉利可汗见唐军如此凶猛,不知道也不会相信唐军只有三千人马,于是仓皇而逃,根本不敢迎战。李靖发现突厥判断失误,将计就计,跟在后面追击,当然只是虚张声势,不敢真的追上。

同时,李靖还挑拨各路诸侯,使得颉利可汗众叛亲离,势力土崩瓦解。就这样,李靖仅用三千人马就解决了东突厥对唐朝一直以来的威胁。

不过,战事到此还没完。颉利可汗又出招了,他派使者求和,并表示愿意称臣于大唐,甚至同意到长安亲自朝见。东突厥的态度较之前可谓一百八十度的大转变,事情真是如此简单吗?李靖对此十分怀疑,毕竟颉利可汗手里还有数万兵力,这些人的忠心是不容置疑的,其战斗力也不容小觑。他预感到这只是突厥的缓兵之计,此前高句丽就曾用假求和骗过了隋炀帝。

无论怎样,李世民表面上还是接受了突厥的受降,派李靖去受降,并派了大臣唐俭作为外交使者去接待他。作为一名将士,李靖当然不愿放过消灭敌军的最佳时机,让自己在将来后悔,他趁着使者和谈之际,集结了唐朝的主力军,准备趁着颉利可汗松懈时,突袭颉利大营。对此,李靖的部下张公瑾表示反对,他认为不经皇上批准就私自发动进攻是违反圣意,而且唐朝使者正在突厥军营,发动进攻必然会威胁到使者的安全。

兵者诡道也,李靖想必深谙此理,消灭突厥的大好时机就在眼前,怎能放弃?当然,这对那个使者来说的确有点残酷!但是,战争难道不就是残酷吗?

打定主意后,李靖便率领一万精兵夜袭颉利大营。当时,突厥正热情款待唐朝使者,绝想不到唐军会在此时发动进攻,直到唐军临近大营才发现敌情。他们还没来得及作出反应,就被唐军击败。最后,颉利可汗在逃跑途中被俘。

经过此战,唐军彻底消灭了东突厥政权,李世民欣喜若狂,设宴与群臣狂欢。然而,立功的李靖却没有机会参加,因为他被上书弹劾,具体罪状是"治军无法,突厥珍物,掳掠俱尽"。这些可都是诬陷,这是谁要找他麻烦呢?他们就是萧禹、文彦博,而这两个人正是唐俭的故交。

要说唐俭还是挺幸运的,在突厥大营趁乱逃生,这对李靖来说可是个不小的麻烦。唐俭来头可不小,他曾帮助李渊逃过大劫,虽然李渊已经退位,但还是有一定势力的。

李世民不愧是一代明主,驳回了将李靖审查处理的提议,但还是狠狠地训斥了李靖一番。李靖心里当然委屈,自己立了大功不但无赏,还被斥责,实在是苦闷。不过,李靖是个明白人,忍下了怨气,回家"反省"去了。

过了不久,李世民突然宣告,隋将史万岁立下战功,不但无赏反而被杀,隋朝不可学,李靖要赏,罪就赦免了,于是加封李靖为左光禄大夫。之后没多久,李世民又召见李靖说:"我之前训斥你是受了小人的迷惑,希望你不要放在心上。"然后又加封他为尚书右仆射(职位相当于宰相)。出将入相,李靖的人生达到了巅峰。

其实,李世民也是在用此事试探李靖。他先训斥后安抚,对李靖的忠心进行了一番考验。李靖能够顺利通过考验,也充分显示了他将才之外的智慧。

此后,李靖行事谨慎,凡事避让,从不张扬,《资治通鉴》说他是"性沈厚"。但事实上,了解他的经历后就会知道,李靖的"沈厚"是一种低调的智慧。贞观八年,李靖干脆告老还乡,退下政治舞台。但是他刚辞官,唐朝就发生了战事,西北民族吐谷浑不服唐朝统治,起兵作乱。

李世民在考虑军队统帅人选时,首先想到了足智多谋、威震塞北的李靖。但这时李靖已经六十三岁了,李世民担心他受不了长途征伐之苦,因此犹豫不决。李靖听说后,主动向李世民请缨。李世民大喜,立即任命李靖为西海道大总管,统领五路大军征讨吐谷浑。李靖出师,仅用了半年的时间,就歼灭吐谷浑部落,平定了西北边疆。

然而,悲剧又重演了!李靖一回朝,他的部下高甑生马上举报他企图谋反。这个罪名可严重多了。不过,李世民审问之后发现,原来高甑生在征讨吐谷浑时因违反纪律被李靖处分,所以诬告李靖以泄私愤。经过此事后,李靖更是闭门不出,不理世事。

贞观二十三年,李靖病逝,享年七十九岁,李世民下令陪葬昭陵。

被歪曲的军事家——苏定方

苏定方,原名苏烈,字定方,以字行世,后人通称为苏定方,唐朝杰出的军事家。

相较于李靖、薛仁贵,苏定方的名气不算大,这在很大程度上是因为这位功勋卓著、彪炳史册的大唐名将被后世通俗小说、评书和戏剧扭曲了。

在《说唐演义全传》《兴唐传》等古典小说及其相关评书中,苏定方皆被歪曲成了穷凶极恶、阴险狡诈、十恶不赦的大反派,以衬托小说里罗成、罗通等虚构人物的英勇。那么,真实的苏定方是怎样的呢?

苏定方生于冀州武邑的一个豪强之家。隋朝大业末年,黄河流域爆发了轰轰烈烈的农民起义,天下大乱。苏定方的父亲苏邕,率乡里数千人组成地主武装,协助当地郡守镇压农民起义军。苏定方十五岁时,便跟着父亲冲锋陷阵,天生英勇。

苏邕死后,当地郡守命令苏定方代替父亲领兵打仗。之后,苏定方与反叛武装张金称的军队大战于郡南,在战场上亲手斩杀张金称,接着又打败另一个武装首领杨公卿,保护了一方的平安,最终得到了家乡百姓们的高度信赖和拥戴。

后来,全国范围的农民起义风起云涌,各路英雄逐鹿中原,隋朝统治土崩瓦解。苏定方又先后投于窦建德和刘黑闼的帐下。窦建德手下的大将高雅贤很欣赏这个勇猛善战的少年,把苏定方收为养子。

窦建德败于李世民后,他的部将刘黑闼继承了窦建德的势力,继续割据一方与唐为敌。苏定方此时仍然跟随义父高雅贤,替刘黑闼攻城略地,立下不少战功。

后来,刘黑闼、高雅贤在与唐的战争中先后败亡。而苏定方此时已经小有名气,完全可以出仕新朝,但他却选择了返乡隐居。

当他的名字再次出现在史册上的时候,已经是八年后的贞观四年(630 年)。此时他作为李靖的前军先锋,单枪匹马杀死了数百名敌军,因战功,升为左卫中郎将。

永徽六年(655 年),西突厥贺鲁进犯,苏定方随葱山道大总管程咬金出征。他亲自率精兵五百名,越山驰进敌营,斩杀千余人,敌军大乱,山中到处是敌人丢下的车仗、牛马和粮食。

此战之后,副总管王文度嫉妒苏定方的功劳,为了阻止苏定方扩大战果,就对程咬金说:"虽然我们这一仗打赢了,但军队也损失不少,照这个样子是坚持不下去的,是无法取胜的。我们最好把军队结为方阵,让物资车辆居中,四面布阵,人和马都披上重甲,以保万全。"

随后,王文度又假称持有皇上密旨,说皇上知道程咬金恃勇轻敌,故让王文度在关键时刻接过兵权,让程咬金听从他的命令。而程咬金居然相信了他的话,收兵停滞不前。唐军由于整日骑马、披甲、结阵,前进缓慢,军中很多马匹累死,士兵疲惫不堪,士气日益衰落。

苏定方见此情景对程咬金说:"我们本来到这里是为了杀敌,现在反而坐困自守,马饿兵疲,遇到敌人怎能取胜? 再说皇上派您为大将,怎么会发密诏给您的副手?"他建议先把王文度抓起来,等皇上的命令,但是程咬金没听从苏定方的建议。

在进军途中,有数千人投降,王文度又出坏招,对程咬金说:"等我军撤走了,这些胡人还是会反叛,不如现在全部杀了,还可以得到一大笔财产。"

苏定方听说后怒不可遏,急切进谏:"这样做叫什么讨叛,跟自己做贼有什么两样?"但王文度哪里会听他的,在程咬金的默许下,数千投降的人被杀,财产被瓜分,苏定方在冒着得罪所有战友的情况下,坚决不要分给他的那份。他始终坚持自己的立场,保持了自己的清白。

最终唐军无功而返。回朝后,高宗下令司法调查,当他得知真相后,将大总管程咬金、副总管王文度等人撤职查办,唯苏定方因主战有功而被提升为行军大总管。苏定方的第一次西征就这样画上了一个句号,他卓越超群的军事才能和高洁耿直的个人品行得到了高宗的高度评价。

大唐与西突厥的战争再次爆发时,苏定方已晋升为唐军总督,奉命再次征讨西突厥。

苏定方率军达到金山北,与突厥处木昆部族的军队交战,大胜之后,其部族首领独禄等人率万余帐来降。之后,苏定方于曳咥河西,遭遇沙钵罗可汗(贺鲁)的主力及五个部族的军队十万余人,而唐军只有一万人。

危急之下,苏定方命令士兵持长槊围成圆形,矛尖一致向外,保持队形,进行防御状态。安排好步兵的任务后,苏定方率领骑兵隐蔽在附近等待机会发动进攻。突厥兵见唐军人少,觉得不足为虑,于是就发动骑兵将唐军步兵团团围住,连续发动猛冲,想一举击溃唐军的长矛阵。

但是,唐军外围的长矛兵眼看突厥兵冲过来,却保持队形,纹丝不动。而长矛阵后的弓箭手则随着鼓响齐齐放箭。突厥骑兵发动多次冲击都无功而返,就在突厥兵精疲力时,苏定方率领骑兵突然发动冲锋,杀得敌军措手不及,十万突厥军溃乱,唐军追击三十多里,斩杀俘获突厥数万人,取得大胜。

次日,苏定方下令继续进军,胡禄屋等西突厥部落联盟举众来降,贺鲁则率数百骑向西逃去。苏定方让副将率兵追击敌军,自己则率兵拦截敌军后路。当时,赶上天降大雪,部下提议扎营休息,苏定方说:"敌军也一定认为这种天气,我军会停下休息,如果我们冒雪前进,出其不意,定能大胜。如果,此时敌军趁机远逃,再想追上就难了。"于是唐军昼夜兼行,追上了敌军。当时,贺鲁正准备打猎,苏定方便发动突袭,破数万敌军。贺鲁率残部仓皇逃至石国,苏定方派副将萧嗣业一路追击至石国,贺鲁被石国城主诱捕,送交萧嗣业。

此战中,苏定方对西突厥采取分化和重点打击相结合的策略,攻守兼施,出其不意,终获大胜,唐朝的势力也因此延伸至中亚。苏定方因

影响中国古代历史的军事家

功升迁为左骁卫大将军,封邢国公。

乾封二年(667年),苏定方在西北边陲病逝,享年七十六岁。七十多岁高龄的苏定方在人生的最后时光里仍坚守在抗击吐蕃的最前线,令人佩服不已。

大唐纯臣——李勣

　　李勣,原名徐世勣,字懋公。唐高祖赐姓李,而后为了避唐太宗李世民的名讳改名为李勣,曹州离狐人,隋朝末年,迁居到滑州卫南县,为唐初名将。

　　李勣家原本是富豪,家中仆人众多,有良田数千亩,与其父徐盖都是乐善好施之人,救济贫苦人,不管关系亲疏。

　　隋炀帝末年,李勣才十几岁,见到天下大乱,就去参加了翟让的军队。中途遇到浚仪人王伯当,当时蒲山公李密参与杨玄感反叛,兵败逃亡。李勣和王伯当知道李密是天下英雄,于是一起劝说翟让奉李密为主。

　　隋朝令王世充讨伐李密,李勣多次拒战,以巧计在洛水两岸大败王世充数次,李密封他为东海郡公。当时战乱不断,饥民遍地,隋朝赈灾不周,每天都要饿死数万人。李勣向李密请命,率领五千人偷袭黎阳仓隋朝守军,当天攻克以后,便开仓放粮,十天之内,就招募到二十多万人。一年以后,宇文化及在江都杀了隋炀帝,越王杨侗在洛阳即位,赦免了李密等人,封其为魏国公,拜太尉。隋朝又授予李勣为右武侯大将军,命他们一同讨伐宇文化及。李勣镇守黎阳仓城,宇文化及率军从四面攻城,形势危急,李勣在城中向外挖地道,忽然现身城外,大败宇文化及。

　　619 年,李密在被王世充打败后,归顺唐朝。李密原本管辖之地,都被李勣占据,没有具体的归属,于是李勣让李密将这些城池郡县全部献给李渊,这样就全部是李密的功劳了。李渊得知此事以后,觉得李勣是个醇厚的臣子,于是封他为黎阳总管、上柱国、莱国公,不久又加授右武侯大将军,改封曹国公,赐姓李氏,赏赐大量金钱和宅田等。同时封他的父亲李盖为济阴王,李盖辞去王爵,于是改封为舒国公,命令李勣统领河南、山东的部队抵抗王世充。后来李密反叛朝廷被杀,李渊派人告诉李勣这一情况。李勣上表请求收葬李密,李渊同意了他的请求。李勣披麻戴孝,和李密原来的僚属一起把李密下葬,丧期过后才散去,朝廷和民间都认为李勣有义气。

621年,李勣随从李世民在东都洛阳讨伐王世充,屡次交战都大获全胜,又向东夺取土地到虎牢关。郑国州司兵沈悦主动献出牢虎关,李勣埋伏军队接应,占领了虎牢关,抓获了郑国的州刺史荆王王行本。随后他又跟着李世民收服了王世充,整顿军队回朝。李渊论功行赏。之后,李勣又跟着李世民打败了刘黑闼、徐圆朗,连续升迁为左监门大将军。不久之后,徐圆朗在兖州造反,朝廷封李勣为河南大总管前去平反,李勣斩了徐圆朗,平定了兖州。

624年,唐高祖李渊下诏书命令李勣和赵郡王李孝恭一起征讨辅公祐。辅公祐率领水师沿长江而下,李勣率步兵渡过淮水,攻取了辅公祐占据的寿阳,到达峡石。在两军水路夹击之下,辅公祐的军队难以抵挡,弃城夜逃。李勣在武康杀了辅公祐,江南得以平定。

625年,突厥侵犯并州,朝廷命李勣为行军总管,在太谷攻击突厥,赶走了突厥军队。李世民即位以后,拜李勣为并州都督,赐封邑九百户。

629年,李勣任通汉道行军总管,到云中,与突厥颉利可汗的军队相遇,在白道地区大战。突厥战败,向唐求和。朝廷下诏命鸿胪卿唐俭前去赦免突厥。李勣当时与定襄道大总管李靖的军队会合。

李勣觉得:"虽然突厥战败,但颉利的兵马还很多,如果就这样放他们回去,以后想剿灭他们就没这么容易了,如今让唐俭去议和,他们必定放松戒备,此时可以去袭击,不战就可以平定此贼。"

李靖同意他的看法,两人设下计谋,李靖连夜出发,李勣带兵跟在后面。李靖的军队到了碛口,打散了突厥部队,颉利带着一万多人想逃过沙漠，却被李勣堵在沙漠门口，最后只能投降，李勣俘虏五万余人而归。

637 年，李勣封被封为英国公，世袭蕲州刺史。

641 年，李勣被征调入朝廷，担任兵部尚书。李勣还没启程，碰巧遇到薛延陀南侵李思摩的部队。朝廷让李勣为朔州行军总管，率领三千轻骑兵在青山追击薛延陀的骑兵，打败其军队，杀死名王一人，俘获首领和士兵五万多。

643 年，李治做皇太子后，唐太宗改封李勣为太子詹事兼左卫率，加位特进、同中书门下三品。李世民把年幼的太子托付给了李勣。

644 年，李世民准备亲自征伐高句丽，任命李勣为辽东道行军大总管，攻破盖牟、辽东、白崖等数座城，又摧毁了驻扎在蹕山下的敌人。

646 年，薛延陀的部落发生内乱，朝廷命令李勣率领两百骑兵前去讨伐。李勣到达乌德革建山，大败敌军，漠北被全部平定。

648 年，李勣转任太常卿，仍然同中书门下三品。过了十天，又拜太子詹事。

649 年，李世民卧病，对李治说："你对李勣没有什么恩惠，我现在贬他为外官。我死后，你再把他招回来，他就受了你的恩惠，必定为你尽力。"于是派李勣出任叠州都督。李治即位以后，接着又加封李勣开府仪同三司，担任同中书门下，参与执掌机密重要的事务。而后，又册拜为上述左仆射。

650 年，李勣上表请求免除自己的职务，李治还是命他以开府仪同三司的职务依旧执掌政事。

653 年，李勣被册拜为司空，李治又命令为他画像，还亲自为画像作序。

655 年，李治想废掉王皇后，立昭仪武氏为皇后，但是朝中很多大臣反对。李治问李勣的看法，李勣觉得，这是皇帝家的家事，没必要听取外人的意见。于是李治废除了王皇后，立武氏为皇后，而李勣也得到了李治和武皇后的信任。

666 年，高句丽权臣盖苏文病死，其子男生即位，盖苏文的另外两个儿子男建、男产发难。男生投奔唐朝,请求唐朝发兵相助。

668年,李勣被任命为辽东道行军总管,率兵两万攻城略地打到鸭绿江。男建派他的弟弟来抵抗,李勣发兵打败了他,一直追到平壤城,灭了高句丽国。

669年,李勣被加封为太子太师,增加赏赐封地连同以前的有一千一百户。这一年,李勣病了,皇帝把李勣的弟弟招到京城来,希望他能照顾李勣。

669年12月31日,李勣去世,享年七十六岁。李治为他举办葬礼,停朝7天,赠太尉、扬州大都督,赠谥号贞武,赐给棺木,让他陪葬在昭陵,命司平太常伯杨日方摄同文正卿监护丧事。到了下葬的那天,李治到了未央古城,为他送葬,看着灵车痛哭。李宏也跟着李治为李勣送葬,悲痛到了极点,让左右的人都感动不已。

684年,李勣得以配享高宗庙受祭。

白袍神将——薛仁贵

薛仁贵,本名为"礼",字仁贵,唐朝名将,著名的军事家、政治家。

在民间,薛仁贵和很多历史名人相同,也被神话,相传为白虎星下凡。据说,薛仁贵的母亲生产时,肚痛难忍,久不能产。忽然,天空乌云密布,飞沙走石,天空中突然传来一个晴天霹雳,一只吊睛白额猛虎飞落到薛家房顶,随后薛家喜得贵子,取名薛仁贵。

看过影视剧《薛仁贵传奇》的人,可能会有印象:薛仁贵总是穿着一袭白色战袍,这一点与历史是吻合的。可以说,正是白袍为薛仁贵创造了腾升的机遇!

薛仁贵出身河东薛氏家族,原本家境殷实,但到他这一代已经没落,再加上其父早丧,家中的日子更为艰难。但即使在这样的环境下,他依旧刻苦努力,自幼便习文练武。当时,天下大乱,薛仁贵认为没有什么好的发展机会,于是在家耕田种地。直到三十岁时,薛仁贵家里仍旧贫苦,心中的苦闷可想而知。

终于有一天,他想到了一个好办法来改变这种情况,那就是迁祖坟。他认为是家族坟地风水不好,所以才导致这种情况的发生。但是,他的妻子柳氏却制止了他。

柳氏说:"成功的人,大多善于抓住时机,现在朝廷正在攻打辽东,你为何不参军,立下功名,光宗耀祖呢?"

男人的一生站得高不高、走得远不远,在某方面取决于他背后的女人。

这句话用在薛仁贵身上一点儿没错!如果没有柳氏的这般激励,

也许就没有以后的薛仁贵。

薛仁贵听从了妻子的建议前去从军,他的命运也由此开始改变。

贞观十九年(645 年),唐太宗亲率大军攻伐高句丽,六月抵达安市。当时,高句丽大将高延寿、高惠真率领二十五万大军驻扎在此。经过一番勘察,唐太宗制订了作战计划,命诸将分头进击。

这场战争对薛仁贵来说是一次难得的机会。参军前,妻子的话还在他的耳边回响:抓住这次机会,一定要!

对战当天,薛仁贵和周围的战友形成了鲜明的对比,因为千军万马中,只有他一人,身穿白色战袍,极为惹眼。他手持方天画戟,腰胯两弓,单枪匹马便冲进了拥有二十五万军力的敌军中,所到之处,概莫能敌,如入无人之境。他在敌军的阵势里面,打得敌人阵形混乱、无法作战。敌军多次想将军队重新组织起来,可是总会被薛仁贵扰得七零八落。结果,唐军大举跟进,高句丽军大败!

战时,唐太宗在远远的地方已经看见一个穿着白袍的小将在万千敌军中奋力搏杀,又惊又喜,战后立即召见了当时还只是小兵的薛仁贵。

当唐太宗身边的将军都已老去,后继乏人时,薛仁贵的出现,让他看到了希望。于是,唐太宗重赏了薛仁贵,封他为游击将军、云泉府果毅(官名)。

后来,唐军因粮草不继,无功而返,在途中,唐太宗对薛仁贵说:"朕不喜得辽东,喜得卿也。"意思是,与得到辽东相比,他更高兴的是得到了薛仁贵。在唐太宗眼里,辽东百万平方公里的领土也比不上一个薛仁贵,可见薛仁贵的能力多么强大!

毋庸置疑,回到中原后,薛仁贵受到了唐太宗的重用,被任命为禁卫军统领,驻守玄武门。在这个唐太宗当年"发迹"的地方,薛仁贵一干就是十二年。

在此期间,唐太宗去世,唐高宗继位。不久,薛仁贵又到了人生的另一转折点。

唐高宗永徽五年(654 年)的一天,天降大雨山洪突发,水冲至玄武门。

当性命难保时,谁还顾得上谁?负责保护高宗的人大多都逃命去了。薛仁贵见此情景,愤怒地说:"哪有在天子遇险的时候,马上就怕死逃跑的?"然后,他登上门框,朝着宫内高呼,以惊动宫内的人。唐高宗急忙出来攀登到高处,不久水就冲进了寝殿。

事后,唐高宗感激地说:"多亏了你,我才没有被淹死,才知道有忠臣啊!"

史书记载,此次山洪暴发,死亡的人数有四千多人,如果没有薛仁贵的话,历史可能就会被改写了。

薛仁贵成了高宗的恩人,在之后的日子里,大臣们经常会听到高宗感叹当年薛仁贵对他的救命之恩。虽然此功和他以后立下的战功毫无可比性,但就高宗而言,这个功劳却是最大的。

综观唐朝,人们会发现一个很有意思的现象:将领们大多是人到中年才开始统领军队。薛仁贵也是如此。直到四十四岁,他才开始统率军队。

显庆三年(658年),薛仁贵率军攻打高句丽,于贵端城首败敌军,斩敌三千。第二年,又与高句丽敌军大战于横山。当时,薛仁贵手持弓箭,单枪匹马攻入敌军,弓箭所到之处,敌兵应声而倒,大胜。后又与高句丽军队大战于石城,敌军中有一神箭手,杀唐军十余人。薛仁贵大怒,单骑突入敌军,将其生擒。不久,薛仁贵于黑山大败契丹军队,生擒契丹王阿卜固(这是薛仁贵生擒的第一个王)。

龙朔元年(661年),回纥与唐为敌,薛仁贵率兵攻伐。当时,回纥拥兵十万,并挑选出数十精骑前来挑衅。面对挑战,薛仁贵应声而出,连发三箭,敌军三位将士应声而倒。敌军见到后,稍有慌乱,薛仁贵趁此时机率军发动攻击,敌军最终溃败,而后生擒回纥首领三兄弟(第二次擒王)。

之后,薛仁贵出征高句丽,进入了他一生中最辉煌的时期。

说到高句丽,隋、唐两代的帝王前前后后共对其进行了数次征讨。隋朝时期隋炀帝杨广曾三次攻伐高句丽,次次出兵三十万以上,甚至有一次举全国之兵一百一十二万,自古以来,规模鲜有与之匹敌者。但最终的结果却是铩羽而归。唐太宗远征高句丽,被困于安市,后因粮草不济,只能无功而返。

到了唐高宗时期,机会终于来了。

乾封元年(666年),盖苏文(高句丽的军事独裁者)身死,其长子男生继位。他的弟弟男建、男产与他不和,发兵攻打他。男生实力有限,只能求救于唐朝。就这样,唐军各路军马开始了攻伐之路。9月,庞同善大败高句丽军。

同年9月,薛仁贵统兵出征。12月,唐廷命李勣为辽东道行军大总管,司列少常伯郝处俊为副大总管,契苾何力、庞同善亦为副大总管并兼安抚大使,水陆诸军总管和运粮使窦义积、独孤卿云、郭待封等亦受李勣节度,诸路合击高句丽。

乾封二年(667年),李勣攻下高句丽军事重镇新城(今辽宁抚顺北高尔山城),并趁势将附近的十六座城池攻下。新城是整个战场的军事枢纽,地位不言而喻。然而,李勣后来却疏忽了对新城的防守,没过几天,新城告急。关键时刻,薛仁贵率军狂奔而到,犹如神兵天降,将处于劣势的形势瞬间扭转,解救了新城之围。

同年10月,庞同善继续进攻,遇敌军十多万人,被打得落荒回逃。高句丽军乘胜追击,薛仁贵率兵马冲杀进来,将高句丽大军拦腰截断。此战杀得昏天暗地,薛仁贵大败高句丽军,斩首大量敌军。

同年11月,薛仁贵仅率两千人,进攻扶余城,有将领反对,认为士兵太少了,根本对付不了高句丽军。薛仁贵却说:"兵向常,顾用之何如耳。"意思是,兵不在多少,关键看将领会不会用。历史上敢说出如此"大话"的将军恐怕没有几个。

恰好,当时高句丽军也率数万大军朝新城攻来。当他们朝着新城快速进军的时候,根本不会想到唐军也正朝着他们赶来。

于是,在白色的雪域平原上,当高句丽军看到一大团白色飞冲而来的时候,还以为发生了雪崩!结果,薛仁贵杀得敌军措手不及,斩杀俘虏敌人万余。据考证,这是中国历史上最早使用保护色的战役。

接着,薛仁贵率军继续前进,并于第二年攻占坚固的扶余城(今吉林农安县)。之后,高句丽连续四十多座城市直接向薛仁贵投降。后薛仁贵与李勣会师平壤,高句丽国王投降。

　　人的一生如同抛物线,有高峰就有低谷,如果说高句丽之胜是薛仁贵军事生涯的巅峰,那青海之败,就是他人生的低谷。虽然,青海之败的主要责任并不在他,但由于他是此战的军事主帅,有着不可推卸的责任,所以他的军事生涯上只能被抹上一个黑点了。

　　青海之败后,薛仁贵被贬为庶人,但最终还是被高宗重新提拔起来。晚年时,吐蕃不断骚扰唐朝边境,薛仁贵领兵前去攻打。敌人知道主将是薛仁贵后,惧怕不已,不敢与之对战,溃散。薛仁贵乘胜追击,斩敌万余,俘获两万余。

　　永淳二年(683 年),薛仁贵于雁门关结束了其传奇的一生,享年七十岁。

第一完人——郭子仪

郭子仪,华州郑县(今陕西渭南)人,祖籍山西太原,唐代著名的政治家、军事家。

纵观中国古代历史,为臣功高盖主者,大多下场凄惨,不会有好的结局。"狡兔死,走狗烹;飞鸟尽,良弓藏"这句话应该是对这些劳苦功高却不得善终的人最好的诠释。但是,万事皆有例外,郭子仪便是例外之一。

司马光在《资治通鉴》中这样评价他:"功盖天下而主不疑,位极人臣而众不嫉,穷奢极欲而人不非之。"也就是说,他的功劳比皇帝的都大,而皇帝却不怀疑;他的权力已经达到顶峰,一人之下,万人之上,而其他的臣子却不嫉妒;他的私生活非常奢侈,上至皇帝、官员,下至黎民百姓,却没有一个人说他的不是。从古至今,能够做到其中任何一点的人,可以说都是凤毛麟角,能全部做到的恐怕只有郭子仪一人了。

郭子仪一生效忠于唐室,入仕后历经玄宗、肃宗、代宗、德宗四朝,为将六十余年,戎马一生,八十四岁时才告别沙场。只因他一人,天下得以安宁二十余年。

因为郭子仪的德高望重,德宗尊称其为"尚父"。尚父是古代帝王尊礼大臣的称呼。周武王就是这样尊称姜子牙的。由此可见,唐室对郭子仪是十分尊重的。尊重到什么程度呢?有一件小事可以说明。

郭子仪有子名为郭暧,娶代宗女升平公主为妻。一天,小两口吵架,郭暧一气之下竟说道:"如果没有我父亲,大唐早就灭亡了。"升平公主是金枝玉叶,向来只有她骂别人,哪里受过别人的侮辱,一气之下,便跑回了皇宫,将郭暖的话说给了代宗听。按理说,郭暖说出这样的话,应该会被治个大逆不道的罪,甚至是要杀头的,但代宗却说:"没有郭家,确实就没有现在的大唐了。"

由此可以看出代宗对郭子仪的尊重。其实,代宗也是基于事实而言。因为,自太宗开始,向来威震四方、富甲宇内的大唐王朝,一直过着纸醉金迷的日子,没有丝毫的危机意识。直到安史之乱的到来,大唐才陷入了巨大的恐慌之中。而此时,力挽狂澜的人正是郭子仪。

天宝十四年(755 年)十一月,安禄山、史思明起兵反唐。郭子仪被玄宗任命为卫尉卿,率军攻打安史叛军。郭子仪节节取胜,收复了被叛军占据的云中、东陉等地区。

但是,一个人的能力终究是有限的。

天宝十五年(756 年),叛军攻城拔寨,屡屡得手。玄宗还需一个郭子仪般的良将用来御敌,于是便问计于郭子仪。

当时,朝廷之上,有一个人比较合适,他就是久经沙场的李光弼。但是,他和郭子仪之间素有间隙,多有不和,就如同一山二虎般对立。

然而,在国家危难之际,郭子仪心怀大局,毅然决然地举荐了李光弼。最终,二人合力,成功击败史思明,收复河北。

同年六月,被誉为长安门户的潼关被叛军攻破,京师震动。无奈之下,玄宗只能逃亡四川。次月,肃宗于灵武即位。在此风雨飘摇之际,肃宗手下多为四处收拢的残兵,士气低落、军备不齐,真可谓乌合之众。

当郭子仪和李光弼率领大军来到灵武时,唐朝临时政府才有了一丝生气。随后,郭子仪主动出击,连连告捷,收复了陕西全境。

然而,战争的进程并非一帆风顺,李光弼败于邙山,鱼朝恩败于陕州,让原本即将明朗的局势再次逆转。由此带来的负面信息更是接二连三:河中军哗变、太原军哗变。

如果这些哗变之军和叛军勾结在一起,那该怎么办?肃宗很担心,于是令郭子仪去摆平此事。郭子仪受命后,以雷霆般的速度将河中军叛变的主谋抓了起来,斩首示众,并宣布只斩兵变主谋,与其他人无关。太原主将章云京听说之后,也效仿郭子仪的方法,将哗变主谋斩首,不问他人。

肃宗担心之事就这样被解决了，唐军各路人心归拢，兵威复振。

宝应二年（763年），持续七年多的安史之乱终于结束。论功，当以郭子仪为首。经过此事，郭子仪威名远扬，但他最厉害的一面还没有表现出来。

安史之乱之后，大唐如同动了一次大手术，虚弱不堪。

广德元年（763年），吐蕃趁大唐刚刚平定安史之乱，且边塞防御虚弱之际，突然发兵东进，很快便攻破泾州、邠州。代宗知道后，连忙命郭子仪出兵抵抗。

当时，郭子仪的兵权已经被解除，怎么出兵？但朝廷有命，不可不从，为了抵御吐蕃，他只好临时招募了几千散军，驻守在商州。敌军拥有十万雄兵，郭子仪却仅有数千残兵，实力悬殊，如何能取胜？

兵法云：不战而屈人之兵。郭子仪最大的能耐就在于此。

白天，郭子仪命士兵击鼓张旗，虚张声势。晚上时，他命士兵燃火放烟，迷惑吐蕃。另外，还有数百人在长安城击鼓呐喊，宣扬郭子仪率大军来临的消息。表演相当成功，吐蕃以为唐军很强大，自己根本无力与其抗争，连夜逃离了。

还有一次，郭子仪根本无须让士兵演戏，敌军就乖乖撤了。

广德二年（764年），仆固怀恩叛唐，引诱回纥、吐蕃十万大军进攻关中。当时，郭子仪还是一支部队也没有，临时凑了两千人就匆忙赶往了前线。

到了前线，郭子仪亲自率兵列于阵前。敌军问唐军："主帅是谁？"唐军回答："郭令公！"敌军大惊："郭令公还在啊？仆固怀恩说天可汗驾崩，郭令公已死，大唐无主，我们才来到这里。郭令公还在，那天可汗还活着吗？"唐军回答："天子安好！"敌军首领惊慌失措："难道我们被仆固怀恩骗了？"敌军言下之意是：别怪我们，我们以为郭令公不在了，大唐无主了，才敢来。为了验证事实，敌军请求道："郭令公既然来了，能否见上一面？"

郭子仪听到汇报便决定独自到敌营走一遭，众人皆劝："可能有诈，您不能去!"郭子仪说:"这仗我们打不赢,敌军多于我军数十倍,我去会会他们,或许还有转机!"众将士只好妥协,请求郭子仪带五百个精壮一起去。郭子仪又拒绝了:"这样做反而会坏事!"最终,郭子仪只带了几个随从就去了敌营。

敌军最初警惕性也非常高,当看到只来了那么几个人后,就安心了,问道:"郭令公在哪里?"郭子仪将铠甲一卸,将兵器一扔,敌军便认出了他。郭子仪对敌军说:"我们长久以来和睦相处,怎么现在落到要交战的地步呢?"敌军马上丢了武器说:"真是郭令公啊!误会啊!"之后,双方交谈了几句,仗就不用打了!

郭子仪就是这样有能耐,不废一兵一卒就把危机化解,力挽狂澜,奋力扭转乾坤。

雪夜奇袭——李愬

李愬,字符直,洮州临潭(今甘肃)人,中唐名将李晟的第八子,有勇有谋,精骑善射,后被封为凉国公。

李愬是一个很有孝心的人。他的生母早逝,晋国夫人王氏抚养其长大。王氏去世时,由于他不是亲生儿子,李晟让他穿缌麻(古代一种丧服,用细麻布制成,五种丧服中最轻的一种,为关系稍远之人服丧时所穿的丧服)为王氏服丧,李愬哭闹着不愿意。最终,李晟被他的孝心感动,允许他穿齐衰(为二等丧服,缌麻为五等)为王氏服丧。

后来,李晟去世,李愬在墓边搭棚为父守孝,一守就是三年。

李愬虽然是功臣之后,生活在富贵优裕的环境中,但他却不是纨绔子弟,而是一个文武兼备的人。在成名之前,李愬的职务是太子詹事一类的闲官,跟上战场打仗扯不上任何关系。李愬当然不满足现状,他一直在努力寻找机会,希望能够像父亲当年那样,踏上沙场,施展自己的抱负。

之后,淮西发生了一件事,从这件事上,李愬开始在战场上崭露头角。

元和九年(814年),担任淮西节度使的吴少阳去世了。按照规矩,淮西地方应该上报朝廷,朝廷再另派人员前来接替他的位置。但吴少阳的儿子吴元济破坏了这个规矩。他不仅向朝廷隐瞒了吴少阳去世的消息,还自作主张接管了军务,在淮西拥兵自立。

吴元济暗中向成德的王承宗、淄青的李师道寻求帮助。王、李二人向朝廷上书请求赦免吴元济,朝廷没有准奏,于是李师道一方面暗中派兵支援淮西,并派人伪装成盗贼,烧毁朝廷粮草辎重;另一方面派人入京刺杀朝廷上力主讨伐的宰相武元衡,砍伤了裴度(中丞),企图打击力主讨伐淮西的主战派。

然而这并没有让一向有意削平藩镇的唐宪宗停止讨伐在淮西拥兵自立的吴元济,虽然每次征讨淮西都是无功而返。后来,李愬自荐到前线征讨叛军,宪宗封他为攻打淮西的西路唐军统帅。

李愬到任后,发现军队连连吃了败仗,士气异常低落,他意识到当下的首要任务就是整顿军队,提高士气。为此,他采取了几项措施。

第一,他亲自慰问将士,抚慰伤员,以此来稳定军心,并假装懈怠军务,示弱于敌军,让敌军认为自己懦弱、无能,由此放松警惕性。

第二,上任不久后,他就计划了奇袭蔡州的方案,挑选了三千精兵组成敢死队,每天亲自训练他们,做好随时奇袭蔡州的准备。

第三,他观察到淮西因为连年用兵,农业荒废,百姓们填不饱肚子,纷纷逃出淮西,来到唐军的控制区。李愬明白"得民心者得天下",他安置了五千户淮西百姓,设县令安抚,并派士兵保护。此举为日后攻下蔡州奠定了坚实的基础。

第四,为了进一步打击淮西敌军的士气,增强自身实力,李愬对俘获的敌军将士很是优待,并大胆地重用降将。比如,他曾俘获吴元济的手下骁将丁世良,不仅没有拿他祭旗,还赐予他官职,予以重用。丁世良感激之余,主动请求为李愬效力,他向李愬献计,拿下了在文城栅帮吴秀琳出谋划策的陈光洽,还招降了吴秀琳部下的三千多人,连攻下几城,大大提高了李愬军队的士气。李愬欲攻取蔡州,问计于吴秀琳。吴秀琳认为想要攻取蔡州,必须有李佑的帮助,于是李愬便设计擒获了李佑,并委任他为将领。李佑因为受到重用备受感动,尽心尽力地为奇袭蔡州献策。同时,每当得到归降的士兵,李愬还注意询问有关淮西的内情,这样他很快就摸透了敌方的情况,为奇袭蔡州的成功奠定了基础。

第五,李愬为了建立一个奇袭蔡州的最佳基地,先后出兵攻取了淮西在蔡州以西和西北的据点,与北线郾城一带的唐军连成一气。后又攻下蔡州以南及西南的据点,切断了蔡州与申、光二州的联系。随后,李愬将部队驻扎在了距离蔡州只有六十五公里的文城栅。

以上的这几项措施,都为李愬攻下蔡州取得胜利创造了有利条件。现在他要做的就是等待时机的到来。

元和十二年(817年)九月,北路军大展神威,在郾城打败三万淮西军队。郾城的失守,令吴元济很恐慌,于是他将自己的亲军以及蔡州的守军全部调到北部由董重质防守的洄曲,加强防御。

此时,袭击蔡州的条件已经成熟了,李佑便向李愬进言说:"吴元济把淮西的精兵都分布在洄曲和边境,留在蔡州的全是一些老弱残兵,如果我们乘虚直捣其城,出其不意,就可以一举擒获吴元济。"李愬采用了他的意见。

十月初十,寒风呼啸,大雪纷飞,敌军放松警惕,这种天气十分利于奇袭。于是,李愬趁着这种天气开始行动了,他命李佑率领三千敢死队为先锋,自己率三千士兵为中军,命李进城率三千士兵殿后。

将士们伴着风雪,来到了蔡州。这个自从吴元济的父亲抗拒朝廷以来,唐军就从未踏足过的地方,该怎么悄无声息地进入呢?

在城外,李愬看到了一个鹅鸭池,顿时心生一计。他命人前去追赶鹅、鸭,让这些牲畜的叫声掩盖人马的声音。

后来,趁守城的士兵呼呼大睡时,李佑等人在城墙上掘土为坎,顺利地爬上城墙,杀死了正在熟睡的守门士兵,打开了城门,士兵们悄悄地进了城。

但蔡州城里,也有警惕性比较高的人,他们发现动静后,急忙向还在睡梦中的吴元济报告,但吴元济没当回事儿,认为是囚犯在作乱,或者是洄曲的守军前来索要辎重,直到听见外面唐军的吆喝声,吴元济才清醒过来。可这个时候已经晚了,他已经被围困,只能带着少数的人马登牙城抵抗,并等待援军前来相救。

李愬知道,在洄曲还有董重质的一万兵马,如果他率兵来解吴元济之围,也是一桩麻烦事。于是,他在蔡州城中找到董重质的家人,厚礼安抚,并派董重质的儿子带着自己的书信前去洄曲劝董重质投降。董重质看到儿子带着书信前来,再一问蔡州的情况,知道大势已去,便独自骑着马到蔡州向李愬投降。

两天后,李愬率兵再次向牙城发起进攻。这个时候,蔡州的百姓也都纷纷前来相助,自带稻草帮助唐军烧毁了牙城南门。傍晚,城破,吴元济投降。历时四年的征讨淮西战役,终于在这晚结束了。

这次奇袭能够这样不费力气地完成,主要是因为李愬在此之前做好了充分的准备,他治军有方,得人心;又敢重用降将,能察敌情;还能抓住时机,利用风雪交加的天气,置之死地而后生。此战是李愬军事生涯中最光辉的一战,李愬也因功被封为凉国公。

后来,李愬又被任命为凤翔节度使,率军平定李师道叛乱。长庆元年(821年)李愬病逝,享年四十九岁。

第六章

宋元喋血

满门忠烈——杨业

提起宋朝，人们一定会想到杨家将。说到杨家将，就必须要聊一聊杨业了。众所周知，第一代杨家将就是杨业。

杨业，原名重贵，有评书称其为杨继业，并州太原（今山西太原）人，原为北汉名将，后降归北宋。

自少年时，杨业就精骑善射，且性格洒脱，经常和同伴一起外出打猎，每次所得猎物都比其他人多。他还曾对伙伴们说："我以后一定要当将军，领兵打仗，就像现在我们追着猎物跑一样。"初涉人世，便有这样的志向，可见杨业并非平凡之辈，日后必有所成就。

杨业二十岁时便跟随在刘旻（五代十国时期北汉开国君主，原名刘崇）身边，他英勇善战，战功累累，所以人送外号"杨无敌"。

在杨业还是北汉节度使（总管统兵）的时候，宋太宗赵光义率兵攻围太原，挥兵猛烈攻城。此时的北汉处于外无援兵、内兵盼降的境地，杨业见此战已无挽回之地，于是劝刘继元（北汉英武帝）投降，以保全朝臣和全城百姓的性命。

宋太宗听闻杨业骁勇善战的美名久矣，北汉投降后，他马上召见杨业，并授予其右领军卫大将军（宋朝为正五品官职），班师回朝后，又封其为郑州刺史（地方检察官）。这大概是中国历史上为数不多的投降之后功名未立，先受封赏的案例吧。当然，杨业后来的表现也对得起宋太宗对他的重用。

杨业驰骋沙场，战功累累，宋朝为数不多的胜仗之一的雁门关之战就是他所指挥的，此战创造了中国战争史上以少胜多的奇迹。

雁门关自古便是兵家必争之地，以一个"险"字著称，被誉为"中华第一雄关"，在辽宋战争中占据了非常重要的地位。雁门关长城是北宋重要的防御工事（碉堡、掩体）之一，具有"一夫当关，万夫莫开"之势，由此可见，雁门关的重要性。

雁门关这一战，杨业正是靠着天险之势，一举击溃辽军的。

话说，辽国为雪半年前的满城之耻（发生在河北满城，宋军诈降大败辽军，史称"满城之战"），派西京大同府节度使、驸马侍中萧咄李率兵十万直奔雁门关，而杨业仅率几千骑兵，敌我兵力悬殊，将士们都没有信心可以打胜仗。杨业心里清楚，毕竟宋军占劣势，正面迎战恐怕是有去无回，便决定以奇制胜，他当机立断，率领手下骑兵从小路绕到雁门关北面，从辽军后方突袭。当时，辽军正信心满满地向南进攻，结果被杨业打得措手不及，阵仗全乱。

"挽弓当挽强，用箭当用长；射人先射马，擒贼先擒王。"这个方法可以说是在战场上屡试不爽，所以说，率军将领要有很强的自我保护能力，方能稳定全局，不然若有失误，手下的士兵就会群龙无首、乱了阵脚。而萧咄李就是这么一个死在杨业手下的倒霉蛋，谁让他穿得金光灿灿，太过亮眼了呢。他的老师一定没教过他低调做人的道理，在他还自负地想象着班师回朝后领取恩赏的空当，杨业就已经冲到了他的身边。这是他身为领兵之帅的悲哀，一个将军的死要是放在平时，怕是搅动不了风云，但是在战场上就不一样了。

萧咄李倒下后，没有主帅的辽兵变成了无头苍蝇，再不是阵仗规整的宋军的对手，一时之间，逃兵无数，杨业率兵乘胜追击，生擒了辽军的指挥使李重海。

雁门关大捷使杨业威名大振，辽军对"杨无敌"的称号闻之丧胆，再不敢轻易来犯。但是究竟这场胜仗对于杨业来说是福是祸，还不能轻易下定论。杨业的身份是北汉降将，宋太宗留他性命，还派给他如此重要的任务，朝中肯定会有不满的人。果不其然，雁门关大捷的消息传到京中，得到的不是赞扬声，而是大臣们的弹劾奏折，尤其是戍守边疆的将领们极为嫉恨。

这些弹劾奏疏中，无非就是说：杨业是北汉旧臣，而北汉素来与辽交好，此次雁门关之战，以少胜多本不可能，一定是他与辽军暗中勾结。天知道，杨业根本没有勾结辽军的心思，他身为降将，又深得宋太宗重用，所以一心想要报效国家，哪里会有这些歪心思，况且雁门关一役本就是正义之战，他为人正直，怎么会去勾结侵略者？欲加之罪，何患无辞。杨业百口莫辩。

所幸，宋太宗还算清醒，他没有听信小人的奏言，而是在看过这些弹劾奏疏后，一一封好交给杨业过目，表示对他的信任。虽然如此，杨业心里很清楚，皇上这么做，并不全是表达信任之心，也是在提醒他，现在朝中以他为敌的人很多，所以不要有什么非分之想，忠心事主就好。

杨业当然不会有非分之想，这些朝臣的话他可以完全不当回事，也不会想要去反击这些人。但是，害人之心不可有，防人之心不可无，杨业没有意识到这一点，正是因为如此，他的命运才终结于雍熙北伐。

982 年，辽景宗染疾而亡，年仅十二岁的耶律隆绪继位，辽国朝政是不稳。986 年，宋太宗为了收复燕云十六州，便不顾朝臣反对，发动了北伐。宋军兵分四路，其中杨业为西路军的副将，作战经验丰富的潘美（北宋的开国名将）为主将，监军由皇上身边的大红人王侁担任。事情就坏在王侁身上，虽然他是名门之后，也立有战功，可却是出了名的刚愎自用。

当时，杨业分析战情，建议分兵前往应州（位于山西应县），将辽军引向东面，伏兵围射，以阻击辽军，保全百姓撤离，但这却得到了王侁的嘲讽，他指责杨业胆小怕事，怕是有帮助辽军的心思。而潘美忌惮王侁的势力，并没有帮杨业说话。

杨业自知拗不过王侁，只好接受了王侁直接进攻的作战方式，并承诺自己会做先锋，杨业知道此战必定不会有好下场，便约定潘美和王侁二人领军在陈家口（位于山西宁武）摆阵，待其大军退至陈家口，两军便从左右两翼领兵援战。

杨业率兵遇到辽军后，一路浴血奋战，好不容易撑到陈家口，却发现原先约定好的王侁、潘美并没有来接应支援。原来，王侁等了许久不见杨业大军,以为他已经打了胜仗,急于争功,就率兵离开了陈家口。潘美无可奈何,只好带兵向西南方向行军二十里,也离开了陈家口。

杨业一路撑到陈家口已经是伤痕累累,手下士兵也死伤无数,当他看到空空如也的谷口时,彻底绝望了,仰天叹息道:"皇上待我不薄,交给我重要的任务让我保家卫国,可是没想到如今受到小人的逼迫,军队落得如此田地,我哪里还有脸面活着?"

但是他不忍心手下的将士跟他一同殉国,就命令他们突围出去,回朝报告皇上,但是手下的人没有一人肯听他的。平日里,杨业对将士宽厚仁爱,行军时也与他们同甘共苦,所以大家都十分敬重他,没有一人愿意丢下杨业,都甘心与之留下奋勇杀敌,结果死伤殆尽。

杨业拼尽力气杀敌数十,最后耗尽力气被辽兵俘虏,但是他不愿独自苟活,绝食三日而亡。

面涅将军——狄青

狄青,字汉臣,北宋名将,汾州西河(今山西汾阳)人,面部有刺青,善骑射,人称"面涅将军"(即面上刺字的将军,说明地位低贱)。

狄青出身贫寒,十六岁的时候,因为兄弟与人打架,狄青代替兄弟受罚,被"逮罪入京,窜名赤籍",他便进入了军队。

在军中,狄青善骑射,早期是御马直的一名骑兵,后来选做散置。宝元(宋仁宗年号,1038—1040 年)初期,西夏李元昊反叛,朝廷下诏选将领到边疆平叛,任命狄青为三班差事、殿侍兼延州指使。

当时在前线的偏将屡次被西夏打败,很多士兵对西夏的兵将产生了畏惧。狄青行军打仗的时候都亲自做先锋,征战四年,前后大小打了二十五场战斗,身中乱箭多达七八次。狄青率军攻陷了金汤城,夺取了宥州,屠杀了硼咩、岁香、毛奴、尚罗、庆七、家口等部族,焚烧西夏储备的粮食数万石,收缴帐篷二千三百只,俘虏五千七百人,又建立了桥子谷城,筑建招安、丰林、新砦、大郎等城堡。这些城堡都扼制着敌方的要害之地,有着重要的军事和政治意义。

狄青作战勇猛,不畏生死,安远一战中,他受了很重的伤,但听说西夏军到了,他又挺身赶往,士兵也气势大振,奋力拼搏。作战的时候,狄青披头散发,头戴青铜面具,出入敌军之中,让西夏军闻风丧胆。

尹洙任经略判官的时候,狄青以指使的身份求见。两人一番谈论以后,尹洙很欣赏他,便把狄青推荐给经略使韩琦、范仲淹,并说:"此人乃良将之才。"

两人见到狄青以后,觉得他是个奇才,对他厚礼相待。范仲淹教他

《左氏春秋》，教他兵法，告诉他只是勇猛在战场上并不会有什么出路，身先士卒总会有死的一天，古往今来，很多的将帅都懂得兵法。

狄青从此以后开始认真读书，终于精通兵法，因此更加有名。狄青凭借战功升任西上阁门副使，后又晋升为秦州刺史、泾原路副都总管、经略招讨副使，又加升为捧日天武四厢都指挥使、惠州团练使。

宋仁宗听闻狄青多次建立战功，想要召见他，向他询问军国大计。此时正遇到西夏侵犯渭州，宋仁宗便让狄青画军事地图送上来。西夏李元昊向北宋称臣以后，狄青调任真定路副总管，历任侍卫步军殿前都虞候、眉州防御使、升部郡副都指挥使、保大安远二军节度观察留后，又升为马步郡副都指挥使。

狄青在军队中奋斗了十多年以后才逐渐出人头地，当时脸上还有伤疤。宋仁宗曾劝他敷药除去黑疤。狄青回答说："陛下根据臣的功劳提拔臣，而没有问过臣的出身；今天臣之所以能有这样的成就，就来源于这些伤疤，臣希望保留好它鼓励军队，不敢奉行您的命令。"后来狄青又以彰化郡节度使身份任延州知府，又升为枢密副使。

皇祐年间（1049—1054年），广源州蛮侬智高反叛，攻陷邕州，接着又攻破了沿江的九个州，包围了广州城，在岭外一带徘徊。杨畋等安抚使负责处理平定蛮人的叛乱，但宋军前去长时间并没有任何成绩。宋朝又命孙沔、余靖做安抚使率官军讨伐叛贼，但宋仁宗还是有些不放心。狄青就主动请战。

第二天入见宋仁宗的时候，狄青说道："微臣当兵出身，除了在战场杀敌，没有什么可以报效国家的了。希望能带着数百骑兵，再加上一些禁军，臣定能砍下叛贼的头颅带回京城。"

宋仁宗见此，对狄青佩服有加，就任命他为宣徽南院使、宣抚荆湖南北路，负责处理广南叛乱的事情，并在垂拱殿设酒为他送行。当时侬智高回师重新占据邕州，狄青联合孙沔、余靖的部队进驻宾州。

在此之前，蒋偕、张忠都因为轻敌战死，官军士气低落。狄青命令各将领不得擅自与叛军交战，一切军务都要听从他的统一指挥。广西钤辖陈曙趁狄青还没有到的时候，擅自率领八千步兵攻打叛军，结果在昆仑关大败。狄青听闻此事，立即将擅自出兵的陈曙一干部将，以战败逃跑罪，全部推出去斩首了。

后来宋军休整十天。叛军侦查的人回报，以为宋军要休整些时日，没想第二天狄青就集合军队人马，一昼夜就闯过了昆仑关，从归仁铺出来布阵。叛军失去了重要的战略阵地之后，都出来应战。前锋孙节与叛贼在山下搏斗而死，叛军的气势极高，孙沔等人都吓坏了。狄青手举白旗指挥骑兵，从左右两翼冲出，叛军立刻惊慌不已。狄青大败叛军，追了五十里以后，斩了数千首级。侬智高同党伪官僚吏属被杀死的有近六十人，叛军被生擒五百多人，侬智高在夜间放火烧城以后逃走。

黎明时分，狄青进入邕州城，缴获金银玉帛数万计，杂畜数千，又召集了曾经被叛军俘虏的七千二百人，抚慰之后将其全部释放、遣散。随后，狄青将所斩敌将的头颅挂在邕州城下示众。

宋仁宗发兵剿灭侬智高时，交趾人曾请求出兵帮助朝廷讨伐侬智高，余靖说他们可信，便在邕州、钦州准备了万人的粮草等待他们。宋仁宗还下诏用三万缗钱赏赐交趾国做军费，并许诺平定叛乱以后再进行厚赏。狄青来到以后，传令余靖不要再派使者到交趾借兵，并上奏说："李德政声称会率领步兵五万、骑兵一千赶来支援，让交趾国派兵前来消灭内寇，对朝廷不利。仅仅一个侬智高朝廷就已经不好对付了，如果再向蛮夷借兵，蛮夷贪得无厌，不仁不义，发动战争，我们就更加无法抵御了。"狄青的意见被朝廷采纳，叛军被平以后，人们对他都非常佩服。

狄青后来复任枢密副使，升护国军节度使、河中尹。回到京师以后，宋仁宗嘉奖他的功绩，任命他为枢密使，并且赏赐他一套在京师敦教坊的宅第，还优先给他的儿子们加官晋级。

狄青担任枢密使四年，每当他出现的时候，士兵们总会指着他互相夸奖。谏官因狄青家的狗生角，并且多次发光，就请求将他调出京师保全他的声誉，但宋仁宗没有答复。

嘉祐元年（1056 年），京师发大水，狄青避水将家搬到相国寺，竟在佛殿上居住。民间对他的做法颇有议论，朝廷便任命狄青为国中书门下平章事,离开京城,调任陈州知州。

嘉祐二年二月,狄青因嘴上生毒疮,抑郁而终。皇帝为他哀悼,追赠他为中书令,赐谥为"武襄"。

熙宁元年(1068年),宋神宗给近世将帅排名次,认为狄青从从军出身到名震中华,为人深沉而有谋略,为人谨慎,保全名声,做事有始有终,对狄青颇为感慨和思念。

大宋虎将——韩世忠

韩世忠,字良臣,延安(今陕西省绥德县)人,南宋时期的抗金名将,与岳飞、刘光世、张俊并称为"中兴四将"。

韩世忠生于北宋年间,身材魁梧,能征善战,却也是一个诗人,曾留下"荣贵非干长生药,清闲是不死门风"和"自古英雄都如梦"的千古名句。

韩世忠和岳飞很相像,都是出身普通农民家庭,果然是应了"寒门出贵子"那句老话。韩世忠性情憨厚、乐于助人,从小就喜欢习武,力气过人。

父老乡亲看韩世忠是一个习武之才,纷纷劝他走从军报国的道路,所以,韩世忠未满十八岁就参军了。韩世忠刚入伍就得到了上战场杀敌的机会,而且由于表现勇猛被提拔为小队长,统管十几人。所管士兵虽然不多,但对于十几岁的韩世忠来说已经是不小的成就了,所以他尽忠尽职,努力把兵管得服服帖帖,虽然他年纪小,但是作战勇敢无畏,手下的兵因此都很敬重他。

作战时,韩世忠常常独自冲进敌营,斩杀敌军将领,扰乱敌军军心,从而掌握战争的主动性。军中将领因此都对韩世忠刮目相看,认为他是个不可多得的战争奇才,所以上书朝廷,请求重用韩世忠,但是权宦童贯(北宋六大奸臣之一)怀疑汇报的真实性,只给他升了一级。

行军初期,韩世忠虽然官职不高,手下的兵马也有限,但由于善用奇兵,果敢冷静,立下了不少战功。

靖康元年(1126年),金兵南侵,与宋军大战,占领真定(今河北正定)。宋军被数万金兵围追,退至赵州城。城内兵粮匮乏,城外重兵围城,有人主张弃城投降,也有人想要突围出城,无论何种法子,都是要放弃赵州城了。这种情况下，韩世忠下达死令，若有人再提出弃城，斩立决！

当天夜里，大雪纷飞，韩世忠趁金兵松懈之时，亲自挑选了三百名精卒，带着他们悄悄出城，潜入金兵主帅营帐，杀死主帅，而后带兵偷袭金兵驻地，制造宋军进攻的假象。天黑视线不明，又有大雪做迷障，致使没有准备也没有主帅的金兵自相残杀，经过一夜，金兵死伤惨重，整个驻地的雪都被染成了红色，金兵第二天才发现与他们恶战一夜的竟是自家兄弟，就连主帅也不知何时阵亡，一群人成了无头苍蝇，再无心应战，退散而去。

这次用奇招击散金兵，除了保住了城池之外，还几乎未损兵力，韩世忠凭借着自己的才能，成功地走入了人们的视线。

然而，令人没想到的是，金军的报复很快就来了。靖康二年，金军攻破东京（今河南开封），俘虏了宋徽宗、宋钦宗父子，北宋灭亡。宋徽宗的第九个儿子康王赵构因为不在京城而保全性命，在南京（即河南商丘）登基称帝，建立南宋。

随后，金兵又举兵南下，宋高宗慌忙逃亡，逃到杭州一带。悲剧的是，南宋将领苗傅和刘正彦又趁乱发动了"苗刘兵变"，逼宋高宗退位。

危难关头显身手，韩世忠从海路出发与张俊（南宋将领，曾与岳飞、韩世忠、刘光世并称为"南宋中兴四将"）会合，击退叛军，斩获叛将。这次兵变得以平复，韩世忠功不可没，被任命为武胜军节度使、御营左军都统制，并因此一跃成为宋高宗身边的亲信，地位和名声都大大提升。

建炎三年（1129 年），完颜宗弼再次南下，占领了建康（今江苏南京）。宋高宗一口气逃到海上，才逃过了被俘虏的命运。随后，金军烧杀抢掠之后，满载财物准备北撤。韩世忠料定完颜宗弼此行孤军深入，难以久居，就决定来个持久战。他想：这是在我们的地盘上，你们人多有什么用？看谁能耗过谁？于是，韩世宗开始操练水兵，以作战做预备。

正月上元节这天，韩世忠为了迷惑敌军，与手下在秀州（即浙江嘉兴）假意过节，他们载歌载舞，张灯结彩，好不喜庆。完颜宗弼果然上当，率军从临安一路沿着大运河北上，准备渡过镇江北归。

韩世忠料到完颜宗弼被他这么一糊弄，定是走镇江这条路，于是率精兵八千余人、战船百余艘，急至镇江，抢占先机，占领了有利地形，切断了金军的北归之路。之后，宋军和金兵展开了激烈的战斗，韩世忠亲自乘艨冲（又叫艨艟，古代的一种战船，速度很快）指挥作战，他的妻子梁红玉（宋朝著名抗金女英雄）亲擂战鼓助阵宋军，宋军被夫人的气势所撼，一鼓作气击败金兵水师，歼敌数百人。

完颜宗弼这一仗被打得措手不及，只好向韩世忠示好，表示愿意归还所掠人马及金银财宝，并献上礼物宝马，以求韩世忠让其渡江，韩世忠当然不会同意，当即严词拒绝。

完颜宗弼自知韩世忠不会轻易借道，就率兵西行，另寻出路。可惜，完颜宗弼忘了，这里是别人家的地盘，不是他想来就来想走就走的，长江的水路，他是半点不熟悉的，北岸有韩世忠的水师阻隔，后面又有宋军追兵，慌乱之中，完颜宗弼大军竟驶入了黄天荡（位于长江下游，今江苏南京），这里江面辽阔，为南北险渡。完颜宗弼行军至此，已是死路一条。

韩世忠命战船封锁黄天荡的唯一出口，令随军工匠赶制铁钩和铁绳，战船分两路待命夹击，只等着金兵冲出黄天荡之时，让军中彪悍的军士用铁钩和铁绳投掷金兵的冲锋轻舟，使其侧翻在江。

完颜宗弼没想到韩世忠会来这一招，为了寻求破敌之计，他出榜招贤。四月，福建人王某为求财，向完颜宗弼献了一个妙计。他建议完颜宗弼作战时采用火攻，轮番发射火箭，可将韩世忠击败。

完颜宗弼依计而行，用火箭射中船篷，导致宋军船阵大乱，节节败退。这种情势下，除非韩世忠是神仙，否则如何也抵挡不住完颜宗弼。结果，完颜宗弼成功渡江北归。

黄天荡一战，韩世忠先胜后败，虽败犹荣。此战中，韩世忠抢占险要之地，利用长江之险，以八千兵力围困完颜宗弼十万大军四十余天，导致金兵再不敢轻易渡江，南宋王朝的半壁江山才得以保全。

因为这一战，韩世忠名扬四海，宋高宗则更加信任他，再加上韩世忠后来的接连战功，更让宋高宗对他大行功赏。

但是，自古君王的心思都是捉摸不透的，今天对你封赏，明天也有可能降你的职。

精忠报国——岳飞

岳飞,字鹏举,宋朝时相州汤阴县(今河南安阳汤阴县)人,南宋将领,中国历史上著名的抗金英雄。

岳飞出生在一个普通的农户家庭,少年时,沉默寡言,爱读兵书,善于骑射,而且力气很大,能挽弓开弩。二十岁那年,岳飞偶然间听说河北宣抚司刘韐正在招募"敢死战士",经过多方打听,参加了招募的选拔,经过层层筛选,岳飞脱颖而出,成为敢死小分队的队长。从这一年开始,岳飞步入了军旅生活。

任小分队队长期间,相州(今安阳市)两个贼寇作乱扰民,岳飞自请前去剿杀。他率领百名骑兵,使用伏兵之计,不辱使命地生擒了两个作乱的贼寇。

然而,还没等进一步显露才能,家中便传来父亲岳和逝世的消息,岳飞只好告别军队,回家为父亲守丧。父亲从小就教导他要做一个尽忠报国的良将,所以父亲的离世更加坚定了他保家卫国的决心。没过多久,岳飞便回到了军队。

从军的经历中,岳飞目睹了老百姓遭受金人统治的悲惨生活,愤慨不已,立志要抗金杀敌,但又担心母亲孤苦无依,在兵乱中难保安全。岳飞的母亲深明大义,她积极鼓励岳飞从戎报国,不必挂念她,还在他的背上刺下"尽忠报国"(后世演义为"精忠报国")四个大字。这四个字后来成为岳飞终生所遵守的信条,所以他每次作战都努力抗敌,奋不顾身。

靖康元年(1126年)十二月,岳飞独自带领一支三百骑兵的小分队到前线侦查,突遇金兵,虽然岳飞是初出茅庐,但他毫无畏惧之色,斩杀敌军将领,英勇无比。在后来滑州的对抗战中,岳飞一马当先,冲在前线,率领近百骑士兵杀破敌军。这两次战斗虽是并无大难的小战,但却让岳飞在军中崭露头角,获得一些人的赏识,战功虽小,却是在一点一点地塑造更为强大的岳飞。

靖康二年(1127年),岳飞经历了中国历史上著名的"靖康之耻",宋徽宗和宋钦宗父子被俘虏,皇室宗亲及朝臣客卿也一同被俘,京中国库积蓄被抢注一空,百姓群龙无首,叫苦不迭。这次"靖康之耻"直接导致了北宋的灭亡。岳飞在他的《满江红》中发出了"靖康耻,犹未雪。臣子恨,何时灭"的慨叹。

随后,康王赵构于南京(今河南商丘)即位为宋高宗,成为宋朝南迁的第一位皇帝。赵构即位后,对金还是延续了北宋朝廷的妥协态度,他听信奸臣汪伯彦和黄潜善的话,打算避战南迁。岳飞得知这个消息,诚心诚意地上书宋高宗,劝他亲率六军北渡,收复中原。

岳飞想要收复中原的赤胆忠心,令人敬佩,但是他却太过单纯,没有体会到宋高宗的意思。这个时候,宋高宗绝对是不想打仗的,可岳飞偏偏让宋高宗亲征,这不是自讨苦吃吗?果不其然,他被扣上了"小臣越职,非所宜言"的帽子,被革职削除军籍,赶出军营。

虽然落了个悲惨的下场,但岳飞抗金报国的初心从未改变,他来到抗金前线北京大名府,遇到了他的贵人河北西路招抚使张所。张所听说了岳飞的遭遇,十分赏识他,破格纳入岳飞,让他在抗金名将王彦手下带兵。

岳飞一路上可以说是摸爬滚打,一点一点积攒阅历,一路升迁,慢慢壮大起他的岳家军,收获人心。

岳家军的强大与岳飞坚定报国的心志和严厉治军的态度脱不了干系,岳家军的主力曾在一个多月的时间里,接连进行了几次大规模的会战:颍昌之战、陈州之战、郑州之战、洛阳之战、郾城的两次大战、临颍的两次战役、颍昌决战等。岳飞北伐中原,消灭了金军的有生力量,使得金军军心动摇。南宋抗金斗争因此发生了巨大的转机,如果再努力向前,沦陷的中原很快就可以收复了。这个时候,岳飞兴奋地对众将士们说:"直抵黄龙府,与诸君痛饮尔!"而金军则哀叹道:"撼山易,撼岳家军难。"

然而,贼寇难以撼动的岳家军却惨遭南宋朝廷内部的摧残。

当抗金战争取得辉煌的成绩时,宋高宗却很生气,岳飞竟然敢挑战他的君威,不听旨意,恐怕宋高宗此时已经有了杀了岳飞的心思。因为他听说岳飞要"直捣黄龙,迎回二圣"。迎回二圣(即宋徽宗和宋钦宗)岂不是要他下台,收走他的皇位?

岳飞一心要收复中原,哪里想得了那么多,可是宋高宗已经开始算计他了。宋高宗懂得"将在外,君命有所不受"的道理,更何况岳飞打了胜仗,这个时候惩治他,恐怕会引来人神共愤。所以,尽管宋高宗心里不满,但他还是赏赐了岳飞及岳家军。

同时,宋高宗也打定主意了,绝对不能让岳飞再继续打下去了。他才不管这样做会不会断送军队的胜利成果,一天之内竟发出十二道金牌诏令岳飞班师回朝。

岳飞正在军中部署兵力,接到十二道金牌班师诏后绝望了,面对自己亲手训练出来的热血岳家军,他第一次感到了无奈的痛苦,仰天长啸:"十年之功,废于一旦!"

岳家军班师回朝的路上,渴望王师北定中原的父老乡亲,拦道恸哭。岳飞为了保护百姓,故意扬言明日渡河,吓得金军连夜北逃,使岳飞得以从容地组织百姓南迁到安全地带,才撤离中原。

岳飞一回到临安,立马落入秦桧等人所布下的圈套。

绍兴十一年(1141年),岳飞被诬告谋反,遭受严刑逼供。然而,秦桧一伙儿根本没能从岳飞身上找到任何"谋反"的证据,折腾了一番,秦桧最终以"莫须有"的罪名将其杀害。一代精忠报国的名将就这样冤死狱中,因此有了"青山有幸埋忠骨,白铁无辜铸佞臣"的绝唱。

对于岳飞之死,百姓皆愤愤不平,大骂秦桧这个奸佞小人。可是,老百姓们怎会知道,区区一个秦桧哪会这么容易扳倒岳飞,说到底,还是因为岳飞得罪了宋高宗,而且功高盖主本来就是历代皇帝所忌讳的,所以才引来了杀身之祸。

　　总之,君臣已生嫌隙,高宗杀心已起,就只差一根导火索,而秦桧伴君左右,洞察君心,他也早已想要铲除岳飞,所以顺理成章地做了"刽子手"。可惜,岳飞一心保家卫国,抗击金兵,最后却冤死在奸臣昏君之手。

南宋半壁一柱——孟珙

　　孟珙,字璞玉,号无庵居士,绛州(今山西新绛)人,南宋时期抗蒙灭金的名将。

　　孟珙自少年时就跟随父亲孟宗政,参加抗金战争,并立下了不少战功,这恐怕与孟珙出生于军人世家有关。他的曾祖父孟安是岳飞的部属,也许是这个原因,传说孟珙率军路过秦桧的墓地时,让士兵们浩浩荡荡地在坟头上大小便,场景甚为壮观。孟珙的父亲孟宗政是南宋抗金将领,曾大退金兵。

　　青出于蓝而胜于蓝,一代更比一代强,孟珙也不输祖辈、父辈,他的功绩最终超过了他们。

　　军旅生涯的锻炼,使孟珙练就了勇猛的精神。一次,孟珙跟随父亲孟宗政作战,一场恶战之中,两人打散了,孟珙心里有点慌乱,他一边忙于应对身边的金兵,一边焦急地寻找父亲,担心父亲遇到什么不测。突然,他望见敌军的骑兵包围了一个白马白袍的将领,孟珙一下认出这就是父亲孟宗政,便高声喊道:"吾父也!"单骑冲进敌军包围圈中,竭力杀敌,将父亲解救了出来。这段勇敢救父的事迹一时在军中被传为佳话。

　　后来,孟宗政去世,边城的百姓罢市为其哀哭。虽然孟宗政不在了,但是他培养出了一个比他还要厉害的儿子。孟珙谨记父亲生前教诲,不负父亲期冀,一路迁升,立下不少战功。

　　一个人的成功需要贵人的帮助。宋理宗赵昀可以说是孟珙的贵人,他早就赏识孟珙,所以在他即位后,孟珙接连升迁,从而有机会大展身手。

南宋朝廷苦于国家正规军战斗力不强，所以允许部分将领私募军队。孟宗政生前就曾招募了一批壮士组成"忠顺军"。孟宗政死后，孟珙接手了"忠顺军"，自此，他也成为手握军队，镇守一方的军官。

孟珙在治军统制方面也很有能力。军队最重要的外部条件就是战马和粮草了，军兵再精良善战，没有了粮草和战马，就像是一棵没有根的大树，随时会倒下，为了解决马少粮缺的问题，孟珙建立了自给自足的屯粮制度。

比如，忠顺军在枣阳驻军时，孟珙上书奏请朝廷后，设立十庄三辖，使军民分别屯田。为了解决农田灌溉问题，他还率兵修建了简易的堤坝（即堰塘），用于储存山水和雨水。堰塘工程完工后，大大提高了粮食产量，一年下来可收成十几万石，不仅可以解决军队士兵的粮食需求，还有结余供战备粮储存。

孟珙还给忠顺军每家每户分配养马任务，养马用的饲料皆由公款报销。这种喂养方法使得战马个个都长得精美肥壮，避免了因大批喂养所导致的不良状况。

孟珙统军期间政绩卓然，朝廷一再提升，并把枣阳军分给孟珙编进忠顺军，由于忠顺军被分为三部，所以称为"忠顺三军"。

在宋金停战期间，蒙古军队也渐渐崛起。蒙古军人身形彪悍，善于骑射，马上的作战功夫极好，是一支精锐的部队，就连强大的金兵主力也溃散于蒙古军的铁蹄之下，金兵接连失去几名大将，大势渐去。

蒙古与金国苦大仇深，南宋跟金国的关系就更不用说了。于是宋蒙结盟联合抗金。

1233 年，宋蒙同盟军围攻蔡州（金国的临时皇都），孟珙担当南宋的总指挥，于蔡州城南与蒙古军会合。蒙古大将塔察儿对孟珙早有耳闻，十分赏识他的军事才能。二人相见恨晚，当即结拜为兄。

这时，蔡州城内早已断粮，兵力不足，金军万分恐慌，不过倒也不坐以待毙，某天忽然打开东门出战，希望能杀出重围。孟珙才不会给他们希望，断其归路，俘虏了不少将士。审问俘虏后，孟珙知道了蔡州城断粮的情况，断定金军势要拼命，于是下令严防金兵突围。但还有一个问题就是,结盟作战很容易出现误杀友军的情况,对此,孟珙用两军画地分战南门和西门的策略解决。

按说,在宋蒙两军联手下,蔡州城应该很快就能攻下,但是金军事先在城内挖了深壕,所以宋蒙联军一时难以深入,只能朝城内不停地发射箭弩。为了进一步打击金军,孟珙采取了心理战术,他下令士兵在城外大开盛宴,大吃美食,以此来刺激金兵。金兵闻到肉香,几乎要发疯。有降者从城上缒城而出,告诉宋军城内能吃的都已经吃完,金军甚至开始斩杀自己的败军为食了,蔡州城简直就是活地狱。于是,孟珙下令将云梯分布城下,准备攻城。

随后,蒙古军首发,全力进攻西城门,一边用炮火焚毁城楼,一边凿开城墙,强势入城,金军奋力抵抗,战至天黑,蒙古军仍不能入城,只好选择暂时退兵。

金国主君金哀宗见大势已去,自觉死期已到,于是禅位于金朝元帅完颜承麟。没想到禅位仪式还未举行完,宋军便架云梯从南门登城,将宋军旗帜竖在了南门楼上。此时,蒙古军被金军堵在西门外,宋军便从背后驱散金军,攻下西门,放蒙古军进城。之后,宋蒙联军与金军开始了惨烈的战斗。金哀宗得知消息后上吊自尽,并令人在他死后将尸体焚烧,以免落入宋蒙联军手中。不过,金哀宗的愿望并没有达成,他的尸体后来被分成两半,宋蒙各得一半,而完颜承麟只当了几个小时的皇帝便一命呜呼了。

强大的金朝终于灭亡,岳飞、韩世忠没有达成的愿望,孟珙实现了。金国灭亡,靖康之耻得以昭雪,侵扰宋朝多年的“恶狼”终于倒下了。

然而,没了金国这匹年老的“恶狼”,蒙古这只“猛虎”又崛起了。所以对孟珙来说,他的任务才刚刚开始。当时的蒙古已经十分强大,甚至可以与当年金朝的势力相抗衡,虽然两军曾经联合抗金,但是蒙古军不会因此而停止南下的脚步。

灭金后,宋理宗十分器重孟珙,召集孟珙入朝商议中兴大计。孟珙建议要提前储蓄粮财,整合宋兵,防止蒙古军队侵袭。就在孟珙开启战时防御工事的同时,蒙古军队也开始屯兵备战。

宋理宗发动了"端平入洛"战役,意在夺回中原土地。不料,由于作战失误再加上其他不可抗衡等因素,宋军败兵而归。宋理宗受此打击再次请问孟珙,孟珙毫不犹豫地回答:"我是一名武将,自然是言战,绝不言和!"

从此,孟珙开始担负起保卫南宋河山、力抗蒙古的大任。

修缮防御工程、设立军营、训练军队、安顿百姓……孟珙事事亲自监察督办,有条不紊。与此同时,蒙古军队也开始大举发兵进攻宋朝。

荆襄战场上,南宋军队被善战的蒙古军一击而溃,宋理宗在大臣们的建议下,急忙派孟珙增援。孟珙率军从黄州(今湖北黄冈)出发,与蒙古军主力在蕲州(今湖北蕲春)相遇。

南宋将领孟珙,蒙古军大帅塔察儿,这两个昔日金兵城下的拜把兄弟,如今却在战场兵刃相见,不知二人会作何感想? 或许是塔察儿太了解孟珙的作战能力,觉得自己很难抵抗,又或许是他顾惜与孟珙的兄弟之情,不知如何面对,在孟珙领兵到达蕲州不久,塔察儿就率军转移战场,转战江陵荆州地区。

江陵地区属宋朝的军事重镇,这里一旦被蒙古军攻占,南宋朝廷离灭亡就不远了。国难当前,各为其主,一切情感都应该抛诸脑后,孟珙硬下心来带着部下进军荆州。

军中士兵包括孟珙在内大部分都是江陵荆州一带的人,所以人人义愤填膺,誓死保卫家乡。虽然军中"还乡复仇"的呼声高涨,但孟珙还是克制住了一腔热血,冷静分析战况,认为敌我兵力悬殊,硬打一定会吃亏,于是采用了疑兵之计,白天让士兵穿着不同颜色的衣服,来来回回巡兵,晚上就让军队人人举着火把,使长江边上灯火通明,绵延几十里。

蒙古军队不知其虚实,不敢轻举妄动,但军心已有摇摆。孟珙趁机出兵,大败蒙古军,蒙古军因此丢了二十四座营寨,大溃而去。

蒙古不甘此败,又南下攻取黄州。黄州是孟珙军队的大本营,所以孟珙紧急驰援。到达黄州之后,孟珙才发现对方率军大将竟是昔日老友张柔。孟珙曾在灭金之战中捞回张柔一命,这一仗估计打得二人都柔肠百转，一个是面对救命恩人，一个是对抗曾经战场上共同抗金的生死好友。

不管怎样，这一战终究是宋军胜了，之后，孟珙又把他的军事才能发挥到了极致，保卫黄州、收复襄樊、退敌夔州，扭转了宋蒙之战的战局。朝廷令他兼管四川，经过他的大力整顿，四川军队焕然一新。

孟珙凭借赫赫军功而声名大振，很多叛宋归蒙的叛军纷纷归来，原任南宋镇北军将领、后投靠蒙古的范用吉背叛蒙古人，秘密请求向孟珙投降。孟珙认为范用吉的投降十分利于宋朝的军事局面，于是，立刻上书朝廷，却没有得到宋廷的应允。孟珙十分失望，他明白此时宋理宗觉得他功高盖主，已经对他起了猜忌之心，心灰意冷之下便上书致仕（交还官职，即退休）。宋理宗并没多加挽留便准予了。

孟珙本来就生病身体不好，再加此打击，当下便一病不起，不久之后就病逝了。据说在他去世的那天晚上，狂风大作，有一颗陨星降落，声大如雷。消息传到朝廷，宋理宗震惊不已，下令休庭一日，为其哀悼。

一代天骄——孛儿只斤·铁木真

孛儿只斤·铁木真，蒙古汗国可汗，史称元太祖，尊号"成吉思汗"，取"拥占四海八方"之意。

铁木真的后世评说一直存在许多争议，有人认为他是草原英雄，说他的出现是个神话，也有人说他是个恶魔，是个残忍的毁灭者。

客观来讲，这些说法都有一定的道理，但也不全对。人非圣贤孰能无过，每个人都有其两面性，不能说谁绝对的好或绝对的坏，应该理性地看待一个人。

铁木真小的时候，他的父亲是一个受人尊敬的部落首领，他有着一个无忧无虑的童年和幸福和睦的家庭，但这一切都终结在一杯有毒的马奶酒上。他的父亲也正是死于这一杯小小的马奶酒。

父亲的死，是铁木真一生的转折点。他的家族不再受人保护，而是到处被仇家追杀，他和母亲、弟弟每日过着提心吊胆、食不果腹的逃亡生活。

为了活着，铁木真学会了很多生存本领，他野蛮刚毅的性格也是在这个时候初步形成的。

一次，他被仇家部落抓住，手腕、脖子上被套上沉重的枷锁。铁器特有的重量和坚硬，把少年铁木真的脖颈划出一道道血痕。他没有哭泣，也没有吵闹，眼神中流露出的是同龄人所没有的坚忍。他知道，这里不是家里，撒娇哭闹是没有用的，那样只会给自己原本就伤痕累累的身体再多加几道伤痕罢了。

他明白当下能做的只有等待时机逃出去，他要努力活下去，要为父亲报仇,要摆脱当下的生活。小小年纪就学会忍辱负重,铁木真注定将拥有一个不平凡的人生。

未来会向人们证明,现在的一切隐忍都是值得的。终于,铁木真的救星出现了,他就是赤老温——铁木真未来的大将军,蒙古"四骏"之一。

铁木真被捕后,由几个家族轮番看守,轮到赤老温一家看守时,铁木真总能得到善待。后来赤老温一家冒着全家老小的生命危险,帮助他逃走,离别前还赠予他一匹马。

赤老温一家也不傻,既然他们肯冒着全家老小的生命危险救助铁木真,那么这个草原少年身上就一定有过人之处打动了他们。铁木真少年时便能如此让人愿意为之效劳,不得不让人赞叹他的个人魅力。

这次被捕的经历让铁木真在心底埋下了一个愿望,他要统一蒙古,征服世界。这个愿望若被人听去,恐怕要被嘲笑一番:蒙古部落枝叶繁多,实力强大的部族也不在少数,统一大业,谈何容易?更何况铁木真当时还只是一个手无缚鸡之力、自身难保的少年。

为了心底的愿望,铁木真开始辗转在各个部落下做事,从小小的七八个兵的小统领,一点一点地积蓄力量,逐渐组成了强大的蒙古军队,而这一切靠的不是别的,正是他自己的聪明与才智!

随着铁木真的草原势力一步步增强,他开始征伐与他为敌的部落,终于在他二十多岁的时候,被推选为蒙古乞颜部可汗。之后,他进一步壮大势力,并向曾经杀害父亲的部族寻仇,成功打败了主儿乞部落,斩杀其首领,并因此收服了后来蒙古国的开国功臣、蒙古四杰之一的木华黎。

铁木真的用人之道也是值得后世人所学习的,他用人唯才,而且善于挖掘可用之才,从来不看身份和门第。木华黎曾是个奴隶,而铁木真却慧眼识人,看中了他的谋略与军事才能。铁木真对人才十分重视,对待手下将领不仅赏罚分明,而且爱护有加、体贴入微,这便是他的过人之处,也为他日后的崛起打下了坚实的基础。

随着势力越来越大,铁木真开始一步一步地实现自己的愿望,击败主儿乞部只是一个开始。之后,他靠着自己的军事奇才,陆续征服了一个又一个草原部落,逐渐铲除了阻挡他统一大业的障碍。

终于在一个春暖花开的季节,强大的蒙古汗国崛起,铁木真被尊为成吉思汗,登基成为蒙古大汗。纵横天下的新势力开始兴起。

这时的蒙古相当于金朝的一个附属,每年由使者赴金缴纳岁贡,铁木真当然不会臣服于这样的关系。而且,蒙古军队的实力在铁木真的调整训练下已然是今非昔比了,铮铮铁骨的汉子怎会甘于忍受金国的屈辱。于是,铁木真向金朝下手了,他亲率大军伐金,开始了为时二十多年的蒙金战争。

铁木真建立的蒙古汗国很强大,金朝当然也不差,两方实力可谓是旗鼓相当。虽然前线捷报连连,但并没有为蒙古带来什么实质性的收益。铁木真心里清楚,此时,他需要一个扭转战局的契机,如果再这么不温不火地打下去,怕是会把将士们的志气打散了。

于是,铁木真发动了决定蒙金两方命运的重要战役——野狐岭之战。

野狐岭,位于河北万全西北部,此地山势险要,风力迅猛,自古就是兵家必争的军事要塞,是沟通中原和漠北地区的主要通道,其重要性可想而知。

野狐岭一战,蒙古军队并不占优势,金朝发兵近五十万,而铁木真率兵不足十万,兵力悬殊。蒙古兵少并不代表就立于必败之地,领兵的可是一代天骄成吉思汗,他手下的大将随便一个就是天赋异禀的治军奇才,未开战就定论孰胜孰败显然为时过早。

铁木真率兵迅速出击,金兵根本没料到铁木真竟会如此迅猛地南下征伐。在毫无准备的情况下,被蒙古军打得节节败退,紧急退兵。

有了这么一仗,金兵不敢掉以轻心了,派出了中央王牌军,并由独吉思忠(金朝的参知政事,相当于副宰相)亲自迎战。

独吉思忠吸取了金兵以往的兵败教训,准备充足,号称用工七十五万,在西北前线加固筑建了一道绵延三百多里的防御界壕(又称金长城）。这不禁要让人怀疑他的智商了,不知道独吉思忠在加固筑建这道长城之前有没有想过,一旦蒙古军队集中兵力专攻一点,此道防线必定崩溃瓦解,别说是三百里了,就算是三千里也是没用的!

果然,铁木真就是这么做的,他分兵三万给自己的三子,以牵制金兵,他自己则亲率兵马攻占了乌月营(今河北张北),一举击溃金兵防线。独吉思忠劳神费力构建的三百公里的工程就这样化为泡影,金兵只好退兵。

独吉思忠犯了这么愚蠢的错误,金朝理所应当地解除了他的军事指挥权,转而交给了接替参知政事的完颜承裕。于是,完颜承裕率兵四十五万继续对抗铁木真不足十万的兵力。

铁木真知道军队若在人数上不占优势,就必须要智取,所以他决定在情报上取胜。他收买了前来谈判的金国使臣石抹明安,从他口中套取了重要情报,再加上蒙古军队迅猛的作战方式,使完颜承裕不得不放弃桓、昌、抚三州的防线,退兵至野狐岭一带。很显然,完颜承裕是打算利用野狐岭的山势作为天然屏障,阻隔蒙古军队。

但是,完颜承裕的能力也不比独吉思忠强到哪儿去,他在战略布局上犯了错误,竟然将几十万大军分开部署,这样岂不是大大削弱了兵力上的优势?

铁木真何等聪明,一眼就看出了破绽:完颜承裕亲自指挥的中路军虽然强大,但是一旦两军交战,其他军队散布在野狐岭的各个关口,中路军便很难调来援军,只要拿下完颜承裕所在的中路军,便可以扭转蒙古军队的劣势地位。

铁木真把握时机,果断下令从中路进军,由大将木华黎亲自领兵。在发兵前,他当着将士们的面发誓:"不打胜仗,绝不活着回来!"这么一番誓言,大大鼓舞了蒙古军的心志。

蒙军为适应山区作战,全部下马步行作战,士兵们以一当十,勇猛冲锋陷阵。凭借高昂的志气以及蒙古人特有的勇猛身手,金兵很快便处于不利地位。

果然不出所料,完颜承裕急忙向各个要塞调兵支援,却因为兵力分散又不好传递消息。迟迟不见金兵来援,蒙古军队攻击得又快又猛,眼看军队快支撑不下去了,完颜承裕只好带着方便调动的军队逃走了。群龙无首,金兵无心应战,纷纷逃命,一时间死伤遍野,血流成河。

完颜承裕在逃亡的途中捡回了数万散兵,但还没等他喘口气,蒙古军队便追击而来。铁木真乘胜追击,以绝后患。金兵的王牌军经此役后灭亡。完颜承裕只身而逃,全无大将风范。

野狐岭一战,铁木真能够取得大胜,除了他精明果敢的军事指挥才能,与他任用的贤才德将的用人之道也是脱不了干系的。

这一战是"蒙起金衰"的重要转折点,是中国古代军事史上以少胜多的又一典范案例。野狐岭的大型会战以及之后的战役引发了金朝内部的政变,从而加速了金朝走向灭亡的脚步。

铁木真的一生创造了许多辉煌,他的成就绝不仅在于此。他不仅统一了蒙古部落,还创建了世界上版图最大的汗国。据史料记载,铁木真当时发动的对外战争东至朝鲜,西至波兰、匈牙利地区,北抵俄罗斯,南达中南半岛,当时的版图甚至达现今中国版图的三倍之多。

铁木真的军事成就实在令人咋舌,足以让他与闻名世界的拿破仑、亚历山大等军事家相提并论。可惜,一代天骄在征伐西夏的途中病重,最后病逝六盘山,享年六十六岁。

虽然他少年时"统一蒙古,征服世界"的愿望只实现了一半,但是他倾尽一生所创立的辉煌成就,是不会随着历史而磨灭的。

而且,在其他领域,铁木真也表现不俗,他支持甚至鼓励宗教自由,每攻占一个地方,都能保留当地的宗教和宗教信仰;他还建立了公共学校,善待被俘虏并投降的能工巧匠;他相信武力,但也积极运用各种外交手段,他倡导各国使节有豁免权,还废除了用酷刑逼供获取情报的方法。

成吉思汗在他的统治范围内建立了自由贸易制度,促进了东西方的思想、技术和生活方式的交流。蒙古汗国印制了世界上第一种国际通用的纸币,也建立了第一个国际的邮政通信系统。

第七章

魂归大明

天下奇男子——常遇春

常遇春,字伯仁,号燕衡,南直隶凤阳府怀远县(今安徽省蚌埠市怀远县)人,元末红巾军杰出将领,明朝开国名将、军事家。

常遇春出身贫农之家,年少时因不甘心就这样一辈子老死田间,于是便跟着别人练武,希望未来能够做一番大事业。由于家境贫困,无力支付学费,常遇春就做勤杂工来换取自己学武的机会。成人后,常遇春学武有成,精骑善射,而且体貌奇伟,力大惊人。

常遇春成长的年代,正是元末农民起义爆发时期,天下大乱。常遇春不满现状,索性就跟着家乡的盗贼头目刘聚干上了抢劫偷盗的勾当。刚开始,常遇春对这种既能大碗吃肉,又能分得银两的生活十分满足。可时间一长,常遇春便厌倦了这种生活,当他发现刘聚没什么宏图大志、只知道抢掠的时候,便开始另寻出路。

后来,在一次抢劫的过程中,他遇到了正在打仗的朱元璋。他早前就听说朱元璋是个仗义豪侠、能成大事的人,现在又目睹了朱元璋的平易近人,于是当机立断,决定投奔朱元璋。

令他没想到的,朱元璋的态度十分冷淡,鄙夷地说:"你是不是想到这里混饭吃?"常遇春诚恳地表达了自己的想法,并承诺道:"将军指哪里,我就打哪里。渡江之日,我愿做先锋!"朱元璋见他身材魁梧,态度诚恳,便将他留了下来。

果然,在接下来的采石矶战役中,常遇春面对严加防守的元军,乘着一艘小船,充当先锋,冒着乱箭直冲而上,快到岸边时纵身登岸,冲入敌阵,左右冲突如入无人之境。此时,朱元璋挥军登岸,元军连连溃退,沿江地区的堡垒也纷纷归附。只此一战,常遇春就声名大振,被朱元璋由渡江的先锋直升为元帅。采石矶现在有一个"大脚印"的景点,据说是常遇春登岸时用力过猛留下的。

此战后,常遇春真正开始了自己的戎马生涯,他一生征战南北,可以说无役不从,战无不胜,在当时被誉为"天下奇男子"。他还曾豪迈地说自己率领十万部众,就能横行天下,所以军中的将士也称他为"常十万"。

常遇春不仅有勇,而且有智谋,常常以智取胜。

1359 年 7 月,常遇春奉命率兵攻打衢州,但城垣壁垒森严,元军防守固若金汤,使用了各种攻城的器械,仍久攻不下。最后,他想出了"出其不意,攻其不备"的战法,命令士兵挖地道进入南门瓮城,摧毁敌人的大炮,又策动元将张斌投降,内外夹击,成功占领衢州。

常遇春最大的优点就是勇猛敢战、爱护士兵。每次出战前他都奋勇当先,收兵撤退时则走在最后面,所以士兵都愿意跟着他打仗。

与此相应的是,他的部下也都很有纪律,到任何地方都绝不扰民。而且,常遇春还向朱元璋建议,免收百姓给军队交纳的粮草——寨粮。朱元璋采纳了这个建议,并注重发展屯田事业,以解决军队的粮饷,从而减轻了被占领地区百姓的沉重负担。

在和同僚之间的关系上,常遇春处理得也比较好,在作战中能够指挥诸将,又能虚心与诸将研究对策,集思广益。

1363 年,陈友谅率领号称有六十万的大军来围剿朱元璋。在鄱阳湖和朱元璋军进行了一场持续三十六天的水上决战。双方在这次战役中投入的兵力在中国战争史上是罕见的,战争也相当激烈。

这次战役中,朱元璋先派兵封锁了敌人的归路。陈友谅军队的船大、坚固,但前行速度慢,朱元璋军队的船小、速度快,操作灵活,两军一直相持不下。一次,朱元璋所坐的船搁浅,陈友谅手下的大将张定边率船队来围攻朱元璋的船,情况十分危急。

常遇春奋勇当先,一箭射伤了张定边,然后又用自己的战船撞击朱元璋的船,使其脱离浅滩。在战斗中,常遇春积极组织火攻,发挥小船的优势,乘风纵火,陈友谅的船队烧得烈焰冲天,伤亡惨重,湖水都变成了红色。陈友谅撤到湖口时又遭到常遇春的迎头堵截，最终在混乱中被乱箭射死。

此战后，朱元璋成为群雄中的强者。论功行赏，常遇春的功劳最大。朱元璋夸赞他说："当百万众，摧锋陷坚，莫如副将军。"

可惜，这样一位勇将只活到四十岁。

为了彻底推翻元朝，1367年10月，朱元璋命徐达为征虏大将军，常遇春为征虏副将军，率领二十五万大军北伐元朝。由于元朝的军事力量已经大大削弱，所以，徐达、常遇春率军仅用了三个月的时间就平定了山东。

在后来的北伐期间，常遇春等人在洛阳与元军碰面。常遇春单骑冲入敌阵，一箭射死敌军的先锋大将，他手下的将士看到后士气大增，上阵猛杀敌军，在洛阳塔儿湾击败五万元军，史称"塔儿湾大捷"。接着，常遇春趁势率军攻占了河南和潼关，夺取了西进陕西的门户，为攻取元朝的都城大都创造了极为有利的条件。

常遇春在夺取大都后，改名"北平府"。接着又率军西进，平定山西、陕西等地。元顺帝趁着常遇春远征陕西的时候，携后妃、太子等人逃奔开平，并命丞相速率军向北平反攻。常遇春又与李文忠率军赶到北平，元军听说后仓皇北逃，常遇春率军向北追击敌军千余里地，大获全胜。

为了彻底消灭元军对北平的威胁，常遇春又率军直捣开平，迫使元顺帝逃奔和林。

在从开平凯旋回朝的途中，常遇春突然感觉燥热，于是卸下铠甲迎风休息，谁知凉爽未解，竟然顿时全身疼痛，急忙召唤随军郎中诊治。郎中也不知道这是什么原因，只好临时杜撰了一个病名——卸甲风，也就是脱下铠甲中风的意思。病名是有了，但是却不知如何施针下药。而常遇春身上的疼痛感越来越强烈，连以前痊愈的箭伤也好端端地裂开了。这个时候，常遇春感觉十分不好，自知命不久矣，急忙召唤李文忠入账，向自己的副将嘱托军事，与战友惨然诀别。当晚，常遇春便暴卒军中，一代将星就此陨落。

历经十几年的腥风血雨，就快要安享太平之时，四十岁的常遇春突然得了不知名的怪病，离奇而死，再加上朱元璋之后大肆杀戮开国功臣，使得后世对他的暴死产生了许多怀疑，认为他的死与朱元璋有关。那么，他到底是因何而死的呢？

当时，朱元璋收到常遇春的死讯时还是十分痛心的，并亲自迎接他的灵柩。而且当时，王保保拥兵塞外，云南、四川等边疆地区均未平定，还需要多次用兵。这个时候，朱元璋是不可能自毁臂膀的。那么，常遇春为何会暴死呢？

仔细分析一下，常遇春作战时总喜欢冲锋陷阵，朱元璋曾提醒过他："身为大将，不要总喜欢与小兵较量。"可是在战场上，常遇春仍然我行我素，一马当先。在常年的征战中，常遇春多次负伤，加上居无定所，食无定时，身体可能积劳成疾，表面上没事，实际上身体已处于崩溃的边缘。而常遇春发病的地方柳河川位于河北承德境内，当时正值夏季，但是昼夜温差较大，白天炎热，晚上凉爽，他不顾身上的汗水，立即脱下盔甲，引发"中风"之疾，加上旧疾，身体便达到了极限。

其实，朱元璋对常遇春是十分重视的，在出兵时，为了激励将官，总是提到常遇春。

大明开国第一功臣——徐达

徐达,字天德,安徽濠州人,元末明初著名的军事家。

徐达少有大志,身材高大,勇健威猛。当时,郭子兴起兵反元,朱元璋前去投奔,成为其部下。不久,徐达投奔至朱元璋帐下,也成为反元义军的一员。

当时,徐达年方二十二岁,见到朱元璋后,两人甚是投机。从此,徐达便跟定了这位主帅,开始了一生的戎马生涯。

加入义军后,徐达很快就成为朱元璋最倚重的将领。朱元璋南征定远时,率二十四将前往,徐达位列第一。

此后,徐达在一些小型战役中屡立战功。比如击败元将陈野先、攻取溧阳、溧水,又随朱元璋攻下集庆、擒获张士诚之弟张士德等。值得一提的是,在孙德崖俘虏朱元璋后,徐达主动请缨,到孙德崖军中请求代替朱元璋,最终二人双双脱险。

徐达治军号令严明,秩序井然。每到一地,对百姓秋毫无犯,即使对于敌人,也心存不杀之仁。在池州,他与常遇春在九华山下击败了陈友谅的一支劲旅,斩首上万,生擒三千。常遇春认为,这是陈军精锐,要全部斩杀,以绝后患。徐达表示反对,他将此事告知朱元璋,希望朱元璋下令不要杀死他们。

然而,常遇春在朱元璋的命令下达之前,抢先在夜里活埋了过半俘虏。朱元璋得知后,大为不悦,在下令将其余俘虏全部释放的同时命徐达全面统辖其他将领。徐达用自己良好的品格征服了朱元璋,也因此加官升职。

获得主帅的信任只是取得更大成功的开始。此后,徐达继续随朱元璋平定各方势力。在灭亡元朝之前,他们首先平定了另外两股重要的割据势力,即陈友谅和张士诚。

元朝至正二十三年(1363年),徐达随朱元璋带兵驰援遭到张士诚进攻的韩林儿、刘福通。陈友谅乘机对朱元璋发动猛攻,同年七月,朱元璋亲自带兵迎击,双方在鄱阳湖展开了一场激战,史称鄱阳湖水战。

此战中,陈友谅在兵力和财力上都占据明显的优势,拥兵六十万,巨舰数十艘。而朱元璋则只有二十万人,而且用的都是小船。第一天交战,徐达一马当先,指挥将士勇敢拼杀,一举击溃陈友谅的前锋部队,歼敌一千五百人,缴获巨舰一艘,极大鼓舞了士气。陈军拼死抵抗,其间致使徐达的战船着火焚烧起来。徐达临危不乱,在勇敢地扑灭大火之后,继续坚持战斗。后来,朱元璋派船救援,徐达是愈战越勇,最终击退敌军,从容脱险。

经过这一次的战斗,朱元璋见自家军队精诚团结,士气高涨,完全有能力打败陈友谅,又担心张士诚乘机偷袭后方,于是命令徐达还守应天。

徐达到应天后,安抚将士,严加防守,使张士诚不敢妄动,朱元璋因此得以解除后顾之忧,全力对付陈友谅。最终,朱元璋取得了鄱阳湖战役的胜利,全歼陈友谅的六十万大军。陈友谅势力至此被彻底消灭。

再说张士诚。

张士诚自至正十三年(1353年)高邮起兵以来,与元政府时战时和,并不断骚扰朱元璋的势力范围。

至正二十三年(1363年)春,张士诚的部将吕珍杀死刘福通(另一位义军领袖)后,以为自己有功于元政府,便向元政府索求官爵。元政府未予答应,张士诚便自称吴王。

这时,朱元璋决定消灭张士诚,为此他制订了灭张的三步计划:一是先取淮东,剪除其羽翼,攻克淮河水域的通州、兴化、盐城等县,逼迫张的势力收缩至长江以南;二是扫荡浙西,切断其肘臂,形成合围平江(今江苏苏州)的态势,攻克湖州、杭州等城镇;三是最后合围平江,彻底消灭张士诚。为让计划顺利进行,朱元璋把这个任务交给了他最信任的徐达。

至正二十五年（1365年）十月，徐达被任命为总兵官，与常遇春一道，率兵攻取淮东。徐达挥兵北上，很快攻取泰州、高邮、淮安等地，并在徐州击退了元军主力的进攻，消灭元兵万余人。仅仅过了半年，淮东各地便相继被攻克，张士诚的势力已被压至长江以南。朱元璋灭张的第一步计划基本实现。

次年，朱元璋以徐达为大将军，常遇春为副将军，统率二十万大军攻打张士诚。张士诚以平江为中心，以湖州、杭州为羽翼，防御徐、常的进攻。此时，徐达认为湖州与杭州乃张士诚的左膀右臂，两臂斩断，平江即可攻取，便向朱元璋建议先攻湖、杭两州。

徐达率军进攻湖州，当地守军兵分三路来拒，徐达亦分兵三路来战，并派猛将王国定切断守军归路。守军力战不支，退入城内固守。此时，张士诚遣部下吕珍等率六万援军来救，兵屯旧馆（今浙江吴兴），以牵制徐达。徐达认为，敌人羽翼未除又添羽翼，如不消灭援军，湖、杭两州恐难攻克。于是，决定暂停攻城，先派兵夜袭援兵营地，切断敌军粮道。旧馆援兵因粮饷不继，纷纷归降。旧馆被平定，湖、杭两州不久亦悉数攻克。张士诚的左右臂已断，平江已然成为孤城。至此，朱元璋进攻张士诚的第二步计划已然实现。

此后，徐达率军进逼平江，与其余诸将如常遇春、郭兴等合力围城。同时又架起三层木塔，号称"敌楼"，居高临下监视城中的一举一动。楼上设弓弩火铳，时刻准备战斗；又置"襄阳炮"，日夜轰击城中。

九月，平江城中粮草殆尽，军民以枯木老鼠为食。张士诚身陷绝境但仍不投降，徐达知道他不过是在做最后的挣扎罢了，于是下令全军强攻破城，二十万大军杀声震天，将士人人奋勇争先。徐达督军首先攻破葑门，常遇春攻破闾门水寨，直逼平江城下。张士诚令部下唐杰上城督战拒敌，唐杰最后缴械投降，其余将领见大势已去，也相继投降。此时，张士诚的军队已全面崩溃。徐达见势，带着全军从四面八方架起云梯，冲入城内，一举击溃张军。张士诚自尽。至此，朱元璋消灭张士诚的计划大功告成。

在消灭陈友谅和张士诚的过程中，徐达当仁不让地发挥了关键性的作用。

在平定了这两股势力后，朱元璋开始了彻底推翻元朝的征途。而徐达作为他最得力的战将，再一次挑起了重任。

1367年11月，朱元璋命徐达为征虏大将军，常遇春为副将军，率领二十五万大军北伐。

徐达一路高歌猛进，战无不胜，一年后，便攻克元大都。随后，朱元璋在南京称帝，国号大明。至此，元朝宣告灭亡。

元朝灭亡后，元廷北逃，在北方沙漠继续与明朝对峙，史称"北元"。为此，朱元璋数次发兵攻打北元，而徐达继续担当领兵的重任。而北元的主将是军事天才王保保。王保保将元朝留在中原的时间延长了几年，如果没有徐达，王保保也许会力挽狂澜，扭转乾坤，成为元朝的保国大将！

王保保与徐达第一次交战就取得了胜利，他率领十万大军向大都发动强烈的攻击，大大挫伤了徐达的先锋军队，给徐达来了一个下马威。因为在此之前，徐达从未败过。然而，徐达毕竟是徐达，失败后的他迅速冷静下来，做出了让王保保意想不到的事情——放弃大都，转而进攻王保保的巢穴太原。当时，太原守护空虚，王保保不得不马上撤离大都日夜兼程奔向太原。最终，徐达采取深夜突袭策略，一举击溃了王保保的十万大军。

此后，徐达对王保保穷追猛打，王保保也不示弱，双方可谓斗智斗勇。打到甘肃兰州时，王保保将主力军埋伏在了定西，准备围攻兰州，引诱徐达进入埋伏后一举歼灭。然而，徐达并未上当。他觉察到了王保保的用意，假装上当，一方面派了一支军队在兰州迷惑王保保，另一方面悄悄率领大军直击定西元军主力。最终，王保保大败，元朝也走到了末路，蒙古人被赶回了大漠。徐达为明朝的建立立下了不朽的功勋。

然而，天有不测风云，人有旦夕祸福。沙场上所向披靡的徐达，在人生的最后阶段却败在了疾病脚下。洪武十七年（1384年），徐达在北平留守时得了背疽，不久病情好转。然而次年二月，病情加重，不久便溘然长逝。民间也有流传朱元璋赐烧鹅害死徐达的说法，当然这纯属无稽之谈，仅仅是一个表现朱元璋心狠手辣的传说而已。

一身清白——于谦

于谦,字庭益,号节庵,祖籍考城(今河南商丘市民权县)。于谦的曾祖于九思在元朝时曾到杭州做官,所以把家都迁到了钱塘地区。

于谦年少的时候就有很大的志向。七岁的时候,有个和尚看他相貌出众,说其以后定能成为宰相。

十二岁时,于谦写下名篇《石灰吟》。永乐十九年(1421年),于谦考中进士。

宣德元年(1426年),汉王朱高煦在安乐起兵谋反,于谦跟着宣宗朱瞻基亲征。汉王投降后,宣宗让于谦陈述汉王的罪行。于谦义正词严,声色俱厉。朱高煦在这位御史的凌厉攻势下,被骂得抬不起头来,趴在地上不停地发抖。宣宗大悦,任命于谦为御史,当即下令派其巡按江西。巡按外地并不算是什么高官,但由此可充分看出皇帝对他的赏识,想好好地让他历练一番。

于谦外出巡按江西,平反了很多的冤案,他上书奏报地方上很多官校骚扰百姓,希望下派御史惩治他们。皇帝知道于谦可以担此重任,于是越级提升于谦为兵部右侍郎,巡抚河南、山西。于谦到任以后,轻装骑马走遍了所管辖的地区,访问父老,考察当地的风俗文化和生活状况,遇到各地需要兴办或者改革的事情,又或者是水旱灾害就立刻上报。

正统年间(1436—1449年),宦官王振掌权,当时朝中很多大臣争相向王振献媚。朝会期间,觐见王振的人,都必须献上白银百两。但于谦从来不管这些,从来不带任何礼品。有人劝他说:"您不肯送金银财宝,难道不能带点别的礼物吗?"于谦潇洒一笑道:"我只有清风两袖。"两袖清风的成语就是这么来的。

正统六年(1441年),于谦上书说:"现在河南、山西存储了数百万石粮食,请于每年三月,让各府州县上报缺粮的贫困户,把粮食发给他们。"由于河南和山西都靠近黄河,黄河每年水涨,于谦下令加厚防护堤,下令种树、打井。当时周边地区种了很多榆树,路上也没有干渴的行人。于谦在职九年,升任为左侍郎,领二品官的俸禄。

当时山东、陕西流民到河南要饭的有二十多万人,于谦将他们安排在河南、怀庆一带,给他们田、牛和农具,让他们重新生活。于谦前后在任十九年,他父母去世后,回去办理丧事,不久又复职起用。

正统十三年,于谦被召回京城,任命兵部左侍郎。第二年秋天,也先大举进犯,王振挟持皇帝亲征。于谦和很多大臣劝谏,但王振不听。等到明英宗被俘以后,京师一片哗然,大家都不知道该怎么办。当时京师最有战斗力的部队、骑兵已经都战死了,剩下的疲惫士卒不到十万,于谦请郕王朱祁钰调南北两京、河南的备操军、山东和南京沿海的备倭军、江北和北京所属的运粮军,马上开赴京城。一番部署后,人心渐渐地安稳了,于谦由此被升为兵部尚书。

郕王朱祁钰暂代明英宗出朝,朝中很多人请求灭王振九族。而王振的党羽马顺,出来斥责言官。于是给事中王竑忍不住出手上前打马顺,大家都跟着他打。朝上秩序大乱,朱祁钰吓得想要逃跑,于谦抓住他,让他主持大局并处斩了马顺等人,这风波才算过去。

于谦拥立朱祁钰代皇帝位,是为景泰帝,使也先"挟天子以令诸侯"的阴谋不能得逞。

当年十月,景泰帝命于谦提督各营军马,而也先挟持英宗攻破紫荆关,预谋京师,于谦率领二十二万士兵,在九门外摆开阵势,准备迎战。于谦命令士兵不许退却,发现退却者当场斩杀,士兵知道必定要死战,勇猛无比。结果于谦大胜,斩获无数。景泰帝非常高兴。

景泰元年(1450年)三月,总兵朱谦称敌兵三万围攻万全,皇帝命范广担任总兵退敌,于谦要求他兵驻居庸关。大同参将许贵奏有敌方三人来到镇上,想和朝廷讲和。于谦拒绝讲和。

到了当年八月,明英宗被留在北方已有一年。之后,英宗被也先送回后,瓦剌请求朝贡。瓦剌朝贡的人先前不过百人,正统十三年增加到三千多人,对给予的赏赐总是不能满足,现在又派这么多人来,于谦请求列兵居庸关以备不测。

于谦主持兵部工作的时候,也先的势力仍旧在扩张,而明廷内部有很多起义军,自立封号攻城略地。当时战事匆忙急迫,瞬息万变,于谦都能一一采用正确的方针方法应对。满朝都对他非常佩服。

景泰帝很了解于谦,知道他的才能,不论什么事情都愿意听从于谦的。皇帝曾派使者到真定、河间采摘野菜,到直沽制造鱼干,于谦表示异议,皇帝便马上停止。皇帝任用一个人,一定先问过于谦。于谦对此都毫不避嫌地说出来,那些没才干的人对于谦非常怨恨。

于谦的性格刚烈,遇到有不痛快的事情,总是感叹自己这一腔热血,不知道要洒在哪里。他看不起那些懦弱无能的大臣、勋臣、皇亲国戚,这就让更多的人都憎恨他。他又始终不赞成讲和,虽然明英宗能够回来,但其心里却非常不高兴。

景泰八年正月,明英宗恢复帝位后,当年有很多支持讲和的官员向太上皇进谏,要求把于谦抓起来,并捏造出他的很多过错。明英宗本对于谦就心存怨恨,便立即把于谦和大学士王文打入大牢。当时很多人为了讨太上皇高兴,同时也为出平时忍受于谦高高在上的气愤,都建议明英宗斩了于谦,皇帝便准奏。正月二十三日,于谦被押往崇文门外,就在这座他曾经保卫过的城池面前,走到了他人生的尽头。

于谦被杀之后,按理应该抄家,可抄家的官员到了于谦家里以后才发现,于谦家里几乎什么都没有,除了必备的生活用品外,多余的钱财一分都没有。

当时很多的人都向皇帝劝谏,于谦的罪应该灭族,于谦所有推荐的官员都应该被处死。刑部最终没有这样做。当时一心想讨好皇帝争取宠幸的人,都以于谦作为一个话柄。

于谦自从土木之变以后,发誓不和敌人共住,便经常住在值班的地方,不回家。其间,皇帝赐给他衣物、用具,派太监来看望他。就在于谦死的那天,乌云密布,全国的人都认为他是冤死的。有一些忠良将士深知他的冤情,都为他祭奠。

成化初年,成化帝将于谦之子于冕赦免回来。于冕上书申诉,得以恢复于谦的官职并赐祭。诰文里说:"当国家多难的时候,保卫社稷使其没有危险,独自坚持公道,被权臣奸臣妒忌。先帝在的时候已经知道他的冤情,但朕实在怜惜他的忠诚。"诰文在全国各地传颂。

弘治二年(1489 年),弘治帝赐于谦特进光禄大夫、柱国、太傅,谥号肃愍,赐在墓建造祠堂,由地方有关部门年节祭拜。万历年间,改谥号为忠肃。

平乱奇将——王守仁

王守仁,汉族,幼名云,字伯安,浙江绍兴府余姚县人,因曾筑室于会稽山杨明洞,自号阳明子,学者称之为阳明先生,即王阳明。

王守仁出生于浙江余姚一个显贵的家庭当中,天生气质独特,他的母亲怀孕超过十个月才分娩。在他出生之前,他的祖母梦见天神绯玉,云中鼓吹,抱一赤子,从天而降。祖父因此给他取名为"云"。可直到五岁时,王阳明仍然不会说话,但已经能记下祖父所读过的书。后其祖父经高人指点,为他改名"守仁"后,便能开口说话了。

王守仁年少时就有很大的志向,心思不同于常人,他觉得人生第一大事并不是科举,而是要多读书,做一个圣贤之人。王守仁年少时便有良好的学习环境,十二岁时正式进入私塾。可在王守仁十三岁时,母亲郑氏的去世,对他的打击却非常大。

十七岁的时候,王守仁到南昌与诸养和之女成婚。可在结婚当天,大家都找不到他。原来他遇见一个道士,向道士请教一些养生术,之后便和道士对静相坐,直到第二天岳父才把他找回去。

二十岁时,王守仁第一次参加乡试,中举人后,他开始喜欢谈论军事和射箭。但二十二岁考进士不中,二十五岁第二次参加科举,再次落第。

弘治十二年(1499 年),二十八岁的王守仁参加礼部会试,因考试出色,举南宫第二人,赐二甲进士第七人,官政工部。后来王守仁被指派安葬威宁伯王越,后回朝上疏时论西北边疆防备等八件事,随后授刑部主事,在江北等地决断囚狱,随后因病请求归乡。后来,朝廷再次起用王守仁,授兵部主事。

明武宗正德元年(1506 年),宦官刘瑾掌权,逮捕了南京给事中御史戴铣等二十人。王守仁上书为他们求情,因而触怒了刘瑾,被打了四十棍,并被贬到了贵州龙场,在龙场当驿栈驿丞。此时他的父亲王华也被赶出北京,调任南京吏部尚书。

沿途中,刘瑾派人追杀王守仁,王守仁跳水才躲过一劫。逃过追杀后,王守仁在南京见到父亲王华。王华对他说:"既然朝廷委命给你,你身上就有责任,你还是去上任吧。"随后他来到了贵州龙场。龙场当时还是一片荒芜,属于未开化的地区。王守仁并没有因此气馁,根据风俗开化当地的人,受到了民众的爱戴。在这个时期,他对以往的学识有了新的领悟。王守仁善识圣人之道,他的悟性很高,对《大学》的中心思想有了新的认识。在这段时间,他写了《教条示龙场诸生》一文,史称龙场悟道。

正德五年,王守仁谪戍期满,复官庐陵县知县。八月,刘瑾被杨一清联合宦官张永设计除去。王守仁随即被召入京,担任吏部验封清吏司主事。

正德十一年八月,兵部尚书王琼对王守仁的才能赞赏有加,对他十分赏识,在王琼的推荐下,王守仁被提携为都察院左佥都御史,巡抚南(安)、赣(州)、汀(州)、漳(州)等地。

当时,南中地带盗贼泛滥。谢志山占领横水、左溪等地,各自称王,与大庾的陈曰能、乐昌的高快马、郴州的龚福全等遥相呼应,在周边府县烧杀抢掠无恶不作。而此时福建大帽山的盗贼詹师富等人又起兵。前任巡抚文森托病去职。谢志山一众更加猖狂,试图夺取大庾,攻占南康、赣州,赣县主簿战死。王守仁到任以后,知道当地官府和盗贼互相勾结,官府中定有很多盗贼的耳目,于是就责问年老的仆役,仆役吓得不敢隐瞒,将实情全部告诉了王守仁。

王守仁了解到当地情况的恶劣以后,让他们继续侦探叛军的情报,就这样他掌握了盗贼的动静。随后他到了福建、广东会兵一处,首先讨伐大帽山的盗贼。王守仁用兵诡诈,独断,素有"狡诈"之称。

正德十二年正月,王守仁亲自率领精锐在上杭屯兵,假装要撤退,随后突然展开进攻,敌人猝不及防之下,被破四十余寨,明军斩杀、俘获近万人。之后,王守仁向朝廷上书称,权力太小,无法命令将士。王琼上奏,给了王阳明旗牌,可以便宜行事。七月进军大庾,十月克左溪、横水,连破八十四个山贼据点,荡平为患数十年的盗贼。附近的人都把王守仁敬为神明。

正德十四年,宁王朱宸濠反叛,消息传到北京以后,举朝震惊,只有王琼十分自信地说:"王守仁已经在江西,肯定会平叛的。"

当时,王守仁正准备到福建平叛。走到江西吉安与南昌之间的丰城时,王守仁收到了宁王叛乱的消息,便立刻赶到吉安,召集军队,发出檄文,出兵征讨。王守仁一开始采用疑兵之计,他知道如果宁王顺长江东下,那么南京肯定保不住。留都丢了,那么叛军在政治上就会占据主动,平叛就有困难了。

王守仁平定盗贼以后,兵符已经上交兵部,手中无兵。当时,在江西境内的朝廷官员都来帮助王阳明,又在袁州聚集了很多的士兵,调动军粮,制造兵甲船只。

王守仁假装传檄文给各地到江西勤王,在南昌到处张贴假的檄文迷惑宁王,写道:朝廷派了边兵和京兵共计八万人,会同自己在南赣的部队以及两广的部队,一共十六万人,准备进攻宁王的老巢南昌。为了争取时间集合军队,王守仁又写了蜡书让宁王的伪相李士实、刘养正劝宁王发兵攻打南京,又故意泄漏给宁王。此时,李、刘二人果然劝宁王进兵南京,宁王就怀疑起来,不敢贸然行动,给王守仁招兵争取了大量的时间。

宁王等了十多天,终于得到了确切的消息,朝廷根本没有派那么多的兵前来,他这才沿江攻取九江、南康。就在此时,王守仁已经组建起了八万人的平叛军队,直捣宁王的老巢南昌,逼宁王回来救援。

最终双方在鄱阳湖决战,经过三天的激战,宁王战败被俘,宁王叛乱历时三十五天后宣告结束。但平叛的功劳,王守仁并没有拿到,反而在朝中得罪了一干与宁王交好的朝臣。此时王守仁为了避免卷入政治事端中,称病回家,直到世宗即位以后,王守仁才得以加官晋爵。

正德十六年,明世宗即位,对王守仁并没有特别重视。王守仁因父病请归。世宗说王守仁平乱有功,要论功行赏,不许他辞官。八月升其为南京兵部尚书,不许他推辞,不久后加封他为新建伯,世袭。

嘉靖元年(1522年),王守仁的父亲王华去世,王守仁回乡守制。王守仁于五十四岁,辞官回乡讲学,创建书院。

嘉靖六年,思恩、田州的民族首领造反,于是下诏让王守仁官复原职兼左都御史,总督两广兼巡抚。世宗趁机大大赏赐了王守仁一番,叛军听闻王守仁平定盗贼战无不胜,十分害怕,直接投降了。

嘉靖七年二月,王守仁率兵赶到南宁,而思恩、田州的叛军刚刚归降,愿意立功赎罪。王守仁经过商议和思量之后,派降兵和明军一同突进,四面夹击,击败了退守保仙女大山的叛军。

平乱过后,王守仁因常年作战,肺病严重,向朝廷上书请求告老还乡,并推荐郧阳巡抚林富代替自己。

嘉靖七年十一月二十九日,王守仁病逝于江西南安府大庚县青龙港,享年五十七岁。

辽东总兵——李成梁

李成梁,字汝契,辽宁铁岭人,明朝杰出的军事家,为遏制女真、抵御蒙古作出了杰出的贡献。

唐朝末年,天下大乱,李成梁的祖先到朝鲜躲避战乱。明朝时,其祖父李英从朝鲜归附,朝廷授予其铁岭卫指挥佥事一职,才定居下来。

李成梁少年时就生得骁勇健壮,看上去颇有将军之相。史料上说,到了他这一代,由于家贫,祖先的职位便不能世袭了,所以到了四十岁,李成梁仍旧是一名诸生。可是,略思考一下,就会想到,也许家贫并不是真正的理由。当时军官的地位不是很高,而且都是世袭。李成梁作为朝鲜移民,应该是被排挤了。

天无绝人之路,幸运的是,他后来得到了巡按御史的欣赏,因此踏上了仕途之路。刚开始时,他担任险山参将的职位,后来因为屡建奇功,被提升为副总兵官,协助镇守辽阳。不得不说,北方的边患给了他大展身手的机会。又过了三年,因为战功卓越,他被提升为辽东都督佥事,驻守广宁。

当时,辽东地区动荡不安,因有鞑靼插汉儿部屡次侵略、进犯,人数很多,时间很长,百姓和政府受到严重挫伤。十年之间,连续有三员大将战死沙场。

李成梁上任时正是秋季,辽东地区秋云高冷,人烟稀少,边疆防备散乱,蒙古、女真部落便趁机侵扰,致使边疆动荡。李成梁当即召集四方勇士,最终成功击退蒙古、女真,士气大振。上任便招揽了四方勇士,创出佳绩,足见李成梁卓越不凡的军事能力。

1571 年,山驿受蒙古军侵略,李成梁指挥苏成勋大胜蒙古军。蒙古军仓皇逃走,但侵略之心仍不退改,不久便卷土重来。蒙古土蛮先犯卓山,扎下大营,排兵布阵,长驱直入若银蛇前行。

当时,李成梁早知敌情,带领副将前后夹击,断头割尾,敌军大乱。接着,他又出其不意地率军奔向敌营,将营帐烧毁,并斩杀两名部长和很多敌兵。这一仗,李成梁运用巧妙的方法击败敌军,打得十分痛快,又立军功,因此而加官晋爵。

因为在战场上屡创战功,缠绕他半生四十年的穷困终于不再纠缠他,李成梁终于靠实力取得了自己的地位和财富。到万历年,李成梁"师出必捷,威震绝域",因此《明史》中李成梁的内容几乎是一部令人眼花缭乱的战功史。

明时的北方边患多来自蒙古部落,当时土蛮是最猖獗的,经常带头骚扰边关,而且一出兵就是数万,一次曾以十万骑兵围攻广宁,也没能得胜。后来,李成梁设伏斩杀了土蛮首领速把亥,终于将蒙古这一强敌制服。

女真部落是明朝边防的另一主要威胁。当时,清河以南至鸭绿江口地区,皆由女真部落控制,属于建州卫(明朝设置的军事行政机构之一)。

万历元年(1573 年),蒙古军在宽甸等地扩筑六堡,当时李成梁任辽东总兵,率兵给予击退。同时,明朝备御裴承祖驻守马市,被建州女真都指挥所杀,李成梁非常气愤,准备谋划征讨王杲(建州女真部落首领)。第二年,李成梁率兵讨伐建州,最后将王杲擒拿处决。

万历十一年(1583 年),李成梁率军攻阿台(王杲之子),阿台不能抗御。于是塔克世(努尔哈赤的父亲)和父亲前往寨中,劝其投降,但因战事繁忙而困在寨中。

当时城门紧闭,明军欲战但久不开城,于是李成梁让尼堪外兰(女真领袖之一,已暗投明朝)想办法打开城门,古勒寨一破,城内人群皆被屠杀。

面对久久不战、耗费气力的不利局面,李成梁采取了不适当的计策,虽然目的是达到了,但是却为明王朝的灭亡埋下了阴影。为何如此说呢?

因为,努尔哈赤的父亲塔克世也在所屠人之内。努尔哈赤知道真相后非常生气,而且他的祖父也死了,因此对李成梁极为不满,虽朝廷送土地、人马给他,仍难消复仇之心。后来,努尔哈赤壮大军队,开始与明朝对抗,为报父祖之仇成为他判明的"七大恨"之一。

李成梁的辉煌战绩使他功盖当世,权倾辽东。然而权力往往会带来腐败,随着官位渐高,势力增大,李成梁变得骄奢无度,豪商和百姓的利益都被包揽在他的手中。这话虽然有些夸张,但李成梁当时确实控制着整个东北的经济。

明朝万历年间政风已经相当腐败,官员们开始结党营私,凡事讲人情、攀关系,钻营取巧。李成梁虽然位高权重,但是在这方面也不含糊,所结交官员不计其数,即便是张居正也受过他的贿赂。

一个人做了太多的错事,必定会得到上天的惩罚。李成梁最终遭到弹劾,被废除辽东职务。

李成梁被废后,便无人再可掌控辽东,"十年之间更易八帅,边备益弛"。万历二十年(1592 年),哱拜在宁夏反叛,御史欲起用李成梁,未能成功,但朝廷派遣了他的儿子李如松参战。李成梁属下诸将在此战争中都被重用,但因受李成梁影响,贪爱富贵,导致斗志低沉,进而刮走民脂民膏,以图享受。

李成梁一定让朝廷伤透了脑筋,他一方面豪气干云,气压群敌,另一方面又剥削百姓,结党营私,做了许多不利于战事、人民的事,但是没有他,辽东又很难安稳。

万历二十九年(1601 年),辽东总兵马林因与税使高淮争执遭弹劾,被削去总兵职位,于是有人举荐李成梁再度出山。这个时候,李成梁已经七十六岁的高龄了,而此时的辽东已非旧时了,女真部落在努尔哈赤的带领下日益壮大起来,难以撼动。李成梁只好改变策略,转攻为守。

万历初年时,李成梁曾建议开疆辟土,扩大耕牧之利。之后,大量的人口移居到六堡,虽然独立于有众多人口的土地之外,但仍人丁兴旺。六堡是明朝抗御女真部的重要阵地,起到了遏制女真族侵略的重大作用。

可是,到了万历三十四年(1606 年),李成梁又以这里孤立无援为由,强行用大军驱赶百姓迁移到内地。结果,不愿走的百姓和军队发生冲突,造成了许多流血事件,伤亡者众多。六堡所居人口多达十万之上,大量的迁移毁掉了百姓的家园,血途四野,生灵涂炭。为此,李成梁受到朝廷的强烈谴责。

李成梁本意是为保障百姓安全,可是实施过程太过粗暴,结果适得其反,给百姓带来了身心上的双重创伤。不过,因为他倡导与北方各部之间的贸易往来,在将近九年的时间里,辽东安定无战事。但是他多次祖护努尔哈赤所领部落,放弃六堡,无疑为女真部落的进攻和扩张铺设了更好的条件,为后来清王朝建立提供了契机,加快了明朝灭亡的速度。

万历三十四年,因李成梁犯事多,又被弹劾撤职。七年后,李成梁卒于北京。

李成梁死后三年,努尔哈赤正式对明朝宣战,带着军队浩荡南下,披荆斩棘,最终由他的子孙建立了清王朝。

抗倭英雄——戚继光

戚继光,字元敬,号南塘,晚号孟诸,明朝抗倭名将,杰出的军事家、民族英雄。

明嘉靖年间,东南沿海一带倭患频繁,舟山一度成为倭盗盘踞之地,因此成为平倭的重要战场。乱世出英雄,这样的环境最终造就了一个抗倭英雄——戚继光。

戚继光出身将门,自幼喜欢读书,通晓儒经、史籍。耳濡目染下,戚继光从小就酷爱军事,也深受其父"从小知道苦,长大后才能与士兵同甘共苦"的教诲,这为他以后统兵治军打下了坚实的基础。

十七岁那年,戚继光的父亲去世,之后,他继承了父亲的职位,做了登州卫指挥佥事,负责管理山东三营二十五个卫所,防御山东沿海的倭寇。上任后,戚继光整顿卫所,训练将士。在他的一番整顿后,将士们一改之前的慵懒之气,形成了纪律严明的军风,战斗力也大大加强。

当时,山东沿海一带遭到倭寇的烧杀抢掠,戚继光愤愤不平,决心杀贼,于是写下了"封侯非我意,但愿海波平"的诗句。

终于,在嘉靖三十四年(1555年),由于浙江的倭患严重,戚继光得到了张居正的推荐,被调任浙江都司佥书,次年升任参将,镇守浙江宁波、绍兴、台州三府,开始了与倭寇的争斗之路。

在实战过程中,戚继光认识到明军缺乏训练,作战力较弱,需要专门训练一支强有力的军队。于是他多次向朝廷提出练兵建议,最后得到了批准。

一次,戚继光无意间看到义乌矿工和永康矿工打架的场面,他惊呼:"如有这样一支队伍,可抵三军。"于是他决定到义乌招募新兵,并制定了严格的挑选条件——"四要四不要"。

"四不要":城里人不要,在官府里当过官的不要,四十岁以上和长得白的不要,胆子特别小和特别大的不要。

"四要":农民,体形高大、皮肉结实的人,目光有神的人,看见官府还有点怕的人。

在如此详细、严格的要求下,最后选定了三千多人。之后,戚继光对这支队伍进行了严格训练,并配以精良的战船和兵器。后来,就是这支被后世誉为"戚家军"的队伍,跟随他转战各地,每战每捷,取得了辉煌的成绩。

嘉靖四十年(1561年)四月,倭寇大举进犯浙江,船只五十余艘,集结在宁波外海。戚继光发现倭寇的真实意图是乘虚进犯台州,于是将计就计,制造台州兵力空虚的假象,引诱倭寇上钩。倭寇果然中计,大举进犯台州。戚继光早就严阵以待,在桃渚(台州中心镇)打了一场漂亮的歼敌战。

戚继光认为,"非大创尽歼,终不能杜其再至",也就是说,必须要大举歼灭敌人,打击敌人的有生力量,这样敌军才不敢再来。在"大创尽歼"的原则下,戚继光先后九战九捷,共擒斩倭寇一千四百多人,数名倭寇跳入海中,后在风浪中溺死,这次战役使侵犯台州的倭寇遭到毁灭性的打击,浙江倭寇大患基本平息。戚继光因功被提升为都指挥使,"戚家军"也从此闻名天下。

后来,戚继光针对沿海多湖泽的地形和倭寇的作战特点,发明了攻防兼宜的"鸳鸯阵",以十一人为一队,配以盾、矛、枪、狼筅、刀等长短兵器,灵活作战。"鸳鸯阵"使矛与盾、长与短紧密结合,充分发挥了各种兵器的效用。

不仅如此,他还在此基础上,将其简单改变,根据不同地形和作战需要,将鸳鸯阵改为"两才阵"和"三才阵"。戚继光所独创的阵法,能够集中优势兵力进攻敌人防御工事,迅速歼灭敌人,并能伏兵奇袭,出其不意,攻其不备。这些正是戚家军百战百胜的重要原因。

倭寇在浙江受到严重的打击后,便转移阵地,在宁德的横屿、福清的牛田、兴化的林墩修筑大量堡垒,并以此为基地,在福建沿海各地进行烧杀掳掠。

嘉靖四十一年(1562年)七月,戚继光奉命率兵到福建平定倭患。八月,戚继光到达福建,在仔细观察战场形势后,决定集中兵力,先拔掉倭寇在横屿的基地。

横屿和大陆中间隔着一片浅滩,涨潮时是一片汪洋,退潮时则全是泥滩,人和船一旦进去,就会陷入,难以脱离。倭寇以为占据了这样险要的地形,就绝对安全。他们想不到的是,戚继光趁着退潮之际,让士兵用稻草铺路,三面包抄,一鼓作气,便登上了岸。在戚家军的强攻下,岛上的倭寇被全部肃清。此战,明军生擒倭寇九十余人,斩首两千六百余人,救出被掳百姓三千七百余人。

当时,分布在福建沿海各地的倭寇听说戚家军的到来,便全部集中在牛田。九月一日夜,戚继光率兵到了倭巢,越墙而入,倭寇从梦中惊醒,在懵懂中命丧黄泉。战斗一结束,戚继光又赶往银屏山设伏,将前来救援的七百倭寇全部消灭。随后,戚继光乘胜追击,一路追到新塘,共计斩首六百八十人,收降数千。盘踞在锡林、木岭的倭寇见牛田已破,纷纷逃窜。

九月十二日,戚家军从福清向兴化进攻,沿途歼灭倭寇数千,并在十三日黄昏时收复兴化。戚家军又在黎明前到达倭寇据守的林墩,发起进攻,经过几个小时的战斗,两千多倭寇命丧黄泉。至此,福建的倭患得到了缓解,戚继光随后班师回浙。

不料,他刚回浙不久,倭寇又卷土重来。同年冬天,倭寇再度侵占兴化。朝廷急忙让俞大猷等人前去,同时急调戚继光再次入闽。倭寇一听说戚家军又要来了,便迅速撤离兴化,退守到兴化东南的平海卫。

第二年,戚继光率军抵达福建渚林,与俞大猷和广东总兵刘显二部会合,强强联手,最终结束了侵扰福建地区的倭寇之患。之后,戚继光又挥军广东,将与倭寇勾结的山寇吴平的势力铲除,解决了广东倭寇的问题。

戚继光的一生,有三十多年是在战场上度过的,其中三分之一的时间都是在对抗倭寇。然而,这位南征北战、出生入死的抗倭英雄到了该安享晚年的时候,却遭到了排挤。

1582年,主张改革的内阁首辅大臣张居正去世后,朝廷内反对改革的人便开始活跃起来,他们到处散布流言,对戚继光进行中伤。不久,朝廷便将他调任到广东镇守,实际上是将他闲弃一边。1585年,戚继光再次遭到弹劾,因此被罢免回乡,三年后与世长辞。

晚明大将——孙承宗

孙承宗,字稚绳,号恺阳,北直隶保定高阳人,相貌奇异,胡须张开像戟一样,声音浑厚。早年给县里的学生讲经学,后来去了边关,喜欢和边关的兵将聊天,询问一些关于边关防务的问题,就这样慢慢地对边关的军务有了了解。

万历三十二年(1604年),孙承宗中进士第二名,授翰林院编修,后来转拜中允。

万历三十四年,张差闯进太子住的慈庆宫,打伤守门的太监,被抓住以后说是受了郑贵妃的指使,朝中很多人都怀疑郑贵妃想谋害太子,但是明神宗和太子都不愿意深究此事,以疯癫奸徒之罪将张差处死。大学士吴道南询问孙承宗这事该怎么处理,孙承宗说:"这件事情关系东宫,不能放任不管,但是又涉及后宫,也不能处理得太过分。庞保、刘城以下的小人物要追查到底,庞保、刘成上面的人牵扯的太多,应当适可而止。"吴道南就按照孙承宗的办法去做,此事很快就被平息下来。

万历十五年,孙承宗主持应天乡试,因为考试题上写了孙承宗的语录,使孙承宗遭到了党人的忌恨。党人试图利用官员每三年一次的考核将孙承宗逐出京师,学士刘一景力保孙承宗,才得以平安无事。

万历四十八年,明熹宗即位,孙承宗以左庶子充当当日的讲官。明熹宗每天听孙承宗讲课受益匪浅,于是对其照顾有加。

天启元年(1621年),孙承宗官升少詹事。同年,后金侵犯辽东,沈阳、辽阳先后被攻陷,辽东经略袁应泰自尽。御史方震儒奏请明熹宗以孙承宗为兵部尚书,朝中大臣都知道孙承宗对兵法很了解,遂推举孙承宗为兵部添设侍郎，主持辽东防务。但是明熹宗不想让孙承宗离开自己，大臣们再三请奏都遭到了拒绝。

天启二年，孙承宗被任命为礼部右侍郎。清军再次入侵，广宁城守王化贞逃走，经略熊廷弼退守山海关。兵部尚书张鹤鸣害怕被降罪，于是外出巡行。明熹宗拜孙承宗为兵部尚书，并兼任东阁大学士。孙承宗上书明熹宗说这几年没有怎么练兵，军饷也难以核实，用武将上阵杀敌却用文官指挥，文官的权力太大，对军事作战很不利，建议明熹宗应该加大武将的权力，并且选拔一些有雄才大略的武将，让他们可以自己任命帐下的偏将。明熹宗在孙承宗的建议下，抚恤辽东百姓，精简京师的军队，增设永平大帅，修建蓟镇亭障，开京东屯田等。孙承宗又奏请将熊廷弼、王化贞交司法部门治罪，以正朝纲，又将给事中明时举、御史李达逮捕，治他们因招兵而引来的战祸，责备辽东巡按方震孺、登莱监军梁之垣、蓟州兵部邵可立，用以警告那些没有骨气的将领。很多人因为孙承宗受到责罚，对他产生了惧意，但也有很多人对他心生怨恨。

熊廷弼被罢免以后，朝廷任王在晋为辽东经略。王在晋上任以后打算攻取广宁，但总督王象乾觉得，就算攻下来也不好守，还不如守住山海关防护京师。于是王在晋在山海关外八里铺修筑重关，留四万人马去守。袁崇焕觉得王在晋的这个办法并不是最好的策略，两人争执了很久以后一起给首辅叶向高上书。叶向高却认为不能凭空猜测，于是孙承宗请求亲自前往辽东决断。明熹宗很高兴，于是加封孙承宗为太子太保，并赏赐了很多金银玉带。

孙承宗到了山海关以后，巡行边塞，袁崇焕向孙承宗请示："在宁远驻扎五千兵力，以壮十三山的声势，然后派遣将领带兵去救援十三山。宁远距离十三山只有两百里，可以轻易占据锦州，如果不行再退守宁远，怎么能放弃十万难民呢?"孙承宗立刻和总督王象乾商量，王象乾觉得驻扎在关上的军队刚刚打了败仗，士气低落，不如调动护关的军队三千人奔赴宁远。孙承宗同意后双管齐下，一方面调动军队前往宁远，一方面让王在晋去救难民，但王在晋却救援失败，十万难民只救回了六千人。

孙承宗对此非常生气，上书建议明熹宗罢免王在晋的辽东经略的职位。

孙承宗于是自请为督师，还让蓟、辽等原来的将领监管各处，并带走国库的八十万钱。明熹宗同意以后，亲自将孙承宗送出宫门，并赐给孙承宗尚方宝剑、坐蟒等，内阁大臣将孙承宗送到崇文门外。

孙承宗上任以后，开始整顿军机事务，从建造营房到训练火器设备、购买骏马等，不多日便招募了大批的辽人编制成军队。

孙承宗巡视时发现关上的士兵军纪散漫，而且还有很多人冒领军饷，于是孙承宗阅兵以后，将河南、真定等地不符合条件的士兵全部遣回，从招募来的难民中征召七千人驻守前屯，将辽人军队派去镇守宁远。

明熹宗很重视边关，经常派东厂的人到关门察看，然后将边关的事情上报给朝廷。魏忠贤掌权以后派遣自己的党羽带大批的军资银币赏赐将士，表面上是慰劳军队，其实是窥探军情。孙承宗出关巡视宁远，听到这个消息立刻上报给明熹宗，说不能让宦官监军，但明熹宗却并不在意。

天启三年，孙承宗推荐阎鸣泰任辽东巡抚以后，发现这个人并没有实际的才能，于是朝廷将其罢免。孙承宗担心自己的权力受到限制，上书明熹宗说督师和总督不能同时设立，请求将自己罢免。明熹宗准奏。

天启四年，宁远城修复，关外的守备器械也建造完毕，孙承宗上书明熹宗请求发军饷二十四万，这样就可以大举进攻了，但兵部和工部都不同意，劝谏明熹宗不能给钱。孙承宗多次上书无果，大军便没有出征。

此时的魏忠贤看到孙承宗的功劳非常高，想要攀附，于是派人去向孙承宗表明意思，但孙承宗并没有理睬，魏忠贤因此记恨孙承宗。

由于魏忠贤当时在朝中的声势很大，迫害了很多朝中大臣，孙承宗看到朝中被宦官惑乱，向明熹宗上奏，但明熹宗并不重视此事，孙承宗于是请求罢官。

天启五年九月，明熹宗同意孙承宗辞官，并给孙承宗加特进光禄大夫，儿子世袭中书舍人，又赏赐了很多的钱财、衣物等。

崇祯元年（1628 年），明熹宗驾崩，明思宗朱由检（即崇祯帝）即位，王在晋得以入朝为兵部尚书。王在晋十分怨恨孙承宗,阻拦孙承宗出仕。

崇祯二年,清军大举进攻,朝中的大臣请奏崇祯帝应该召来孙承宗主持军务,于是崇祯帝下诏孙承宗官复原职兼任兵部尚书驻守通州。

崇祯三年,清军占据遵化、永平、迁安,又分兵攻取抚宁。抚宁当时由史可法在守,清军攻取不下,转攻山海关,又攻不下,于是清军又回去攻打抚宁,还是没有功下。孙承宗抚慰败军,祖大寿等也重归其麾下,此外招募了一些军士沿海守卫,直达京师。

京都戒严以后,全国各地来勤王的士兵有二十多万,在蓟门以及京畿一带驻扎,马世龙建议孙承宗先收复遵化,但孙承宗并不这么认为,觉得应先攻取滦州,五月,攻克滦州后,继续攻克迁安,占据永平、遵化等地,清军溃败。皇帝崇祯帝加封孙承宗为太傅,大大赏赐了他,子孙世袭锦衣卫指挥佥事。孙承宗请辞太傅,又称病想回家,但崇祯帝不准。

崇祯四年,孙承宗巡视嵩山、锦州等地,上书崇祯帝关内外政事,崇祯帝全部采纳,又加孙承宗太傅、兼领尚书的封路,子孙世袭尚宝司丞,又赏赐钱币等。

七月,清军大败明军,孙承宗以病请辞,上书边关政务共十六件事,但崇祯帝并没有采纳。孙承宗在高阳城中居住七年,崇祯帝多次召用,孙承宗全部都拒绝。

崇祯十一年,清军大举进攻,十一月,进攻高阳。孙承宗率领家人守城,城破被擒,多尔衮命令清兵把孙承宗绑在马尾巴上拖死,五个儿子、六个孙子、六个侄子、八个侄孙全部战死,孙家百余人遇难。孙承宗享年七十六岁。

传奇女将——秦良玉

秦良玉,字贞素,四川忠州(今重庆忠县)人,明朝末年的著名女将。

秦良玉虽为女性,但驰骋战场,骁勇善战,杀敌无数,屡创战功。不仅当时皇帝赋诗赞扬她,后世的许多文人墨客也都纷纷写诗、书文对她赞颂和纪念。

在古代,凡是杰出女性,多会被史官记载到《列女传》里面,而唯独秦良玉有所不同,她被史官列入了将相列传里,和许多古代杰出男性官将并列在其中,可见她的军事贡献不比当时的男性小。

秦良玉生于万历初年,由于父亲秦葵是明朝贡生出身,所以她从小就一直接受良好的儒家教育。秦良玉作为一介女子,之所以能够成为一名将军,得益于他父亲开化的教育。秦葵对儿女一视同仁,让秦良玉同其兄弟一起读典籍,学骑射。令人惊奇的是,比起她的兄弟,秦良玉更有天赋,"文翰得风流,兵剑谙神韵",使得父亲叹息道:"可惜你是女儿身,否则,日后定能封侯得爵。"秦良玉倒不气馁,她说:"如果我有机会掌握兵权,不会比平阳公主(唐高祖李渊之女)和冼夫人(部族女首领)差。"

天赐良缘。秦良玉成人后,嫁给了石柱土司司千乘(宣抚使马千乘),二人郎才女貌,夫唱妇随。司千也是一名将领,于是秦良玉开始与丈夫一起统领士兵,指挥作战。由于治军有方,所以她所管理的军队,纪律严明,远近闻名。

万历二十七年(1599年),杨应龙在播州作乱,马千乘率领三千人马跟随李化龙(明朝大臣)前去平叛,征讨叛乱的杨应龙。为了协助丈夫作战,秦良玉率领五百精兵押送粮草,和副将周国柱一起扼守邓坎,谨防叛军进攻。

此后的一年,战事仍然不断,士兵久经沙场,需要安抚犒劳,于是李化龙在大营中,摆下筵席,犒劳士兵和诸位将领。就在大家共享酒肉的时候,杨应龙突然率军袭击大营,营中军兵立刻大乱。

但在座的秦良玉和马千乘夫妇,临危不乱,遇事冷静,两人双双拔剑斩敌,横扫众军,剑刺皮肤,若削泥切土,敌兵纷纷倒下。杨应龙见两人并肩而战,武力惊人,于是仓皇逃走。秦良玉与马千乘夫妇并驾齐驱,率兵乘胜追击,披荆斩棘,所向披靡,一连攻破杨应龙的七个营寨。

此后叛军势力低沉,不敢再叛乱。平定战乱后,朝廷因秦良玉战功显赫,赐予她军功,但她没有领受。在她眼里,富贵名利都不过是云烟,唯有平定叛乱、保家卫国才是实实在在的事情。

自古以来,朝廷内部从来都不缺少钩心斗角、尔虞我诈之人,稍微不留神,说了什么话,做了什么事,就会被人抓住把柄,或遭弹劾,或被诬告。

不幸的事还是发生了。万历四十一年(1613 年),马千乘被太监邱乘云诬告,陷入牢狱。在监狱里,环境极差,吃不好,穿不暖,时间一长,他就生病了,而且病情越来越严重,最终不治身亡。

秦良玉得知丈夫死讯,泪如雨下,哀伤不已。但她并没有因此而怨恨朝廷。为丈夫料理好后事后,她便接替了丈夫的职位。

过了七八年,辽东地区局势动荡,不断有清军进犯,朝廷便派遣秦良玉出兵援助。秦良玉先派兄长秦邦屏、弟弟秦民屏率领几千人前往作战。出征前,朝廷赐给秦良玉三品官员的服饰,并任命秦邦屏为都司金书、秦民屏为守备。三人各自领受职位,为战争做细致准备,奔赴战场。

天启元年(1621 年),秦邦屏、秦民屏渡过浑河与清军发起奋战,场面激烈,血途满地。秦邦屏可能因为作战经验不足,战斗能力有限,被清军杀死在战场。清军本欲再击杀秦民屏,幸好他突围而出,保全性命。

面对长期作战、经验丰富的清军，秦良玉让初入战场的兄长和弟弟与清军作战，对两人并不有利，死伤在所难免。秦良玉得知这个消息后，马上率军前去探看，看到兄长秦邦屏的凄惨死状后，愤怒又伤心。

后来秦良玉请求明熹宗从优抚恤，于是明熹宗赠秦邦屏都督金事一职，让他的子孙世袭，秦民屏则官进都司金书。这可以算是给秦邦屏一家的补偿。

秦良玉率领的士兵数量在当时还比较少，作战能力有限，于是兵部在天启元年，让秦良玉回乡征兵。很快，秦良玉就召集了两千多名壮士，她把他们重新编排，纳入原有军队，补充了士兵数量。

与此同时，奢崇明在两河起义，欲推翻明朝自立。他为了扩充势力，甚至还派遣使者去劝说秦良玉，让秦良玉和他结成联盟，共同夺取明朝江山。

秦良玉召集士兵本就是为了扫清外族，肃清内部叛乱。剿灭敌军还来不及，怎么可能会和他们结盟呢，这不是开玩笑吗？

秦良玉听到使者诉说此事，明白来意，二话不说就斩了使者，并迅速率领秦民屏和兄长秦邦屏的儿子秦翼明、秦拱明逆流西上，袭击两河，断敌归路，并点火烧毁敌军行船，挥剑扫千军，打得敌兵落花流水。

面对使者诱惑联盟，她公私分明，浩然正气，不与之同流合污，而且更加积极地剿灭敌军，真是巾帼不让须眉！

此次作战，秦良玉战功最多，然而她并未因有战功而祈求加官晋爵，而是上表了弟弟秦民屏的战功，后来朝廷升秦民屏为参将，秦翼明、秦拱明为守备。始终以大局为重，以兄弟为先，视功名为粪土，可见她的忠义。

天启二年(1622年)，成都告急，奢崇明率敌军包围成都，争夺江山之心不改。秦良玉取新都，奔成都，击败敌军，后连克二郎关、佛图关，把失地重庆收复了回来。之后越战越勇，又连续把红崖墩、观音寺等多地收复。

秦良玉以迅雷不及掩耳之势将奢崇明军打得落花流水，狼狈不堪，最终将其平定,使地方得以稳定,人民不再饱受战乱之苦。奢崇明见大势已去,兵败自尽。

因为战功不断,朝廷不断赐予秦良玉金币。但是再多的金币,秦良玉也不会在乎,因为她并不是贪恋财富之人,她征战沙场或许只是为了发挥自身的能量吧!

奢崇明之乱平定后,接着又出来了一个张献忠。崇祯七年,张献忠在四川起义,朝廷派秦良玉率军剿灭。张献忠一听到秦良玉这个名字,不战而走。可见,秦良玉这个名字在当时的明朝有多响亮。

张献忠这种惧战心态,很大程度上挫败了其军队的战斗力。之后,秦良玉一直对他穷追不舍,但一直没有追上,不过后来,张献忠遇到了马祥麟(秦良玉的儿子),结果他们母子率军前后夹击,大败张献忠。后来张献忠受朝廷招安。

张献忠碰到马祥麟也许并不是巧合,或许是马祥麟得知母亲的动向和敌军情况,所以特此前来协助母亲击败张献忠的。

然而,张献忠又在崇祯十三年联合罗汝才起义。秦良玉又率军前往,这一次罗汝才和张献忠一样,听到有秦良玉来,两人都不战而走,真是可笑至极。听到秦良玉的名字便闻风丧胆,仓皇而逃,这样做只会令军队士气大减,又怎么可能会作战胜利呢?

秦良玉率军追击罗汝才一直到马家寨,大败罗汝才的军队,斩首众多敌军,并夺取罗汝才大旗。树倒猢狲散,兵败如山倒,罗汝才的军队逐渐走向了衰落。其实,两兵交战,并非一定都要靠战斗实力,心理战也是至关重要的。秦良玉作战之所以能够取得常胜,除了与她的军事才能有关之外,从容不迫的性格也是很重要的因素。

罗汝才虽败,但张献忠却不好对付。同年十月,他在观音岩、三黄岭等地与明军交战,击败了明军,占领了两地。秦良玉马不停蹄,又急忙联合张令,率军在竹箇坪阻击张献忠。

明王朝局势越来越动荡不安。可就在这关键时刻,张令却战死了。秦良玉终因寡不敌众而战败。后来她去见邵捷春(四川右参政),建议让他发两万吾溪峒卒来击破张献忠军,可惜邵捷春不采纳。在这危急时刻,邵捷春不发兵破敌,无疑又加剧了大明江山的不稳与崩塌。如果邵捷春肯采纳发兵,秦良玉定能率军击破张献忠军。

崇祯十六年(1643 年),张献忠攻打武昌,武昌失守,楚王被张献忠处死,四川再次面临危机。明王朝局势岌岌可危。秦良玉去见陈士奇,希望他派兵守十三个关隘,但陈士奇和邵捷春一样拒绝了她。

后来秦良玉又找巡按刘之勃,虽然刘之勃采纳了她的意见,但却没有兵可派,甚是遗憾。

危急时刻,秦良玉多次进谏良策,但希望都遭覆灭,自己失落倒是小事,明朝江山可要毁于一旦了。

又过一年,张献忠进攻夔州,人多势众,秦良玉率领军队前去救援,但终究寡不敌众,被击溃。将军再有才能,手下无兵也就真的无可奈何了。不久,成都被张献忠攻下。

自作战以来,秦良玉忠心耿耿,一心为国,公私分明,坚持正义,就算到了最后关头,也不想临敌畏缩、投降辱国。秦良玉坚定地对部下说:"战事纷纷,我兄弟二人皆战死沙场,我一个妇人,一生受国恩无限,宁为玉碎,不为瓦全,宁可战死,绝不投降!"

最后,秦良玉分兵守卫石砫境,从第一次的不战而走就可以看出,张献忠从心理上是害怕秦良玉的,虽然他到处招降四川土司,却不敢来石砫与秦良玉作战。凡是秦良玉所在之地,都能保一方平安。

到清顺治三年,张献忠与清军作战,兵败身死。明朝这时已被李自成所灭。秦良玉年纪已大,不能再长久作战,于清顺治五年,寿终正寝。

赤胆忠心——郑成功

郑成功，本名森，又名福松，字明俨、大木，福建泉州南安人，祖籍河南固始，汉族，明末清初军事家，民族英雄。

郑成功，出生于日本九州平户藩。父亲郑芝龙是一个海商兼海上走私集团的头目，一生有五位妻子，其中第二位妻子田川氏是日本人。1624 年 8 月 27 日，郑成功出生于日本肥前国平户岛上的川内浦千里滨。

郑成功六岁之前跟着母亲住在平户，直到父亲郑芝龙受到朝廷招安以后，才被接回泉州府安平居住读书。

1638 年，郑成功考中秀才，又经过考试成为南安县二十位"廪膳生"之一。

1641 年，郑成功迎娶福建泉州惠安进士吏部侍郎董飏先的侄女。

1644 年，郑成功被送往金陵求学，进入南京国子监深造，郑芝龙为儿子聘请教师为他读书。

1653 年 5 月，清军两度大败于郑军以后，顺治帝敕封郑成功为海澄公，郑成功不接受。8 月，双方在泉州府安平报恩寺内议和，郑军得以休兵筹措粮饷，整顿军事。顺治帝再度敕封，并承诺给予泉州府之地安置兵将，郑成功仍然不接受。

1654 年，定西侯张名振见到清军已经将军力集中于福建，而江、浙等地防务空虚，于是向郑成功请师，率领百艘战舰北上，攻取江南一带。张名振的北伐军队沿着长江进攻，到达金山寺，威胁南京城，但因后援不济，月余便回师了。

同年 2 月,清朝廷再次派使者见郑成功,承诺给予兴化、泉州、漳州、潮州四府地方,郑成功予以拒绝,坚持抗清。

1654 年,南明西宁王李定国与郑成功联系,希望从东、西两向合力进攻广东,则明朝势力得到合流;如果再能沿着长江北伐,攻下赣、皖、苏各省,则复兴大业有望。郑成功觉得可行,便派林察、周睿带军西进,却延误了李定国的约期,让李定国孤军奋战,虽然克复肇庆,但在广州城外大败而回。李定国本来对和郑成功联手北伐很有信心,但却因为郑成功延误战机,而对他相当失望。

1655 年,因为永历帝和郑成功的势力相隔遥远,特别允许郑成功设立六官以及察言、承宣、审理等机构以便施政,同时允许他委任官职,武官可达一品,文官可达六部主事。郑成功每次封官员,都会请宁靖王朱术桂等明朝宗室在旁边观礼,表示尊重体制。

1656 年 4 月,清定远大将军济度调集各路水师攻打厦门,于围头海域遭到郑军痛击,清军大败而归。郑军取得了泉州战役的胜利。12 月,郑成功部队又在闽东北取得了护国岭战役的胜利。

1658,郑成功统率水军十七万与浙东张煌言会师,大举北伐。大军在进入长江以后,天气异常恶劣,军队伤亡惨重,只能收兵。

1659 年,郑成功再次率领大军北伐,与张煌言的部队进入长江,势如破竹,攻克镇江、瓜州,包围南京,开始了江宁白土山之役。张煌言部收复芜湖一带。后来郑成功中了清军缓兵之计,意外遭到了清军的突袭,遭遇大败,帐下众多大将都死于此役。郑成功兵败以后,想攻取崇明县,作为再次进攻长江的阵地,攻克不久以后,却又全军退回厦门。南京之战可以说是郑成功戎马生涯中最辉煌的一战,最后的大败,让他的反清大业受到了很多的影响。

1660 年,郑成功在福建海门港歼灭清军将领达素率领的水师四万余人,取得厦门战役的胜利,重振声威。

1647 年 1 月在小金门起兵抗清以后,郑军转战浙、闽、粤等行省东南沿海,多次帮助明朝宗室与民众渡海定居台湾以及东南亚各地。此外,郑成功让商人领取令牌和"国姓爷"的旗号,保障华人在海外经商时候的安全。

当时有很多海外商人都采用这种办法,才得以安全出海经商。然而,统领数万大军的郑成功却没有取得较大的根据地,只能靠海外贸易来筹备粮饷。

北伐南京失败以后,郑成功部队元气大伤,而且军粮严重不足。为了解决大军的后勤问题,郑成功向南明朝廷建议收复由荷兰殖民主义者侵占的台湾岛。

1661 年 4 月,郑成功亲自率领将士两万五千人,战船数百艘,从金门科罗湾出发,经过澎湖,横渡台湾海峡,向台湾进军。大军进入彭湖海面以后,狂风暴雨,天气非常恶劣,就是在这种条件下,郑成功下令大军连夜前进。郑军经过鹿耳门水道进入台江内海并于禾寮港登陆,准备先攻打防御较为薄弱的普罗民遮城。随后郑军在台江海域与荷兰军舰展开海战,击沉荷兰军舰赫克号,取得台江内海的控制权,并同时在北线尾地区击败荷兰的陆军。

不久之后,罗明遮城的守军出城投降,在取得普罗民遮城为据点后,郑军随即由海陆两路围困热兰遮城。由于考虑到两万大军粮饷调度不易,郑成功全力向热兰遮城施压,试图胁迫荷兰军队投降。荷兰军队拒绝投降以后,郑成功下令强攻热兰遮城,荷兰军队顽强抵抗,郑军损失惨重,强攻不下,军粮严重短缺,郑成功被迫派出大部分军队到南北各地屯田、征收钱粮。

1661 年 5 月,郑成功改赤崁为"东都明京",设承天府及天兴、万年二县。敌军守将描南实丁战败投降。于是郑成功亲自率军攻打赤崁城。

郑成功劝降荷兰殖民头目,但荷兰军队仍然顽抗,郑成功命令大军把赤崁城严密包围起来,赤崁城附近的族人也来援助郑成功,成功地攻下了赤崁城。赤崁城被围困了七个多月,敌军官兵死伤一千六百多人,最后敌军水源被切断,只能投降。

1661 年 7 月,荷兰从巴达维亚调遣的援军抵达,当时郑成功的兵力仍然分散在台湾各地执行任务。荷兰军队看到了反扑的希望。但到了

7月中旬,停留在外海的荷兰军队遭遇了强风的袭击,被迫离开海岸,郑军取得了喘息的机会。8月中旬,两军开始激烈海战,郑军大获全胜,击沉一艘荷兰军舰,并夺取数艘战船。此后,荷兰军队彻底没有与郑军一战的能力了。

同年12月,日耳曼裔荷兰士官叛逃,郑成功在他的帮助下占领了乌特勒支碉堡。12月8日,荷兰大员长官表示同意"和谈"。最终,荷兰人在投降条约上签字。1661年12月20日,沦陷了三十余年的台湾,终于回到了祖国的怀抱。

1661年,顺治帝驾崩,康熙帝继位,郑成功之父郑芝龙被斩于宁古塔。郑成功听闻噩耗后,加上台将士水土不服、军心不安,让郑成功焦虑成疾。

1662年5月,郑成功急病而死,年仅三十九岁。

第八章

大清王朝

白手起家——努尔哈赤

爱新觉罗·努尔哈赤,女真族人,清王朝的奠基者,著名的军事家、政治家。

努尔哈赤出生于女真族一个官宦家庭,其祖父觉昌安、父亲塔克世都曾在明朝担任官职。可惜,他幼年不幸,十岁丧母,之后受继母冷遇,十九岁时被赶出了家门。为了生存,努尔哈赤做起了贩卖山货的买卖,他常将山货运到明朝的边境贩卖,也因此对辽东一带的情况了如指掌。

生活的困苦使努尔哈赤一心想要出人头地,他拼命地学习兵书,每当难过时,就会到山上努力练功。年复一年,努尔哈赤不但精通各类兵书,而且还练得一身好武艺。他的童年经历正好验证了一句话:天降大任于是人也,必先苦其心志,劳其筋骨,饿其体肤。可以说,努尔哈赤的成功与他童年的遭遇有着很大的关系,正是从小奋发图强,才有了以后成就大业的坚实基础。

万历十一年(1583 年),明军进攻阿台所占据的古勒山城时,由于努尔哈赤的家族向来都忠于明朝,朝廷便让他的祖父觉昌安以及父亲塔克世当了明军的向导。可没想到,忠心没有得到好报,城破时,父祖二人皆被明军所杀。

当时,年仅二十五岁的努尔哈赤听说后大发脾气,怒斥明廷:"我的祖父和父亲没有任何差错,为什么要杀他们?"但明廷却以"误杀"之名搪塞了过去。尽管努尔哈赤得到了朝廷给的抚恤,承袭了其父之位为建州左卫都指挥,但努尔哈赤是个胸怀大志的热血青年,抚恤和官位并没有让他平息心中的怒火,放弃仇恨。

他对朝廷的解释持否认态度,根本不相信所谓"误杀"的说法,并一口咬定是尼堪外兰教唆明军所为。最终,"误杀"父祖这件事便成了努尔哈赤誓夺明朝天下的导火索。

万历十二年(1584年),努尔哈赤率领部众去攻打尼堪外兰,尼堪外兰逃到了鹅尔浑。三年后,努尔哈赤攻克鹅尔浑,尼堪外兰又逃到了明朝领地。于是,努尔哈赤请李成梁押还尼堪外兰,并将其处死。

尼堪外兰是什么人?努尔哈赤为什么要杀他?

原来,尼堪外兰是建州女真族苏克素护河部图伦城的城主,也是帮助明朝攻打古勒山城的人。除了这些,他还是嫉恨努尔哈赤父祖的人。

尼堪外兰和努尔哈赤是同一部落,起初比努尔哈赤更有威望,他不仅获得建州女真族人的拥戴,还获得了明朝的大力支持,并有传言说明朝要扶植他做"满洲国主"。这样一来,尼堪外兰的威望更高了,甚至有人曾为了向他表明忠心,当着他的面对神发誓要杀掉努尔哈赤。

努尔哈赤根本不在乎这些,他认定尼堪外兰就是他不共戴天的仇人,一定要擒获此人,为祖父和父亲报仇。所以,他用祖父和父亲留下的十三副盔甲骑兵,组织了队伍,走上了复仇之路。

塞翁失马,焉知非福。努尔哈赤的祖父和父亲被杀了,但是却因此得到了明廷的补偿,有了钱财和物资,并继承了祖父和父亲之前在部落里的地位。

如此一来,努尔哈赤便成了有钱又有势的人,统治了他所在的整个部落。随着复仇的进行,努尔哈赤逐一将女真部落收服,势力逐渐壮大起来。

1616年,努尔哈赤即大汗位,割据辽东地区,建立"大金国",定都赫图阿拉,国号金,史称后金。他在统一政权的过程中,创建了八旗制度,并用蒙古字母创造了满文。

两年后,努尔哈赤羽翼渐丰,准备起兵反明。可是起兵是要有理由的,无论理由多么蹩脚,总要有一个,不然自己就是谋朝篡权了。于是他酝酿多时,列出了一篇名正言顺地攻打明朝的檄文——"七大恨"。

努尔哈赤这一举动,使明廷发生了一件罕见的事,那就是已经很多年没有上朝的万历皇帝，竟然上朝了。朝议的主题就是"如何歼灭努尔哈赤"。朝议一结束，万历便抽调精兵锐卒约十一万，准备向赫图阿拉发起进攻。于是，改变中原王朝命运的一战就这样开始了。

明军分为东、西、南、北四路，由四位总兵率领：东路军总兵刘綎，从朝鲜进攻；西路军总兵杜松，从抚顺进攻；南路军总兵李如柏，从清河进攻；北路军总兵马林，从开原进攻。

刘綎是位猛将，他十五岁随父出征，参与了朝鲜战争及平叛西南之役，在沙场上冲锋陷阵，所向披靡。据说，他使用的兵器虽是重达六十多斤的大刀，但在他手里却显得举重若轻。

杜松也是位百战名将，曾和蒙古人前前后后打了一百多场仗，没有一次失败。蒙古人因为畏惧他，将他称为杜太师。杜松因常年打仗，导致全身上下都是伤疤（包括脸上），令人望而生畏。

李如柏是名将李成梁之子。不过很可惜，龙生九子，各个不同，他没有遗传到父亲的优良基因，军事谋略不足。

马林也是一位官二代。其父名叫马芳，是位武将，打仗很厉害，但马林却是个文官，后来投笔从戎当了一方总兵。

四路军队的统帅名叫杨镐，他在军中资格老，根基深，因此得以担当此职。然而，正是他的失误，让努尔哈赤打了胜仗。当时，杨镐并没有把努尔哈赤放在眼里，他在出征前给努尔哈赤写了一封信，信的内容竟是明军出征的时间、地点和进攻方向。

明军西路总兵杜松为了速战速决，急行军挺进距离郝图阿拉仅百里路程的萨尔浒。他将手下的兵力分为两部分，分别驻守在吉林崖和萨尔浒。

从明军出发开始，努尔哈赤已经确定，明军真正的主力是杜松的西路军，所以他决定集结所有兵力，向抚顺前进，准备先消灭西路军。

1619 年 3 月，努尔哈赤率兵四万，对杜松驻扎在萨尔浒的大营发动攻击。结果驻守在此的明军寡不敌众，大败。接着，努尔哈赤将目标转向了吉林崖。守在吉林崖的将士虽然拼死作战，但最终还是败在了努尔哈赤的铁骑下。杜松率领的西路军，最终全军覆没。

对付完西路军后,马林率领的北路军便成了努尔哈赤的下一个目标。马林得知西路军兵败的消息后,不敢行进,将军队一分为三,就地驻扎,布成方阵,并采用挖掘壕沟的方式增强防御,全力防守。

对此,努尔哈赤仍采取原先的战术,集中全力,攻击一处。不过,马林的部署还是起到了很大的作用,努尔哈赤率领六万骑兵和明军对战了半天,竟然毫无进展。努尔哈赤知道,如果双方再这么僵持下去,作为进攻方的他们就根本没有取胜的可能了。于是,努尔哈赤果断地成立了一支敢死队,对明军进行猛烈的进攻,最终成功地打开了突破口。明军北路军也全军覆灭。

西路军、北路军败亡的消息很快就传遍了辽东,但是东路军刘綎却毫不知情,因为他迷路了,还在风雪中艰难地向赫图阿拉进军。

3月4日,刘綎抵达距离赫图阿拉七十里的阿布达里冈。3月5日,努尔哈赤向刘綎军发起攻击,他命四儿子皇太极从山顶向下打,次子代善从侧翼发动攻击,阿敏由前方发动进攻。可是,刘綎在此之前从未打过败仗,并不好对付,努尔哈赤多次攻击未果。

后来,刘綎退至瓦尔喀什的旷野上。努尔哈赤早在此布下伏兵,明军一到,万箭齐发。刘綎军损失惨重,努尔哈赤大获全胜。

至此,明军的四路大军只剩下了由李如柏率领的南路军。这支队伍因为行军缓慢,当他们到达预定地点时,其他三路大军已经被灭了。当李如柏得知这个消息后,竟然迅速逃离了战场。

这次战争过后,明军精锐被全灭,明廷再也压制不住努尔哈赤了,由主动进攻转向守势。而努尔哈赤此后进一步统一女真部落,不断壮大着自己的力量。

1626年,努尔哈赤病逝,结束了他征战不休的一生。

一代枭雄——多尔衮

　　爱新觉罗·多尔衮,清太祖努尔哈赤的第十四子,清朝初期杰出的军事家和政治家。

　　多尔衮是清太祖的宠妃阿巴亥所生,是努尔哈赤儿子中最出色的。他自幼好学,聪明机智,擅长骑马射箭,十六岁就开始统领士兵,后来率兵征战蒙古,讨伐朝鲜、明朝,战无不胜,攻无不克,为清朝的建立奠定了基础。

　　皇太极在位期间,多尔衮参与了几乎所有的重要战役,逐渐成为一位杰出的军事将领。

　　多尔衮是因为消灭蒙古察哈尔部和征战朝鲜而名声大振的。朝鲜和蒙古察哈尔部是明朝的"左膀右臂",是后金政权攻打明朝的后顾之忧,所以消灭其对后金来说有着重要的意义。

　　1632年,皇太极打败察哈尔部,林丹汗(蒙古大汗)死在青海大草滩,但其残部仍散布在长城内外。两年后,皇太极命多尔衮率军清除林丹汗的残部。结果,多尔衮遇到林丹汗的妻子以及琐诺木台吉来降,之后多尔衮又趁大雾包围了林丹汗侄子额哲的部落,劝他归顺。这一次出征,多尔衮没费一刀一枪便完成了皇太极的使命。更具重大意义的是,多尔衮从林丹汗之妻那里得到了失踪二百余年的元朝传国国玺,其玺"交龙为纽,光气焕烂"。多尔衮将玉玺献给了皇太极,此后玉玺便成了皇太极招揽人心的工具,助他登上了皇帝的宝座。

　　多尔衮不是一个只会带兵打仗的武将,他的政治头脑远在其他王公贝勒之上。皇太极亲征朝鲜的时候,多尔衮率领刚组建的水师一举攻克江华岛,俘获了朝鲜王妃、王子、宗室等。在此战役中,他还改正了多铎等人大肆杀戮、侮辱俘虏的做法,严令部下对朝鲜的这些嫔妃、宗室等人以礼相待,并派士兵护送,将他们交还给朝鲜国王。结果,朝鲜国王立即率群臣出城投降,并对多尔衮大加赞赏。这一年,多尔衮只有二十四岁。

此后,皇太极终于解除了后顾之忧,可以全力以赴对付明朝了。1636年,皇太极改国号"后金"为清,年号崇德,面南称帝。

而多尔衮经历了这两场战役之后,地位大大提高,与之前的境况相比,可以说是天壤之别。

崇德三年(1638年)八月,皇太极任多尔衮为"奉命大将军",率军讨伐明朝。明朝著名的将领卢象升和吴阿衡就是在这次战役中死在了多尔衮的手下。

多尔衮只用了一天的时间,就攻下了山东重镇济南,之后又生擒德王朱由枢,并连续攻下五十多座城池。他在战场上的表现,使向来以勇猛善战而著称的豪格、阿济格、多铎等人相形见绌。

皇太极对多尔衮的才能也看得十分清楚,所以,在更定官制时,把六部之首的吏部交给他管辖,并接受他的举荐,将范文程、希福等人分别升迁,使他们发挥才智帮自己治国。在多尔衮的帮助下,皇太极还对政府机构进行了重大的调整,最终确定了八衙官制。

此外,文臣武将的袭承升降,甚至管理各部的王公贵胄,也要经过多尔衮的过问才能任命。在统辖六部的过程中,多尔衮不仅锻炼了自己的行政管理能力,还为自己以后的摄政准备了条件。正因为这些原因,多尔衮在皇太极死后,才被推上至关重要的辅政位置。

皇太极因为去世十分突然,生前未立嗣子,也未对身后之事做任何安排,所以当时在众人哀痛的表面之后,正酝酿着一场激烈的皇位争夺战。

当时,有人劝多尔衮自立为皇帝,但是由于皇太极手下亲信大臣的阻力,在不得已的情况下,多尔衮最后将皇太极的第九子、年仅六岁的福临推上了帝位,由他本人和郑亲王济尔哈朗辅政。

他之所以选择福临,一是福临年龄小,易于控制;二是其母庄妃在

第八章　大清王朝

皇太极生前深得恩宠,在后宫的地位也比较高,选其子为帝更容易被朝中的大臣接受。多尔衮刚当上辅政王不久,就替顺治发布了一道谕旨,命另一位辅政王济尔哈朗率军攻打锦州和宁远。这是一次很奇怪的行动,目的就不用多说了。济尔哈朗走后,多尔衮又马上替顺治发布了一道谕旨,晋封自己为摄政王。于是,在一个月后,当济尔哈朗回朝后,一切就都变了。后来,济尔哈朗也识相地交代大臣,诸事都要先报告多尔衮。从此,济尔哈朗成了一位挂名的辅政王爷。

顺治临政时,关内正处于混乱状态。1644 年 3 月,李自成率领农民起义军攻打北京城,崇祯自缢于煤山(今景山),明朝宣告灭亡。

这个时候,多尔衮意识到实现努尔哈赤和皇太极遗志的时候到了,于是决定立即挥师入关。范文程(内院大学士)上书多尔衮,提出让清军改掉屠杀抢夺的政策,他说要想入主中原,必须要改变以往的战略,以招揽民心。多尔衮接受了范文程的建议,在得到李自成的起义军攻破北京城的准确情报后,急聚兵马入关,与李自成争夺天下。

也许是天要亡明,明将吴三桂因为敌不过起义军,便向清军求援。这对多尔衮来说可是一个千载难逢的机会,但他仍十分谨慎,一方面和谋士们商议,一方面派人回沈阳调兵,再一方面故意延缓进军速度,逼迫吴三桂降清。由于事态紧急,吴三桂便答应了多尔衮的要求。

最终,多尔衮在李自成和吴三桂双方实力大损的时候,才出兵进入山海关。在与起义军的决战中,他又让吴军首先上阵,趁双方精疲力竭之际令八旗军冲击,结果大败起义军。李自成慌忙退出北京,撤到山陕一带休整军队力量。可以说,在山海关这次战役中,多尔衮充分利用了汉族内部的矛盾,既让吴三桂降清,又占领了北京城。

1644 年,多尔衮与众臣商议决定,迁都北京,他认为只有迁都北京,才能占住关口,进而统一中国。当年 9 月,顺治帝到达北京,封多尔衮为皇叔父摄政王。10 月,顺治帝在重行加封大典的同时也为多尔衮建碑纪功。

多尔衮在摄政期间,以入关前建立的政治制度为基础,又借鉴了明朝制度,加强了封建专制政权。在维护"权归满人"的同时,录用原明朝的官员,还广泛招徕汉族地主阶级,开设科举考试,为清朝网罗人才。

不过,因为维护满族贵族的利益,他在摄政期间的一部分政策,激化了民族矛盾和阶级矛盾,尤其是剃发令、圈地令、逃人法、易服等,在一定地区造成社会的动荡不安。

　　1648年,多尔衮又向前进了一步,成了皇父摄政王。至此,多尔衮不仅实权在握,而且礼仪上也向皇帝看齐,俨然如同皇帝。

　　随着权力的迅速增长,多尔衮的个人生活变得穷奢极欲。或许,每个人一生所能挥霍的东西是有限的。1650年11月,多尔衮狩猎古北口外,同时也是为了实地勘察地形,为自己营建避暑之城。其间,由于旧疾复发,多尔衮从马背上掉了下来,12月死在了喀喇城,年仅三十九岁。

　　消息传到北京,举国服丧。当他的灵柩运回京时,顺治在距离东直门五里外的地方相迎,连跪三次,并失声痛哭,后来追尊其为"懋德修道广业定功安民立政诚敬义皇帝",庙号成宗,葬礼完全按照皇帝去世的规格办理。

　　然而,一个月后,原多尔衮的宠信苏克萨哈等人站出来揭发了多尔衮生前曾私藏龙袍一事,说多尔衮死的时候要把龙袍放进他的棺材里当陪葬品,由此引出了多尔衮生前的许多罪过。于是,多尔衮死后两个月,突然就从荣誉的巅峰坠落下来。这种统治阶级内部矛盾斗争的戏码真是屡屡上演,亘古不变啊!

　　无论多尔衮最后结局怎样,都不能否认他对清朝所作的贡献。不过一百年后,乾隆帝为多尔衮翻案,复其封号。

一生三叛——吴三桂

吴三桂，字长伯，一字月所，明朝辽东人，祖籍江南高邮，锦州总兵吴襄之子，祖大寿外甥。

万历四十年(1612年)，吴三桂出生在关外的汉镇中后所，出身辽西将门望族，自幼习武，善于骑射。吴三桂深受家庭的影响，既学文，又学武，不到二十岁就考中了武举，从此以后就跟着父亲开始了军旅生涯。

崇祯二年(1629年)，清太宗皇太极亲自率领五六万大军，攻打北京。袁宗焕阻挡失败，使崇祯帝大怒，将其逮捕入狱。祖大寿知道此事以后，立刻带着吴三桂父子以及一万五千人勤王明军从北京撤走，返回宁远，以求自保，这一年吴三桂十七岁。

崇祯五年六月，为了平息山东登州参将孔有德的兵变，吴三桂随父出征。当时他二十岁，担任游击将军。

崇祯八年，吴三桂被擢为前锋右营参将；崇祯十一年九月，担任前锋右营参将，相当于副总兵，时年二十六岁；崇祯十二年，又被擢为宁远团练总兵。

崇祯十三年，清军与明军在杏山发生遭遇战。吴三桂在战斗中表现勇猛，他拼命冲杀，清军也毫不示弱，最终以双方互有伤亡收场。

崇祯十六年，已经投降清朝的祖大寿收到吴三桂的来信，祖大寿将信交给了皇太极，皇太极劝降吴三桂，吴三桂开始动摇不定。春天，吴三桂奉命入关，抵御第五次入塞的清军，吴三桂行军迟缓，到达京师的时候，清军已退。但是崇祯还是重赏了他。五月十五日，崇祯帝在武英殿设宴请吴三桂一干前来勤王的将领，赐吴三桂尚方宝剑。

崇祯十七年(1644年)初,面临灭亡命运的明朝把所有的赌注押在拥有重兵的吴三桂身上,很多朝臣先后要求吴三桂率兵进京。大顺军直达京师,崇祯诏征天下兵勤王。三月五日加封吴三桂为平西伯,命吴三桂火速领兵前来守卫北京。三月十九日吴三桂到达山海关,率兵西进。二十二日,吴三桂兵到玉田一带的时候,传来京师陷落崇祯自缢的消息。明朝的灭亡使吴三桂失去了依靠,为了寻找新主,吴三桂在各种政治势力之间活动。

李自成领导的大顺军已经进入北京,曾经多次招降吴三桂,他犹豫不决。两面受敌的吴三桂,对内敌不过李自成,对外难以抵挡多尔衮。吴家亲人成了李自成的人质。为了保全家人的性命,吴三桂投降了李自成,为了防止李自成有诈,他又私下向多尔衮求助。

后来,吴三桂也开始为自己谋出路,形势所迫之下,他背叛李自成,引清军入关,攻入北京。多尔衮把年幼的顺治帝以及清廷由东北的盛京(今沈阳)迁都北京。清朝定都北京后,封吴三桂为平西王。顺治二年(1645年)八月,在李自成主力基本被消灭后,清政府将吴三桂调回,出镇锦州。对于清政府的安排,吴三桂也明白其用心,于是便向清廷表示自己的忠心。

顺治四年,清廷调吴三桂入关以后,和八旗将领李国翰击杀抗清义军余部。在此期间,吴三桂为了向清廷表示自己的忠诚,不但对农民军残部进行了残酷的镇压,甚至动辄屠城。而且对一些起兵抗清的队伍,他也全部斩尽杀绝。吴三桂的行动让清廷对他更加器重,西北地区抗清义军残部全部被绞杀。

顺治八年,清廷又命吴三桂和李国翰一起入川,攻打张献忠的义军。吴三桂先后平定了重庆、成都等两川重镇。

顺治十四年,吴三桂又以平西大将军的身份南征云贵,攻打南明最后一个政权,桂王永历政权。

顺治十六年,吴三桂攻下云南。此后,清政府让吴三桂镇守云南,管理云南一切军民政务。

顺治十八年,吴三桂再出师缅甸,斩获桂王。十几年的时间,吴三桂率兵从西北打到西南边陲，为清朝确立对全国的统治，建立了特殊的功勋。因此，清朝对他由控制使用改为放手使用。不但在李国翰死后，让他单独镇守一方，也在军事活动中给他一些便宜职权。

康熙元年（1662年）十一月，吴三桂又以擒获桂王有功，晋爵亲王，管辖贵州。其子吴应熊也选尚公主，号称"和硕额驸"，加少保健太子太保。吴三桂开藩设府，坐镇云南，权力和威望在当时达到了顶点。此时他和清政府的矛盾也开始激化起来，在云贵，他想做"清朝的沐英"，做"世镇云南"的平西王。但清朝并没有同意的意思。因此清廷在吴三桂杀死永历帝以后，便开始逐渐削弱吴三桂的权势。

康熙二年，清廷以云贵的军事行动已经停止为由，收回了吴三桂的平西大将军的印信。康熙六年，清廷乘吴三桂无暇管理云贵两省的军机事务，下令两省督抚听命于中央。同时，还剥夺了他的司法大权。吴三桂和清廷的权势之争也正式开始。

康熙十二年春，镇守广东的平南王尚可喜请求回归辽东，康熙皇帝同意了，又对镇守福建的靖南王耿精忠的撤藩要求予以准许。在形势逼迫的情况下，吴三桂假作给朝廷上书，请求撤藩，其实希望朝廷不要动他。对于吴三桂的意图，康熙皇帝很明白。他觉得，吴三桂和朝廷对立已经很久了，打算用后发制人的手段对付他。于是康熙帝就允许了吴三桂的请求，允许撤藩，还派使者去云南处理撤藩事宜。十一月，吴三桂诛杀云南巡抚朱国治，自称天下都招讨兵马大元帅，起兵反清，完成了人生中的第三次反叛。

由于吴三桂在云南一带专制了十四年，在反叛期间，叛军迅速拿下了贵州全省以及湖南的衡州。福建的靖南王、广东的平南王和吴三桂在各地召集叛军余党高举反旗，吴三桂的反军迅速壮大了起来。

康熙十三年（1674年），吴三桂改元"周王"元年。吴应麒贡献岳州，岳州之战爆发。康熙十五年，双方军事形势发生了巨大的变化，由于已出兵三年之久，吴三桂的兵力、财力严重不足，而他在各地的余党也各有所图，都有叛离之心。

康熙十七年六月初，吴三桂在都城衡州亲点大将马宝，并令其率五万大军南下,攻击军事要地永兴。连续战了两场,清军大败。

　　同年六月中旬,张皇后去世,吴三桂的精神不振。七月,吴三桂亲自部署对广东、广西的大规模进攻。在衡州派出十万大军,突入两广,几度得手,尤其是在广西取得了很大的进展。

　　康熙十七年(1678 年)八月,衡州酷热,吴三桂辛劳成疾,焦虑过重,得了"中风噎咽"的疾病,随后又添"下痢"的病症,太医束手无策。吴三桂心知将不久于世,便欲传位于皇孙吴世璠。八月十八日深夜,吴三桂在衡州皇宫死去,享年六十七岁,他只做了五个多月的皇帝。

　　同月二十二日,吴三桂的侄、婿与心腹将领都来到衡州奔丧,共推吴国贵总理军务,派胡国柱回云南,迎接吴世璠。胡国柱到达云南以后,同留守的众将商量,准备护送吴世璠去衡州,十一月,吴世璠到达贵阳,即帝位。

靖海将军——施琅

施琅,字尊侯,号琢公,福建泉州府晋江县人,祖籍河南固始,明末清初军事家,清朝初期重要将领。

施琅出生于一个农民家庭,祖父时家境宽裕,到了父亲施大宣的时候家境开始衰落,但施大宣乐善好施,所以在乡里的名声很好。施琅生得面大额宽,施大宣认为这是贵人相,所以对他严厉管教,希望施琅日后能出人头地,重振家门。

少年时期的施琅学文不成,只好弃文从武,跟着老师学习兵法,其在兵法上的造诣非常高,并且智勇双全。施琅对自己的能力也非常有信心,十七岁的时候便从军,成为明军总兵郑芝龙的部将,每逢作战都身先士卒,并屡立战功。

施琅后来在郑成功的部下担任先锋,追随郑成功抵抗清朝。郑成功对他非常好,把他看作自己的得力助手,所有的军政事务都要与其商议。

1646年,郑芝龙降清,清军统帅博洛利用郑芝龙的声望招降其旧部,招得大将总兵数十名,士兵十一万三千多人。李成栋奉命进入广东时,施福带着施琅率五千兵马随征。由于李成栋对南方士兵存在心理歧视,对从福建带来的施琅等人冷眼相待,甚至有功不赏,伺机剪灭和解散其部。

1648年,闽系将领跟着李成栋反清复明。施琅在回福建的路上遭到了李成栋部将郝尚久的暗算,突出包围后,投到郑成功的部下,成为郑成功部下中最年少、最善战的将领。

1651年,施琅跟随郑成功到广东南澳勤王。后来施琅和郑成功在战略上产生分歧,郑成功很不高兴,就削弱其兵权,令其以闲暇人员的身份返回厦门。当时正遇清军主将马得功袭击厦门，守军的郑军主将惊慌弃城而逃，于是施琅亲自率六十多人抗击清军，勇不可当，差点活捉马得功，并杀死马得功的弟弟。同时，郑成功在南澳见到军心动摇，觉得继续南下已经不可能，只能回厦门。

1651 年，施琅在清军进入厦门岛形势极为严峻的时期，曾经率领部族数十人奋战。郑成功回到厦门以后，重赏了施琅，虽然表面上是重赏，但其实对施琅的傲慢跋扈已经有了戒心。尽管郑成功非常欣赏他在厦门迎击清军的功绩，但却不肯给他兵权。施琅在广东的时候曾经委婉地提出请郑成功注意主力西进后后方薄弱的危险，郑成功听不得他的意见，解除了他的兵权。在施琅看来，自己的用兵策略是正确的，后来事实也证明如此。他立即回到厦门，不顾个人安危，奋勇同清兵作战，以为郑成功回朝以后一定会恢复他的兵权。没想到郑成功回到厦门以后，并没有让他恢复原职。施琅对郑成功大为不满，一气之下不再参见郑成功。

1652 年，"曾德事件"导致施琅和郑成功公开决裂。曾德是施琅手下的一名标兵，一次违反军纪被犯了死罪，因害怕受到施琅惩处，便投奔郑成功寻求庇护，郑成功把他提拔为自己的亲随。施琅知道以后，非常生气，派人活捉曾德，斩首示众。

郑成功见到施琅违反军令擅自斩杀郑氏旧将，觉得他必然要反，就秘密抓捕了施琅的弟弟施显，同时命令右先锋带领兵将包围了施琅的住宅，将施琅和他的父亲施大宣一起抓捕。施琅被捕以后，在亲信的帮助下逃到了大陆。郑成功知道施琅逃脱的消息后大怒，立即将他的父亲和弟弟斩首示众。施琅得知父亲与弟弟被杀以后，对郑成功恨之入骨，向清军投诚，一意同郑氏为敌。

1656 年，施琅随清朝定远大将军济度进攻福州，被授予同安副将的职位，后来调到北京担任内大臣期间，生活清苦，只能依靠妻子在北京做女红裁缝补贴家用。

1659 年，清廷升任施琅为同安总兵。1662 年，施琅升任为福建水师提督，派遣军队击败郑经进攻澄海的部队，并上书清廷将台湾纳入清朝的版图，终于获得了康熙帝的支持。其间，郑成功在台湾病逝，郑经继延平郡王。但此时郑家内讧，冯锡范立十一岁的傀儡郑克塽为延平王。

1664 年，施琅建议清朝收复金厦，预备进攻澎湖，统一台湾。朝廷准奏。

1667 年，施琅建议，说郑经等人在台湾祸乱，百姓赋税严重，人们生活贫困，要求必须讨平台湾，裁剪当地的军队，恢复地方上的经济。但遭到了以鳌拜为首的中央保守势力的反对，甚至裁其水师之职位，留京宿位，长达十三年。但他仍然没有忘记仇恨，时刻等待朝廷的起用。

1682 年 10 月，清政府平定了"三藩"之后，施琅在李光地等大臣的推荐下，恢复了福建水师提督的职位，加太子少保衔。

他回到厦门以后，便立即造船练兵，夜以继日，亲自挑选工匠，数月以后让全无头绪的水师船坚兵勇。

1683 年 6 月 14 日，施琅率军从铜山出发。6 月 16 日，清军舰队向澎湖郑军发动第一次进攻，初战失利，施琅便从中总结教训。18 日，施琅派战船攻取澎湖港外的虎井、桶盘二岛，扫清了外围。22 日早，经过充分休整和准备的清军向澎湖郑军发动总攻，经过九个小时的激战，清军取得了全面胜利。

此后，施琅又一面加紧军事行动，一面招抚占据台湾的郑氏。在施琅大军压境的情况下，郑克塽只得向施琅大军低头。

8 月 13 日，施琅率军到达台湾，刘国轩带领文武百官前去迎接。施琅入台以后，主动去祭奠郑成功的庙，对郑氏父子经营台湾的功绩作了高度的评价，并称郑氏收复台湾是为国为民尽职的举动，对郑成功毫无怨念。郑氏官兵和当地百姓都深受感动，赞扬施琅的胸怀宽广。

统一台湾以后，施琅规定赴台湾的人不允许带家眷。因为施琅认为惠州、潮州的人大多通海，所以禁止与台湾往来。

施琅还严禁广东客家人去台湾，理由是那里出的"海盗"多，并且惠、潮民众多与郑氏相通。对其他地区的人民渡台也严加管理，最后造成了台湾妇女奇缺，因此施琅对台湾的统治造成了两岸往来的极大障碍。

不仅如此，施琅在台湾大肆掠夺田产，几乎占据南台湾已经开垦土地的一半之多，并向当地无田无地的澎湖渔民勒索"规礼"收入私囊。

1696 年，施琅逝世，清朝赐谥襄庄，赠太子少傅衔。施琅死后与其妻子王氏和黄氏合葬。